弘山勉 筑波大学陸上競技部 男子駅伝監督
EVOLUランニングクラブ ヘッドコーチ

自分史上
最速の走りを手に入れる!

限界突破のランニングフォーム

KADOKAWA

はじめに

「理想のランニングフォームとはなんですか？」と質問されたら、「ケースバイケース」と答えるしかありません。ランニング動作は全身運動なので、全身の連動と調和が重要。つまり、ひとつの関節の動きが変わるだけで、動き全体が変化することを理解する必要があります。さらに、人にはそれぞれ、身体的特徴や意識のポイント、動きの癖があり、ランニングフォームは、それらが複雑に絡み合って形成されます。これらのことを考えると、安易に「理想のフォームとは？」という全体像を語ることは避けるべきかと思います。

走りは、一歩の小さなジャンプを繰り返す運動です。ジャンプ動作ですから、それなりに筋力が必要になりますが、マラソンとなると一歩に高出力を注ぐことはできません。なぜなら、一流選手でも2万歩以上を要し、一般ランナーでは4万歩を超えることも珍しくないからです。同じ動作をそれだけ繰り返すとなると、持久力に影響を与え続ける最重要テーマとして、理想のフォームを追求するのは当然のことだと思います。

走りをジャンプとした場合、「跳び方」がわかっていることが重要です。「腕をどう使えばよいのか？」という問いに対する正解が欲しいとして、同じように、姿勢は、体幹は、腰は、お尻は、大腿部は、ひざは、下腿部は、足首は、などとさまざまな身体パーツにおいて、連動させなければならない動きが生じます。一歩が0・3〜0・4秒という一瞬のなかで推移する動作局面において、筋肉の使い方と関節の動かし方、多関節の連動の精度が高まることで、走りは激的に変化します。そして、それらを紐解こうとするほどに説明の数は無限大になります。

少し逆説的にいうと、動きは多関節が連動することで成り立つので、「ひとつの関節の動きを意識的に変えたら全体の動きが変化した(=よくも悪くも)」という可能性は十分に考えられます。連動と表現していますが、連鎖といってもよいかもしれません。負の連鎖を生む原因となっている動きを修正すれば、正の連鎖をもたらすことができるともいえます。つまり、なにかを変えることで、フォーム全体を改善することも可能なのです。

本書は、ランニング動作に特化した内容で構成しています。動きの感覚を、現場で紐解く作業を繰り返すことで得た知識を盛り込んだつもりです。私が経験的に(実践を通して)知り得たことを伝えるためのツールになれば、という願いを込めています。本書を通してヒントが得られ、「ケガの減少」「フォームの良化」「記録短縮」につながれば幸いです。

筑波大学陸上競技部 男子駅伝監督
EVOLU《エボーリュ》ランニングクラブ
ヘッドコーチ
弘山　勉

速さを求めるなら、自分史上

ランニングのレベルは
2つのサイクルで決まる!

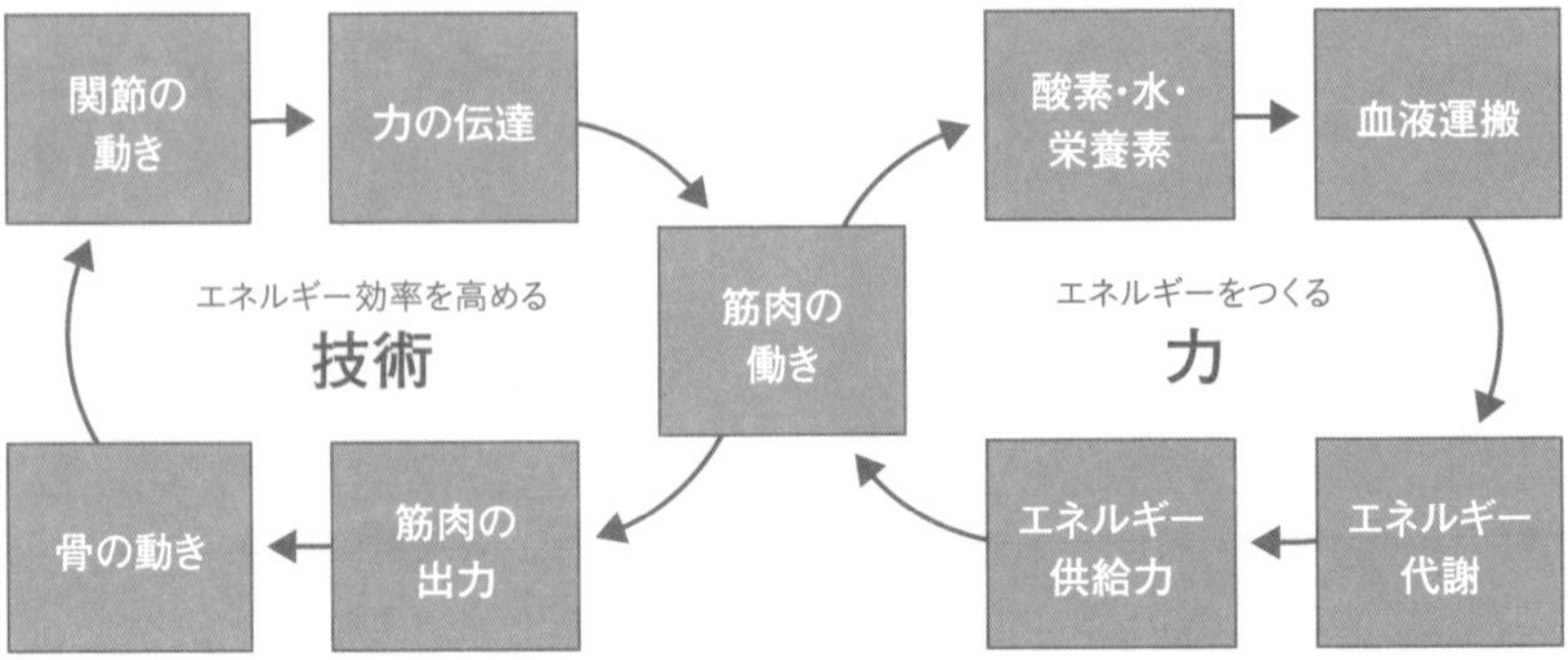

「速くなる＝タイムを縮める」ということは、ランニングのパフォーマンスを構成する要素になんらかの進展があることを指します。つまり、ストライドが広がるか、ピッチが速くなるか、そのどちらも落とさない持続力が養われるか。持続力とは心肺機能のことを指しますが、長距離走は、酸素摂取能力だけで高まるわけではありません。

　酸素摂取能力とは、運動するために必要な酸素をどれだけ取り込めるかという生理機能の向上に過ぎず、エネルギー産生機構の一部分でしかあり

最高のフォームを！

ません。上の図で示す右のサイクルによって産み出されるエネルギーが一歩でどれだけ必要であるかは、左のサイクル次第。一歩に必要なエネルギー量は、走速度で変わり、走るスピードが速くなればなるほど、左のサイクルの技術力が問われます。効率よく一歩をつくれないと右のサイクルが頑張ることに。

　左の技術力が劣る場合は、右の体力でカバーしなければならず、マラソンという長距離になると、体力は奪われ続け、後半の失速を招くことになるのです。

理想の走りのヒントは、

パワーポジション

カラダを縮めて
力をためる「パワポジ」

できるだけ少ないエネルギー消費で、最大のパフォーマンスを発揮するためには、一歩の効率を上げていくことが大切。つまり、技術力＝ランニングフォームの改善が必要です。

　ランニングフォームには、接地から乗り込み、地面押し、離地、空中姿勢、脚の振り下ろしといったさまざまな局面があります。その中で最も重要な局面は2つ。パワーポジション（パワポジ）とエアーポジション（エアポジ）です。

　接地からカラダを乗り込んでいく動作がパワポ

カラダを伸ばして
跳ぶ「エアポジ」

エアーポジション

パワポジ&エアポジにあり!

ジ。そこで力をためて、地面にどれだけの力を伝えることができるかが走動作において、最重要なポイントであることは理解できるはず。そこから自分のカラダをいかに運ぶかがカギとなります。

また、一歩のフィニッシュ動作である空中動作=エアポジも重要。エアポジでカラダをしっかり伸ばせなければ、パワポジで地面を押せても、その力を100%走力に変換できないのです。

力をためて、遠くに跳ぶ。パワポジとエアポジの技術をセットで高めていくことが大切です。

関節の「動かし方」がカギを握る！

人間のカラダの動きは、骨を動かし関節が機能して骨格が変化することで成り立ちます。そして、骨を動かすのは、筋肉です。骨に付着する筋肉が、収縮と弛緩を繰り返すことで、骨が動き、カラダが動くわけです。

このとき、運動によってエネルギーを消費しているのは、筋肉です。つまり、筋肉の伸縮に対して、骨を効率的に動かすことができるかが、ポイントになります。骨をうまくコントロールできなければ、筋肉に無駄な労力をかけることになり、エネルギーロスにつながります。

つまり、効率的な走動作の考え方として、筋肉ではなく、骨を動かして走る意識を持つことが大切です。

筋肉の力に頼らなくても、骨を動かせるシーンは数多く存在します。高いところにあるものは重力で落下しますし、伸ばされた筋肉は反射的に縮みます。能動的に筋肉を働かせなくても、骨の位置や角度、関節の効率のよい連動など、使い方を追求していくと、エネルギーロスが少なく、より推進力の高い動きになるのです。

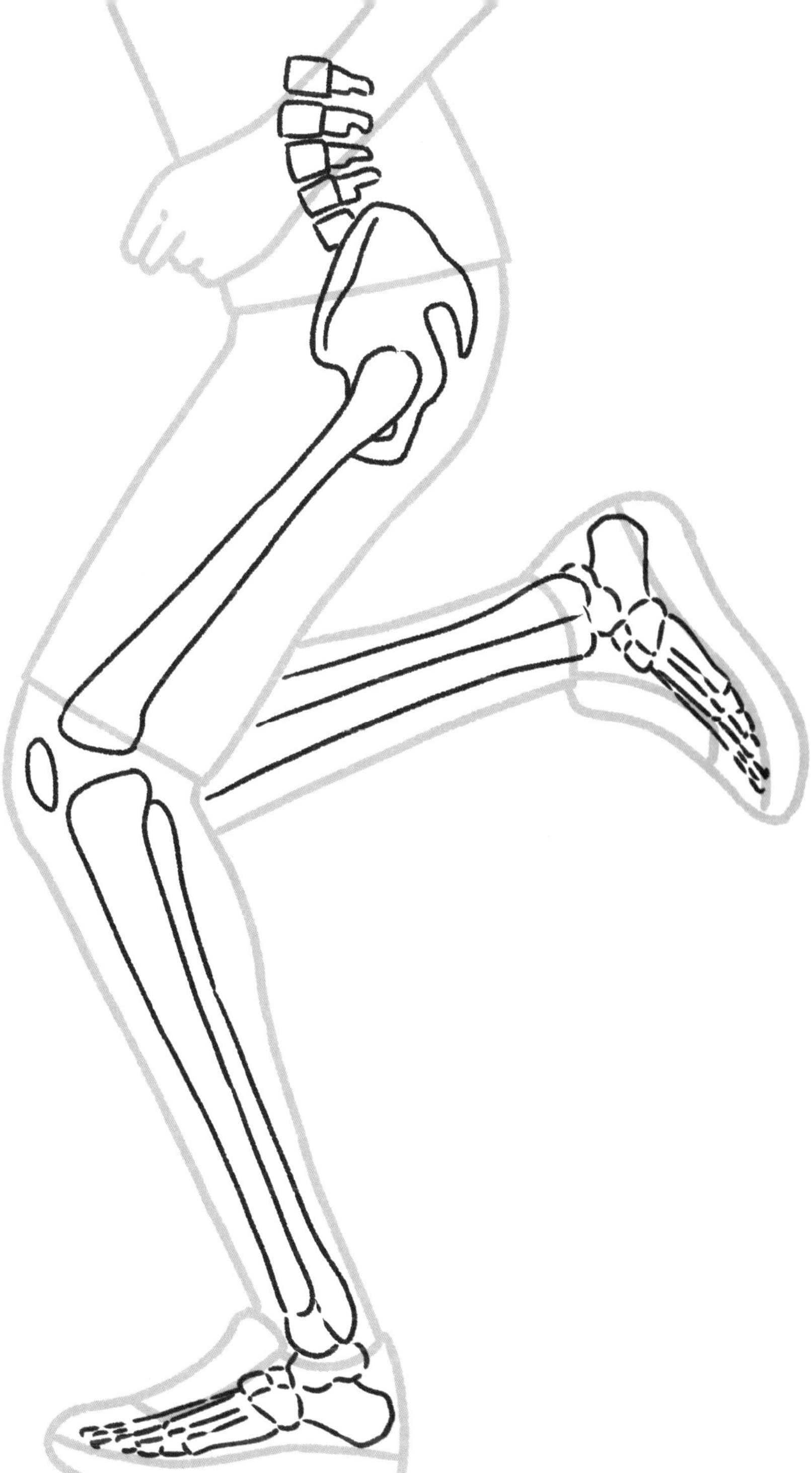

第1章 限界突破に必要な走り方とは？

フォーム改善の必要性

第2章 ランニングエコノミーの法則

走りの法則

弘山勉のランニングフォームCOLUMN

第3章 理想のパワポジ&エアポジをつくるカラダの使い方

局面別動作解説

さらに深掘り

第4章 最高のランニング動作を覚醒させる方法

動作覚醒の方法

第5章 教えて！ 弘山式ランニング・クリニック

弘山式ランニング・クリニック

やってはいけないＮＧ動作

STAFF　編集／千葉慶博（KWC）　カバー・本文デザイン／三森健太（JUNGLE）
イラスト／岡本倫幸　DTP／エストール　校正／鷗来堂

第1章

限界突破に
必要な走り方とは？

フォーム改善の必要性

01

単なる省エネ走りではない!? ランニングエコノミーとは?

一歩に要するエネルギーが少ないほうが経済的であるという概念は、正しくもあり、間違いでもあります。

同じエネルギーを使って推進力が高いこと、もしくは、**同じ速度で走った際の使用するエネルギーが少ない**ことをランニ**ングエコノミーに優れている**と表現します。

ランニングエコノミーは、**走技術**(フォーム)、**筋力**(筋肉の緊張と弛緩)、

単に消費エネルギーが少ないことを意味するものではない!

エネルギー消費が少なければよいわけではない。小さなフォームでピッチを刻めばエネルギーロスが少ないように見えるが、実は物理法則などを利用できず、能動的な筋力消費は大きくなる。

同じ速度で使うエネルギーが少ないこと!

例えば、同じ時速15kmで走った場合、60%のエネルギーを要するのと、80%を要するのとでは、エネルギー消費が少ないほうがランニングエコノミーに優れているといえる。

体重（体脂肪量）の3つの指標が影響し合い、ある走速度で必要とされるエネルギー量が変わります。筋力の低さを走技術でカバーできれば、酸素を大量に消費することなく、走速度を上げて走り続けることができます。走技術が劣っていても筋力があれば、力発揮に余裕があるので速度を維持できます。体重は言わずもがな、説明不要でしょう。

技術力と体力をそれぞれ磨くことで弱点をカバーできますが、2つ同時に高めることができれば、ランニングエコノミーは飛躍的に向上します。

2つの力でランニングエコノミーを高める!

技術力とは、主にランニングフォームのことであり、体力とは筋力やエネルギーをつくる力(血液や酸素の運搬、エネルギー代謝と供給力など)。これらを同時に高めることで相乗効果を生み、ランニングエコノミーが飛躍的に向上する。

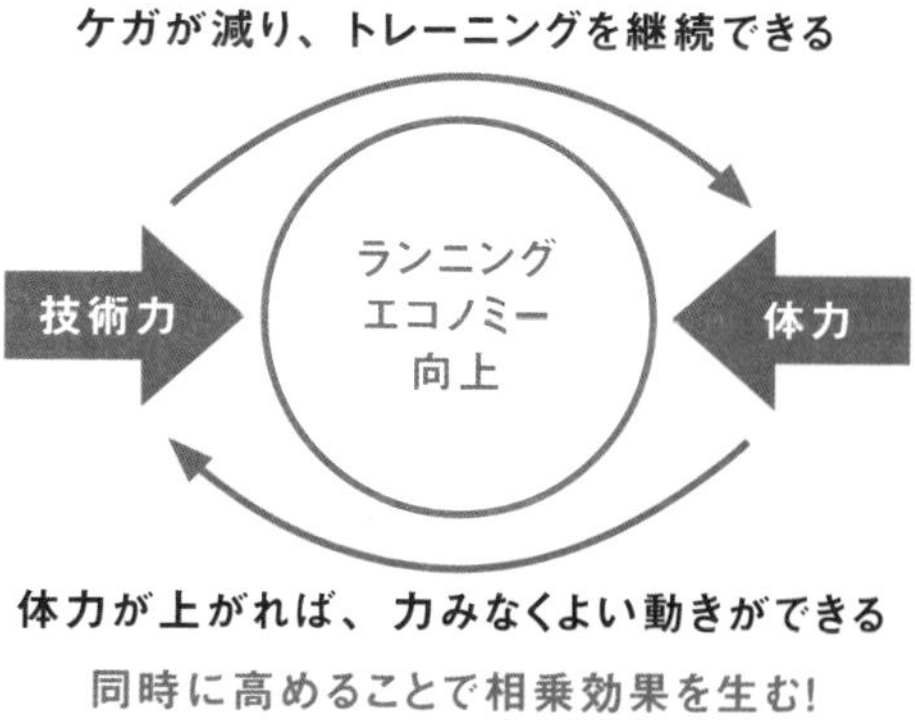
ケガが減り、トレーニングを継続できる
技術力
ランニング
エコノミー
向上
体力
体力が上がれば、力みなくよい動きができる
同時に高めることで相乗効果を生む!

同ペースにおける努力度のイメージ

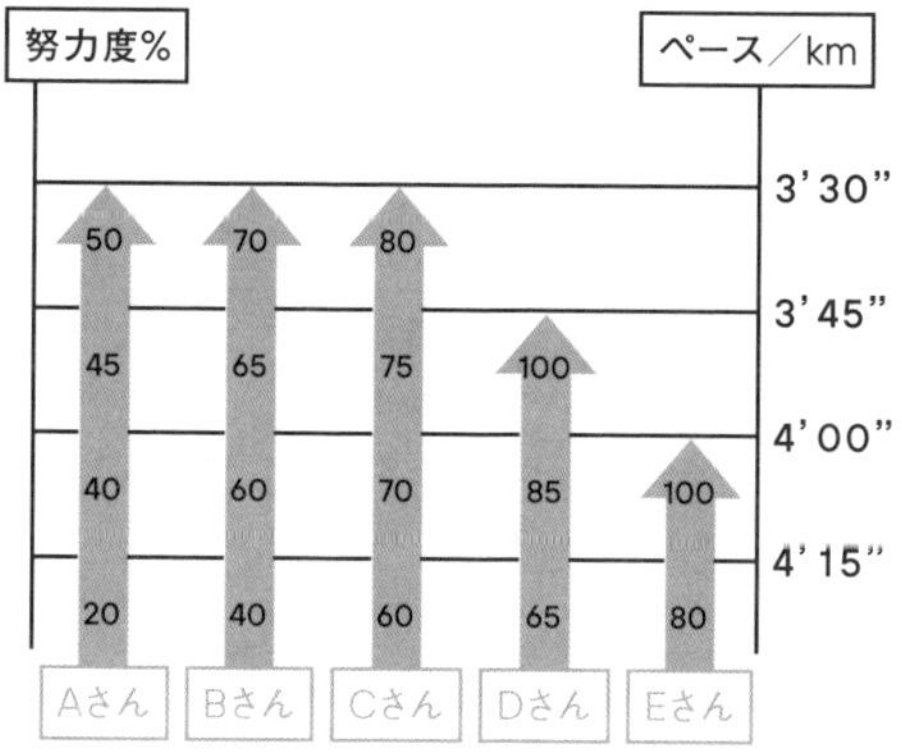
努力度%
ペース／km
3'30"
3'45"
4'00"
4'15"
50
45
40
20
70
65
60
40
80
75
70
60
100
85
65
100
80
Aさん
Bさん
Cさん
Dさん
Eさん

同じ速度でも走技術、筋力、体重の影響を受け、努力度のゲージが変化する。左の図では、努力度の低い状態で速いペースを維持できるAさんがランニングエコノミーに優れているといえる。

フォーム改善の必要性

02

記録の限界突破にフォーム改善はなぜ必須なのか？

自己記録の限界を突破するためには、当然ですが、長い距離を目標の設定スピードで走り続ける必要があります。

もし、**筋力や体力だけで限界突破を試みようとすれば、トレーニングを積んでひたすら頑張るしかありません。**それもやがて臨界点に達し、それ以上速く走ることができなくなります。

しかし、技術力＝ランニングフォームに関して

一歩に費やす力を浪費していないか？

浪費度 50
100のエネルギーを使用
ムダが多い！
上体が後傾 -8
腕でなく肩を振る -6
遅い！
股関節が後傾 -5
重心の遅れ -10
振り子の原理を使わず -5
地面の反発を使えず -10
地面を押さず -6

100のエネルギーを使って、そのうち50の力が、重心の遅れや、脚振りに振り子の原理を利用できていないなどのフォームの問題でマイナスに作用していたら、結果として推進力は50しか働かない。

は、突き詰めるほどに「伸びしろ」が表れてきます。走動作には、**筋力や体力の範疇《はんちゅう》の外側に、物理法則などの推進力となる要素が、たくさん隠れている**からです。

重心の位置や姿勢のわずかなずれが生じるだけで、一歩の推進力は変わります。ましてや、ランニングは全身運動。カラダの使い方の細部を確認すると、エネルギーロスや、推進力のブレーキとなるマイナス要素が多々存在します。つまり、自己記録の更新のためには、フォームの修正こそが優先課題なのです。

フォームのマイナス要素を減らしていく!

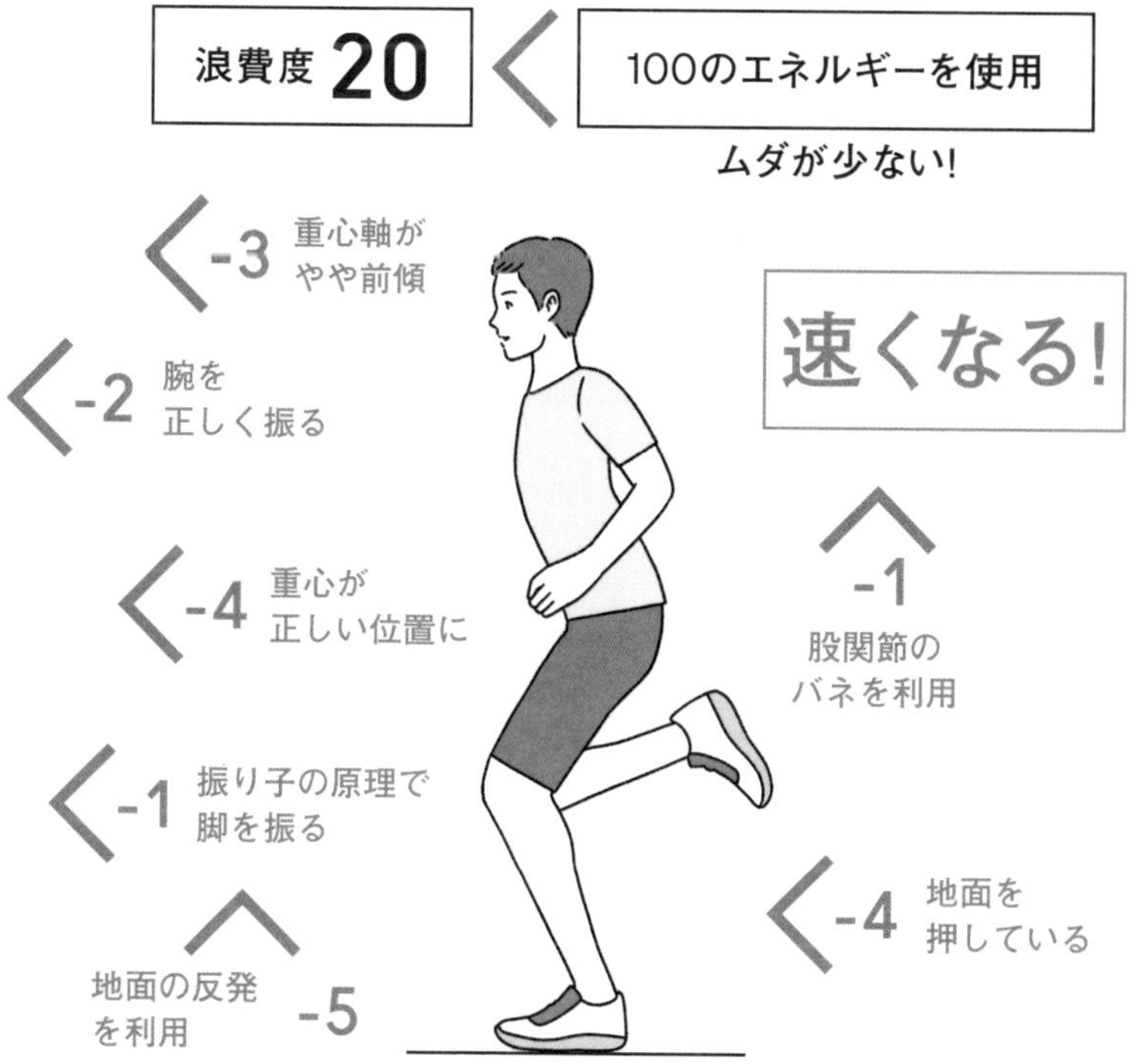

浪費度 20
100のエネルギーを使用
ムダが少ない!
-3 重心軸がやや前傾
-2 腕を正しく振る
-4 重心が正しい位置に
-1 振り子の原理で脚を振る
-5 地面の反発を利用
速くなる!
-1 股関節のバネを利用
-4 地面を押している

少しずつフォームの問題を改善し、例えば100のエネルギーを使って、20までロスを減らすことができれば、推進力は80に上昇。同じエネルギーの使用率でも、スピードに如実な変化が表れる。

フォーム改善の必要性

03

わかっているようでわかっていない？ストライドとピッチでタイムが決まる

長距離走の記録（タイム）は、一歩で進む距離（ストライド）によって総ステップ数が決まり、その一歩にかける時間でゴールするタイムが決まります。

レースの最初から最後までストライドとピッチは一定というわけではありませんが、基本的に**ストライドとピッチが走速度を決定**しています。そのため、記録の更新を狙ってフォームを修正するとすれば、**ストライドを**

走速度はストライドとピッチで決まる

一歩で進む距離がストライドで、一歩の回転時間がピッチである。走速度は、この2つ（時速の場合は、ストライドと1時間あたりの総ステップ数）の掛け算で決まり、自分の数値が明確にわかっていれば、自ずと現在の記録の目安も決まってくる。

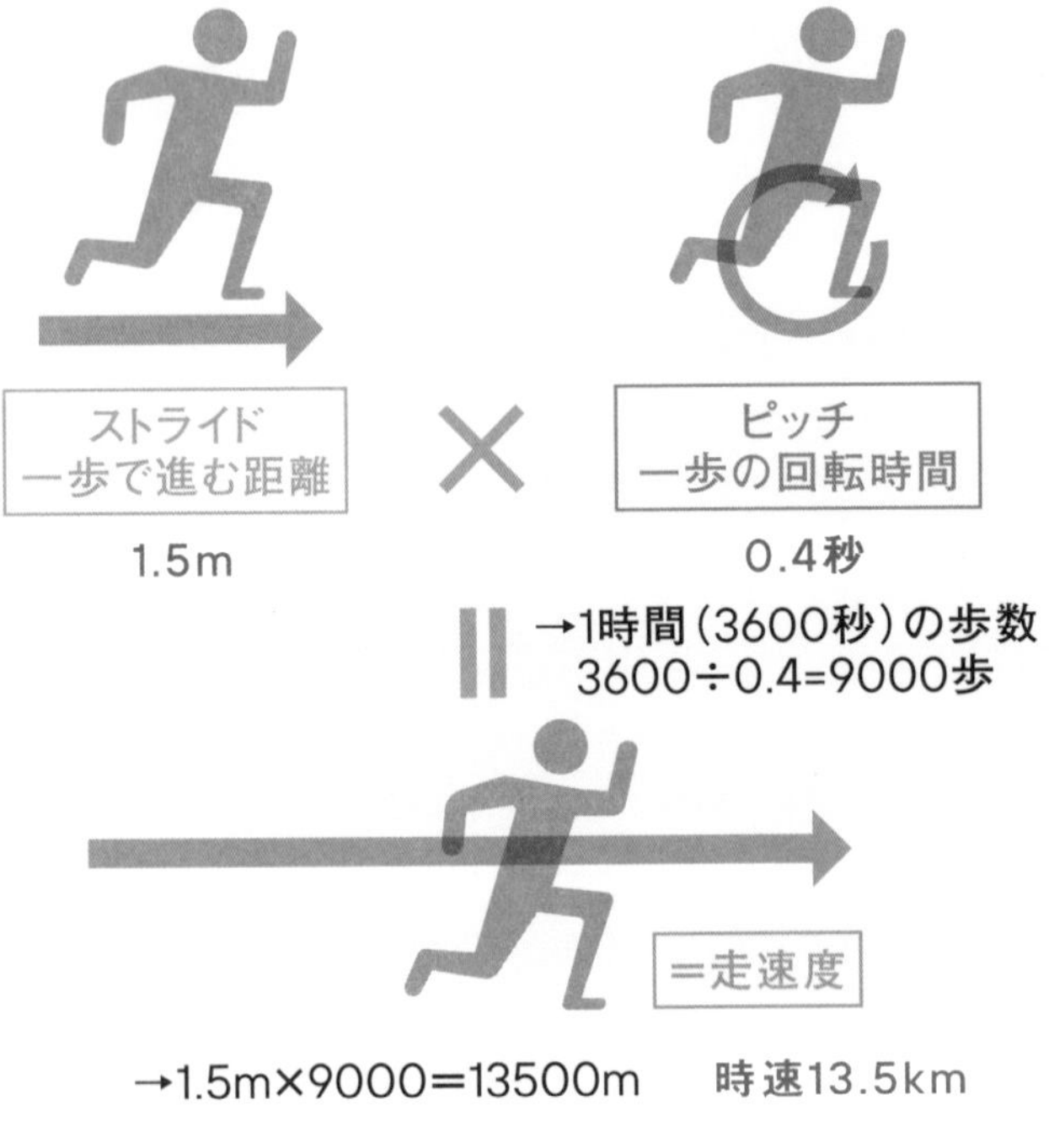

ストライド
一歩で進む距離
1.5m
×
ピッチ
一歩の回転時間
0.4秒
→1時間（3600秒）の歩数
3600÷0.4=9000歩
＝走速度
→1.5m×9000＝13500m
時速13.5km

伸ばすか、ピッチを速くするということが必要になります。

　このストライドとピッチで厳密にタイムが決まるというリアルな感覚。一般ランナーの方々の間では、理屈ではわかっているものの、あまり実感として持っていない（1kmあたりのペースタイムだけを気にする）方が多いように思います。

　ストライドは数センチ、ピッチは毎秒0.1回前後の小さな数字の改善かもしれませんが、**長距離に換算すると、大きなタイム差として影響**してくるのです。

ストライドを伸ばすか、ピッチを速めることが必要

自己記録（タイム）を更新するためにフォームを修正する場合、ストライドを伸ばすか、ピッチを速めるか、この2つをバランスよく高めることが必要。これらのレベルアップが走速度の向上に直結する。

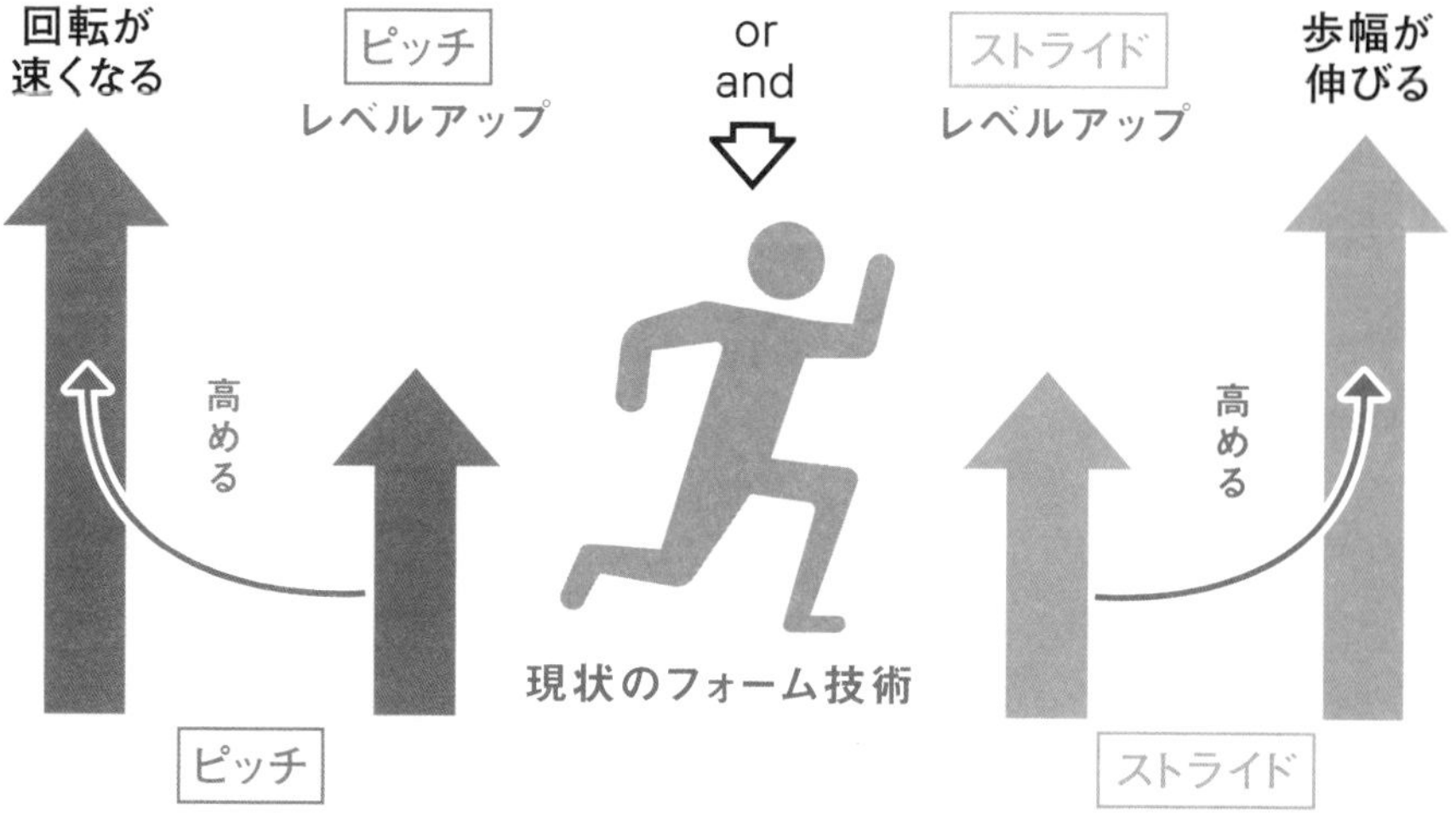

ただし、フォームの修正は総合的に見直す必要がある

しかし、ストライドやピッチのレベルアップは、現状より歩幅を広げればいい、脚を速く回転させればいい、などといった単純なことではない。フォームの全体の課題を見直しながら、バランスよく修正しないと、問題が悪化してしまう場合も。

フォーム改善の必要性

04

限界突破にはストライドを伸ばすしかない！

ランニングエコノミーに優れたフォームを考えたとき、一般的にピッチ走法のほうが、ラクに走れるイメージが根強くあります。しかし、それは大きな誤解です。

そもそも、**ピッチ走法というものは存在しません。速いピッチを維持するために、ストライドを狭めて小刻みに走っているだけ。**しかも、力を抜いて空中で伸びる局面を削って走っている状態に

ストライドを狭めてピッチを上げても限界はすぐにやってくる！

例えば、上下動の少ないピッチ走法と呼ばれる走り。位置エネルギーや地面反力が少なく、ひたすら脚や腕を前後に動かし、力に頼って頑張るしかない。労力の割に一歩で進む距離が少ないので、維持できるスピードにも限界が訪れやすい。

回転数を増やすには
ひたすら頑張る
しかない……
BAD
脚を速くまわす
ためにストライドを
狭めてしまう!

なるため、常に能動的な力を消費し続けるような、**電源を入れっぱなしにする走り**になってしまいます。そこからスピードを向上させるなら、練習で心肺を高めて頑張るしかありません。しかし、それにも限界があります。

　ストライドとピッチは、互いに相反関係にあるため、フォームの修正に取り組むなら、**一旦ピッチを下げてストライドを伸ばす**のが鉄則です。カラダ全体の動きの課題を修正し、力みのない一歩を繰り出せるようになるのが最優先。そこからトレーニングが始まります。

ピッチを下げて「伸びる時間」を確保する!

脚を速くまわすために
カラダを縮めて
走っている状態から
ピッチを下げて
カラダを伸ばすことに
意識を向ける!
力みなくストライドを伸ばす!
＝
ランニングエコノミー向上

脚を速くまわすために、カラダを縮めて（ストライドを狭めて）走っている状態から、ピッチを下げてカラダを伸ばすことに意識を向ける。力でカラダをまわす縛りから解放し、本来の伸びのあるストライドの走り方に切り替える。

フォーム改善の必要性

05

記録が伸びない理由は、カラダを使いこなせていないから!?

ランニングは、カラダを伸び縮みさせながら、地面に力を加え、前方に跳んで進んでいく運動。つまり、**左右交互の片脚ジャンプの繰り返し**です。これらの動きは、結局**関節の曲げ伸ばしで成り立っており**、**メカニカルに効率よく動かせるかがポイント**です。そして、関節の曲げ伸ばしにできるだけ労力を使わないことが求められます。

そのためには、全身の

「カラダが動く」とは「関節の曲げ伸ばし」

ランニングは片脚ジャンプの反復動作

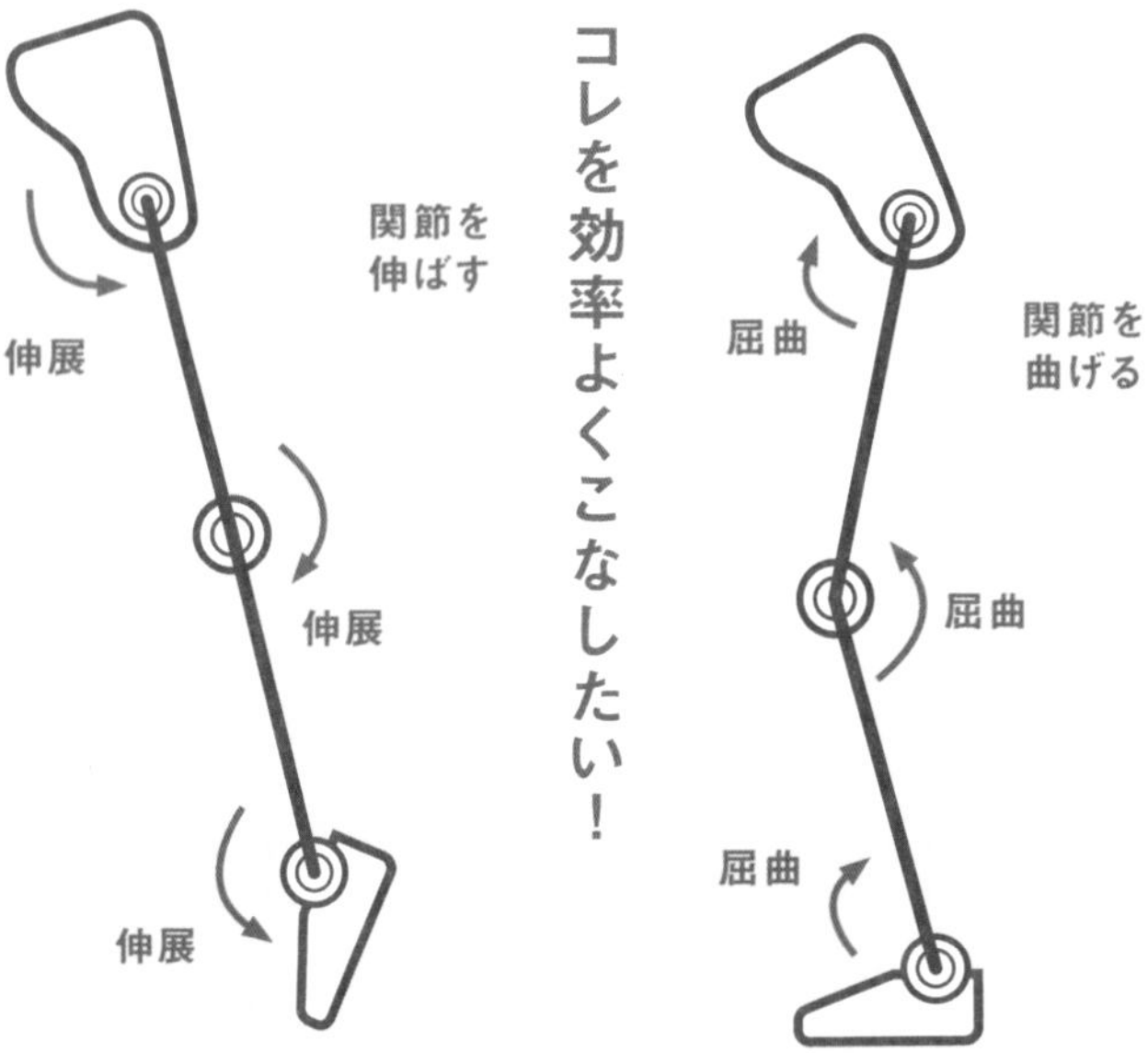

伸展
関節を伸ばす
伸展
伸展
コレを効率よくこなしたい!
屈曲
関節を曲げる
屈曲
屈曲

片脚ジャンプの動作は、下半身に限定すると、股関節、膝《しつ》関節（ひざ）、足《そく》関節（足首）という3関節の屈曲と伸展（曲げ伸ばし）で成り立つ。これらを適切な角度とタイミングで連動させると、少ない労力で高く跳ぶことができる。

関節を適切に連動させ、筋肉の伸張反射（伸ばされた筋肉が自動的に縮む作用）を利用し、物理法則の力を借りる必要があります。例えば、よくある間違いは、「骨盤の前傾」を維持するために、腰を前に弯曲させて固めてしまうケース。骨盤が前傾すると、脚を前に出しにくくなり、腰やひざを痛めやすくなります。

　走動作には、骨盤を前後に傾ける局面がそれぞれあります。姿勢や動作をどちらかに固めてしまうのは、自分自身の動作に自ら制限をかけてしまうことと同じなのです。

カラダを固めてしまうと動かしづらい動作が出てくる

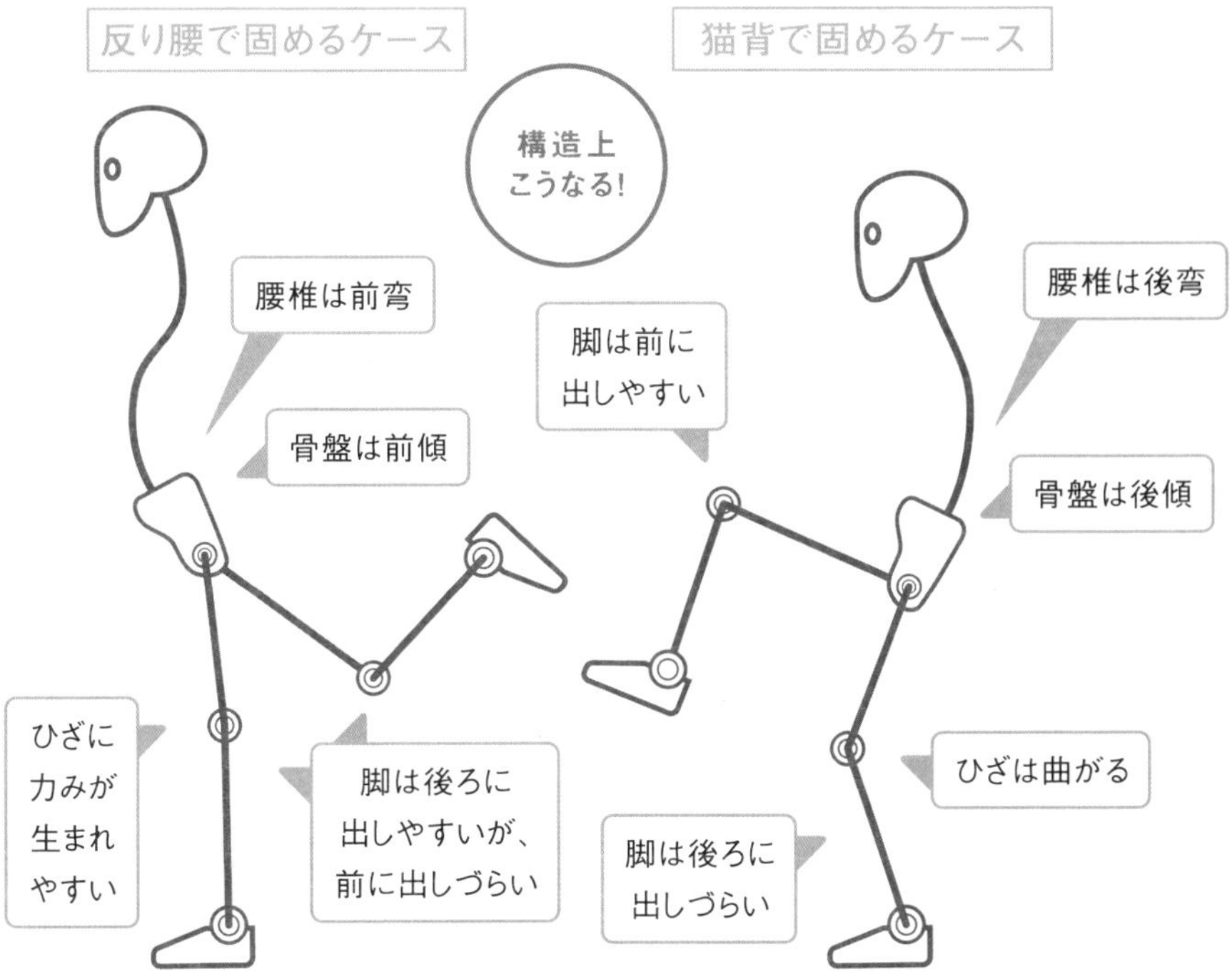
反り腰で固めるケース
猫背で固めるケース
構造上
こうなる！
腰椎は前弯
骨盤は前傾
脚は前に
出しやすい
腰椎は後弯
骨盤は後傾
ひざに
力みが
生まれ
やすい
脚は後ろに
出しやすいが、
前に出しづらい
脚は後ろに
出しづらい
ひざは曲がる

姿勢の制限＝動きの制限！

ランニングは腰を介して、上下左右の身体部位を各動作局面で対称的に動かすことになる。例えば、骨盤の傾きや腰を固めてしまうと、姿勢や動きに自ら制限をかけることになり、背骨のねじれや関節の連動にエラーが出てしまう。

フォーム改善の必要性

06

理想のフォームのカギは「股関節」が握っている！

本書で紹介する**「限界突破のランニングフォーム」**において、最も走りの効率性に影響する関節があります。それが**「股関節」**です。

股関節は、骨盤（寛骨《かんこつ》）と太ももの骨（大腿骨《だいたいこつ》）をつなぐ、人体の中でも最大級の関節です。下半身の動きは、**股関節を起点に生み出されるものであり、腕振りで生まれた背骨のねじれを上半身の力として下半身に伝えるの**

股関節は腰やひざと連動している

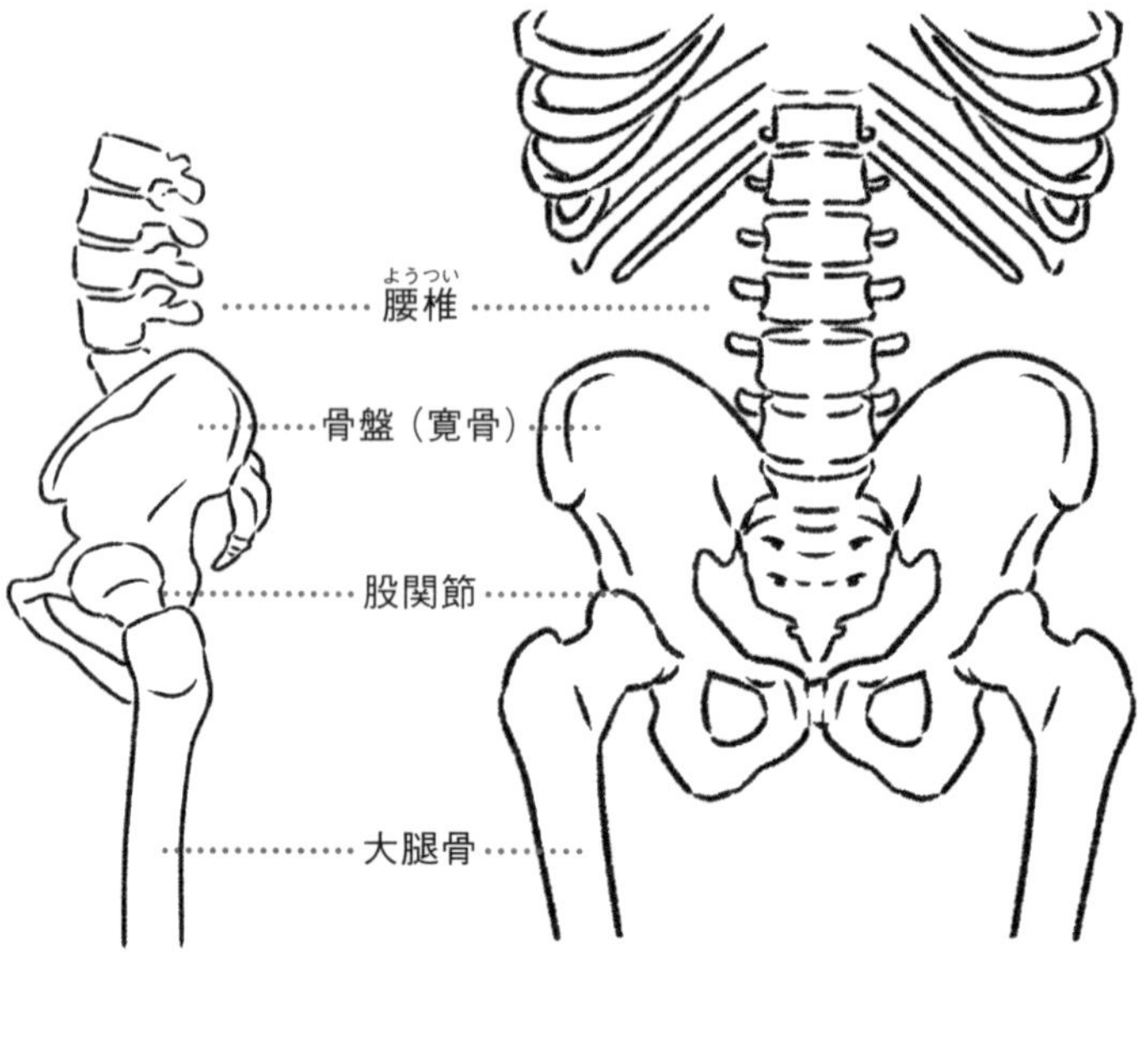

股関節は、骨盤を通じて腰の骨（腰椎）、大腿骨を通じてひざ（膝関節）と連動している。走動作において、腰や骨盤、ひざのポジションは上下連動から生み出される推進力に大きく影響。つまり、股関節は上下のつなぎ役として重要なパーツなのだ。

も**腰部**（腰仙関節と股関節）になります。

逆に、下半身の力を上半身に伝え、絶え間ない**上下連動を支えるのも、股関節が正しく機能してこそ可能**になります。

また、ランニング動作における股関節の働きとして、最も貢献度の高い動きが**「屈曲と伸展」**です。

支持脚に体重を乗り込むパワポジや、脚を前後に最も広げるエアポジという局面で、力をためる（屈曲）、ストライドを広げる（伸展）という機能を働かせるには、股関節をしっかり使えるかが、カギを握ります。

股関節は上下をつなぐ「最強のバネ」

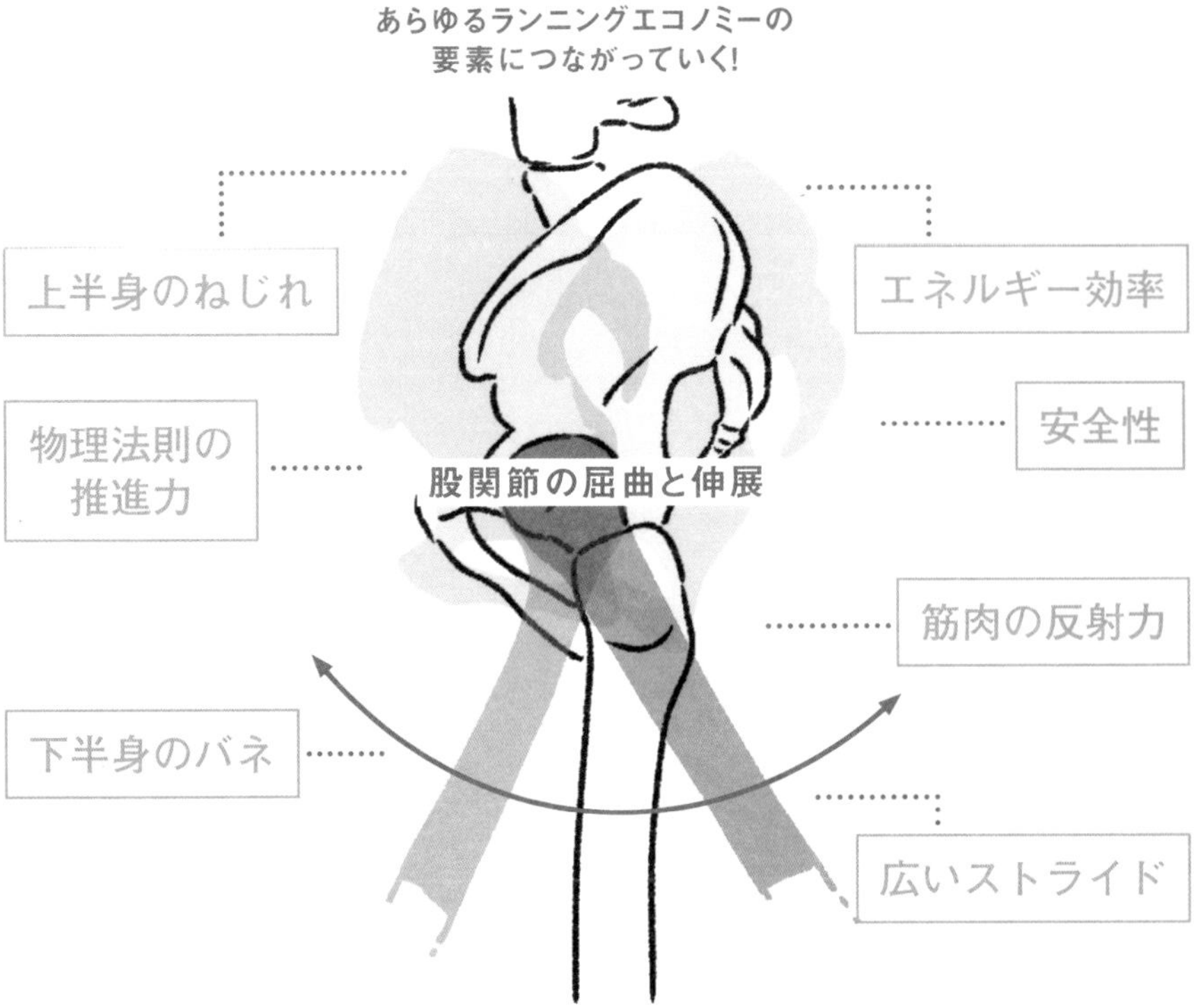

あらゆるランニングエコノミーの
要素につながっていく!
上半身のねじれ
物理法則の
推進力
下半身のバネ
エネルギー効率
安全性
股関節の屈曲と伸展
筋肉の反射力
広いストライド

パワポジで力をためる瞬間は、股関節を屈曲させて圧をかけ、エアポジでは、股関節を最大伸展させながら力を解放する。この股関節のバネに、カラダ全体で生み出された力が集まり、ランニングエコノミーのあらゆる要素につながる。

フォーム改善の必要性

07

2つのゴールを追求する！「パワポジ」&「エアポジ」とは？

ランニング動作は、いくつかの局面に分類されますが、目指すべきゴールは2つ。空中から着地し、接地脚に乗り込んでいく**「パワポジ＝パワーポジション」**と、空中での最高到達点である**「エアポジ＝エアーポジション」**です。

ランニングの動きを大局的に捉えると、**カラダを縮ませて力をためたところから、思い切り伸ばして跳んでいく動作**とい

力をためる「パワポジ」

パワポジ＝パワーポジション
下へ屈曲
接地から
力をためている
スイッチ ON
股関節の屈曲と連動してひざや足首も屈曲し、力をためる
最大屈曲

接地した脚に乗り、カラダを沈み込ませながら力をためる局面。上から圧がかかって股関節が屈曲し、それと連動してひざや足首も屈曲。この瞬間に筋肉が伸ばされ、弓を引くように伸張反射や地面反力などの力が蓄積されている。

えます。そして、この２つの局面における**最大屈曲と最大伸展の差が大きいほど大きなパワーを生み出す**ことになるのです。

また、ランニング動作は、常に左右対称の動きとなり、エアポジで最大伸展すると同時に、反対側の脚は、パワポジの準備体制に入ります。つまり、**２つの動作はゴールであり、スタートでもある**ということ。この２つの局面の姿勢や動作を修正し、バランスを整えることができれば、間をつなぐ動作も自動的に修正され、効率的なフォームに変換されます。

カラダを伸ばして跳ぶ「エアポジ」

エアポジ＝
エアーポジション
地面押しから
力が抜けている
スイッチ OFF
股関節を
中心にひざや
足首も連動して
伸展
遊脚側はパワポジに
向かって始動
最大伸展

上へ伸展

弓から矢が放たれた瞬間のように、力が解放された状態の空中姿勢。股関節を中心に、ひざや足首も伸展し、カラダ全体が最大伸展（ひねりも最大）している状態。一方で、接地に向かうパワポジの準備体制にも入っている。

フォーム改善の必要性

08

知識を得て、己を知ることが記録更新につながる！

簡単にポイントに触れてきましたが、記録を伸ばすために必要なことは、やはり技術力の向上です。つまり、**ランニング動作の精度を高める**こと。そのためには、まず**自分のフォームの課題**を見つけなくてはなりません。しかし、そのためには、それなりの**知識が必要**です。

人は歩けるし、走れます。だから、習おうとしない側面もあるでしょう。しかし、速く長く走ろう

局所的な修正はバランスが崩れる！

NG
股関節を屈曲させよう
NG
ストライドを伸ばそう
NG
跳べば
いいのか!

自分の課題を確認せずに、ストライドを広げようと無理に脚を前に出したり、跳んだりするのは、課題を解決するどころか、現状を悪化させる可能性も。フォームを全体的にチェックし、どこに問題があるのかを理解してから取り組むことがフォーム改善の鉄則。

とするときに、どうしても乗り越えられない限界がやってきます。

その理由がわからない限り、修正しようがありません。知識という土台があってこその評価であることを忘れてはいけません。感覚も大事ですし、感覚だけで成長し続けることができるなら、問題ないですが、そういうケースは少ないでしょう。フォーム修正を試行錯誤する場合に、それが正しいのかどうかを判断するには、正しい知識が必要。**課題に対する適切なアプローチが、記録更新につながる**のです。

フォームの課題は人それぞれ。手順が大事！

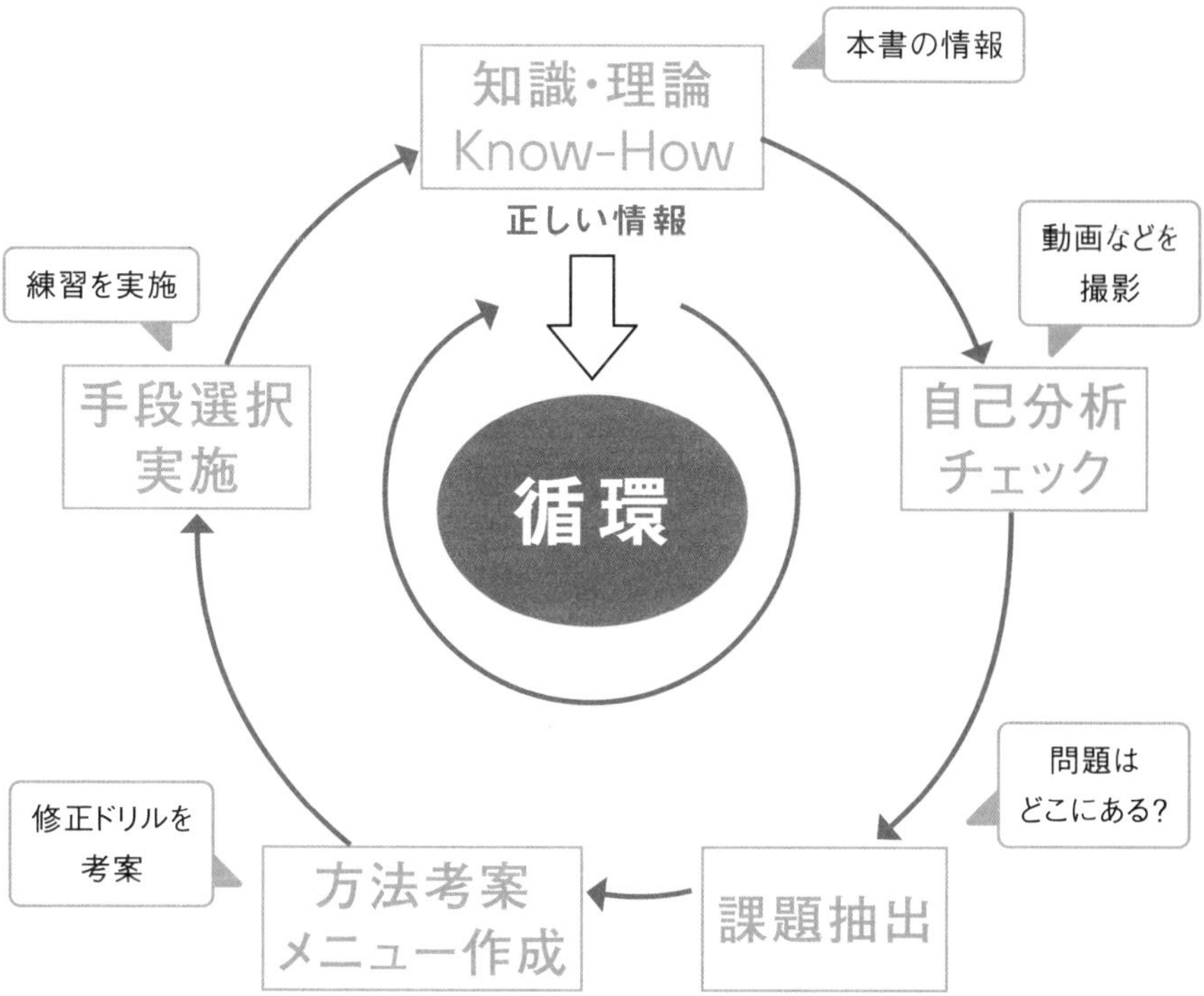

フォームの修正は手順が大事。まずは、本書などで知識や理論への理解を深めること。次にフォームの動画を撮影し、問題がどこにあるかを確認。修正ドリルなどのメニューを立てて実践し、その効果を検証。この手順を循環させる。

弘山勉の
ランニングフォーム
COLUMN

目標を達成するには、フォームを改善するしかない!

筑波大学に入学して箱根駅伝を目指す学生（選手）は、入学時の競技力が低い者が多い。入学時の競技レベルを知っていれば、箱根駅伝予選会を突破して本戦出場を果たすチームになることを誰も想像できないだろう。おそらく、入学時の競技力ランキングでは、関東の大学では下から数えたほうが早い。負い目を感じていないわけではないが、どうにかして戦うレベルに引き上げるしか箱根駅伝に出場する方法はない。それが現実なので、目標にリーチする段階的な手段を考えて実践するしかない。それらを飛び越えて到達する魔法は存在しないのだ。

その手段の柱は、ランニングフォームの改善・改良になる。それは、ランニングのパフォーマンスが、ランニングフォームによる影響を多分に受けるからである。学生を指導して改めて思うことは、ランニングフォームが悪いと、走力はなかなか高まらないということ。その最たる理由が「悪いフォームはスポーツ障害を発症しやすいので、練習が継続できない」というものだ。私が学生だった頃は、「とにかく走れ」と言われた。ランニングフォームを気にしてはいたが、今ほどの知識もないし、「自然に養われた動きが、その人にとって最高のフォームだ」という時代である。どんなに過酷なトレーニングを続けても、私は長期の練習離脱を強いられるほどのケガをしたことはない。しかし、今の若者たちは、簡単にケガをする。脚が丈夫でないという理由はもちろんあるが、現在の箱根駅伝は年々レベルが上がり続けており、トレーニングは過酷さを極めるばかりだからだ。そうしたトレーニングをケガなく消化し続けるには、関節の動きに関わる筋腱の負担を軽減する理に適った動きを手に入れることがなにより必要なのである。スピード持久力を高める質の高いトレーニングを繰り返すだけでなく、その量を増やす必要がある状況においては、一歩の出力を高め、ランニングエコノミーを向上させ、カラダの負担を減らさないと、練習継続が難しくなり、目標達成は望めない。

第2章

ランニング
エコノミーの法則

走りの法則

01

「関節モーメント」の力こそがランニングエコノミーにつながる！

人間には、複雑な動きを可能にすると同時に、力を増幅する力学的なシステムが備わっています。**関節モーメント（回転力、トルク）**もそのひとつです。

モーメントとは、**回転軸の回転力**のことで、天秤で考えると、回転軸は中央の支点になります。回転軸から重りまでの距離（モーメントアーム）が長いほど、回転軸の回転力が大きくなりますが、左下の図のようにモーメン

関節モーメントとはなにか？

関節モーメント＝関節を回転させる力（回転力・トルク）

→モーメント（M）＝力（N）×距離（m）

||　加える力

||　モーメントアーム

モーメントアームとは、回転軸の中心から力が加わる位置までの距離

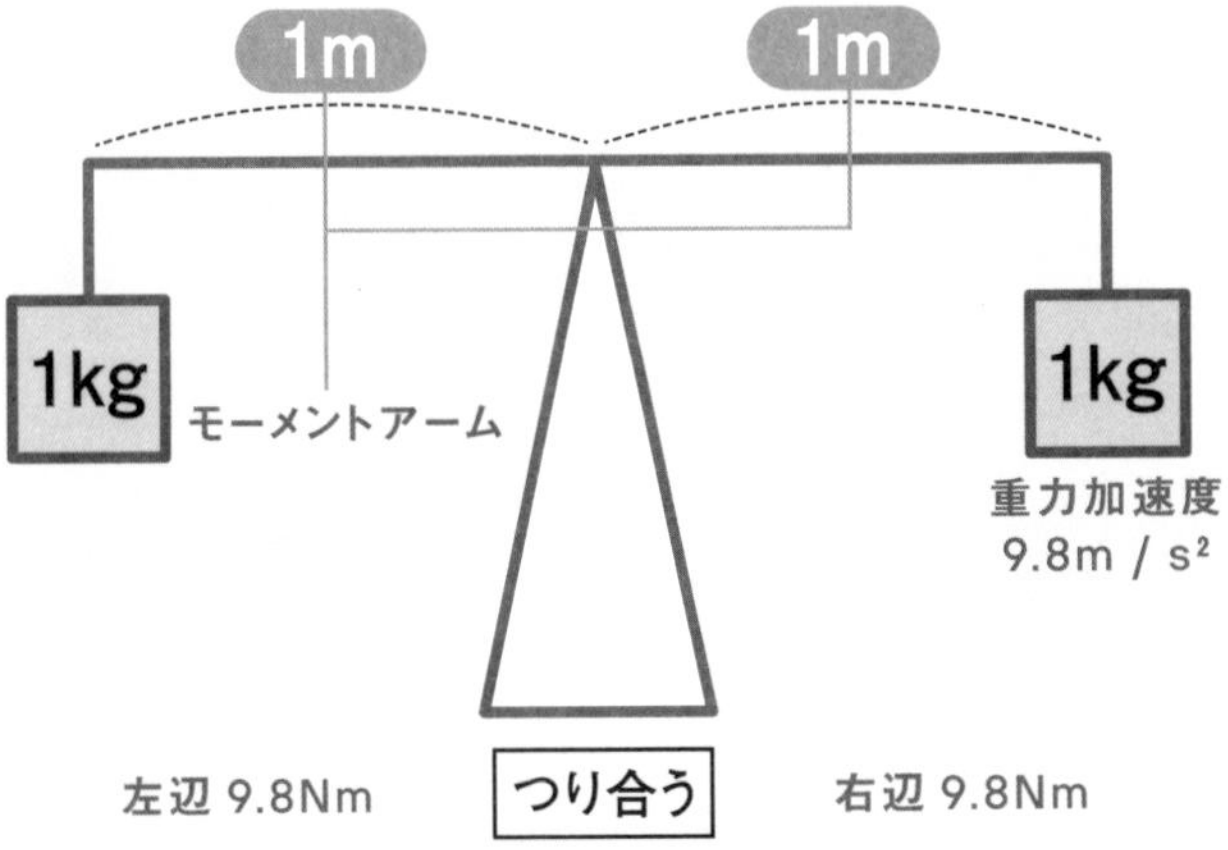

1m
1m
1kg
モーメントアーム
1kg
重力加速度
9.8m / s²
左辺 9.8Nm
つり合う
右辺 9.8Nm

トアームを2倍にすると、1／2の重りで釣り合うことが可能です。

　関節モーメントにおける回転軸は関節であり、関節に対するモーメントアームが長いほど、回転力が強くなりますが、それだけ筋肉への負荷も高くなります。

　また、関節モーメントは大きく分けて、**外部関節モーメント**（重力や床反力などの外力による関節の回転力）と、**内部関節モーメント**（筋肉や腱による関節の回転力）に分類されています。これらの仕組みを理解しておきましょう。

→左辺の重りを2kg、右辺のモーメントアームを2mにすると……

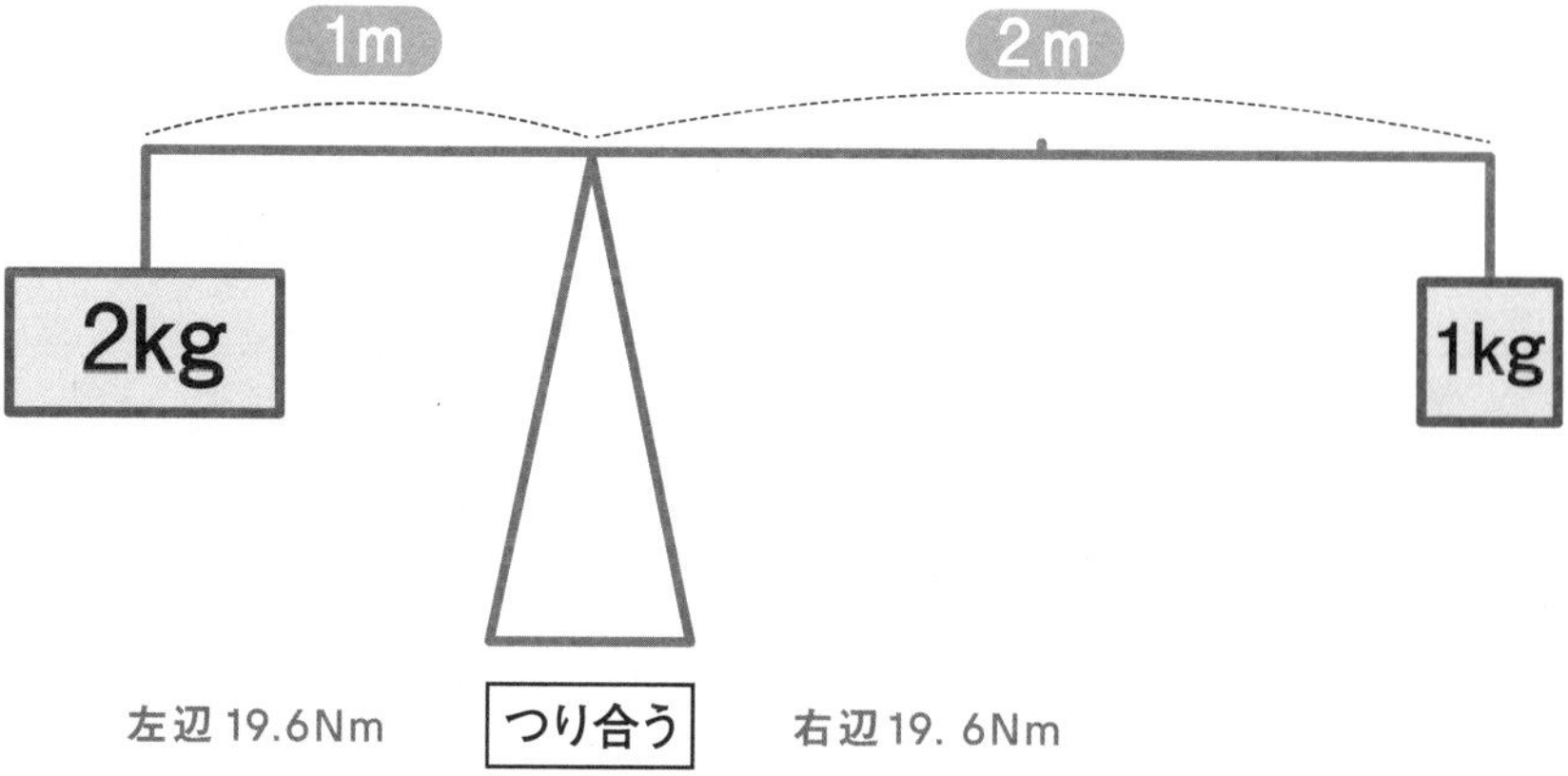

左辺
2（kg）×9.8（m / s^2）×1（m）＝19.6Nm
右辺
1（kg）×9.8（m / s^2）×2（m）＝19.6Nm

モーメントアームが長いほど、少ない力でも
関節の回転力（トルク）は大きくなる!

上の天秤のように、モーメントアームを左辺の2倍にすると、支点の回転力も2倍になるため、1/2の重りで釣り合うことができる。つまり、モーメントアームが長くなると、加える力が少なくても関節の回転力は大きくなるということ。

外部関節モーメントと内部関節モーメントとは？

ひざカックンで働くのが外部関節モーメント

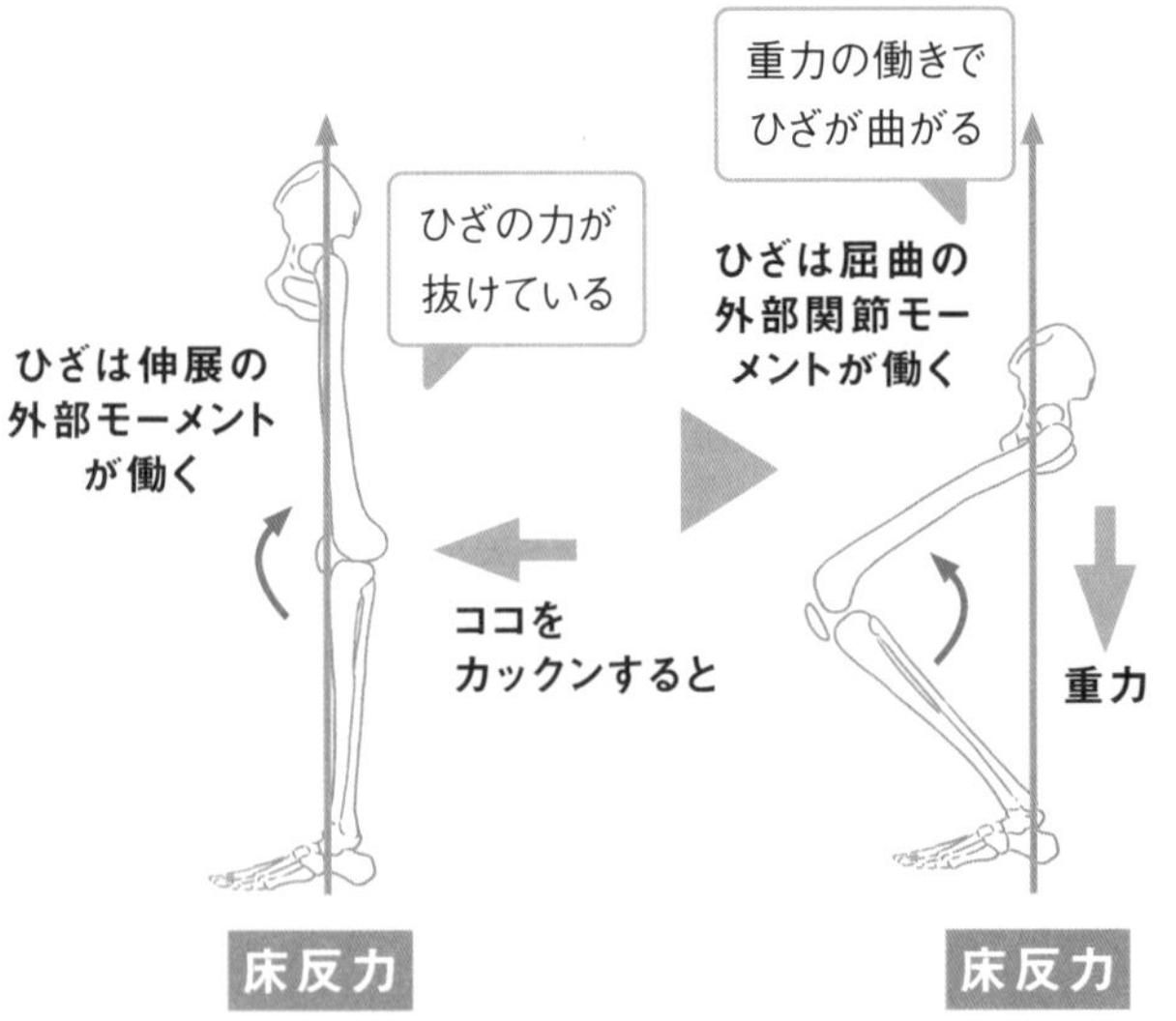
ひざは伸展の
外部モーメント
が働く
ひざの力が
抜けている
ココを
カックンすると
重力の働きで
ひざが曲がる
ひざは屈曲の
外部関節モー
メントが働く
重力
床反力
床反力

重力や床反力などの外力によって関節を回転させる力「外部関節モーメント」は、床反力が通るほうに働く性質がある。ひざの力を抜いて立つと、床反力がひざの前を通るため、伸展に働くが、ひざカックンをすると、ひざの後ろを通るために屈曲に働く。この力を効率的な走動作に利用する。

筋肉や腱の力で働くのが内部関節モーメント

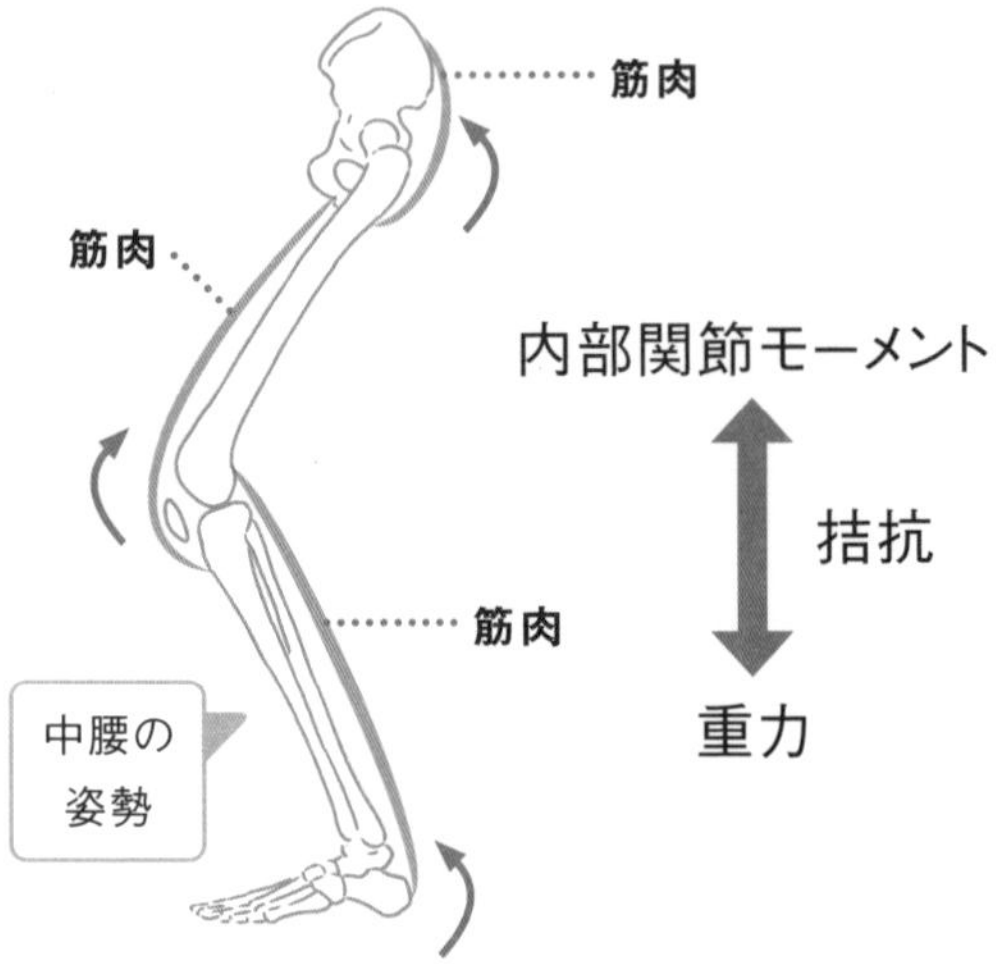
筋肉
筋肉
筋肉
中腰の
姿勢
内部関節モーメント
拮抗
重力

「内部関節モーメント」は、筋肉や腱といった内部組織の働きで関節を回転させる力。例えば、中腰の姿勢をとると、外部関節モーメントの重力の働きで、ひざは屈曲に働くが、内部関節モーメントの筋力を伸展に働かせることで、力が拮抗して、中腰の姿勢を維持することができる。

ランニング動作における回転力の成り立ち

ランニング動作では、外部と内部の関節モーメントが働き、さらに内部関節モーメントは能動的出力と、受動的出力に分けられる。ランニングフォームの修正時には、外部関節モーメントと、伸張反射などを利用する受動的出力の割合を増やすと、エネルギーロスを減らすことができる。

関節モーメントで発揮できる力 ➡ 姿勢と動作で変化

外部関節モーメント

重力や地面反力、慣性力といった外部からの力が関節を回転させる作用

内部関節モーメント

筋肉や腱といった自身の力で関節を回転させる作用

能動的出力

筋収縮によって発揮される力

受動的出力

粘弾性のある組織（皮膚、靭帯、筋肉、腱など）が、引き伸ばされることにより生じる力（伸張反射）や、関節の圧迫による反作用として生じる力

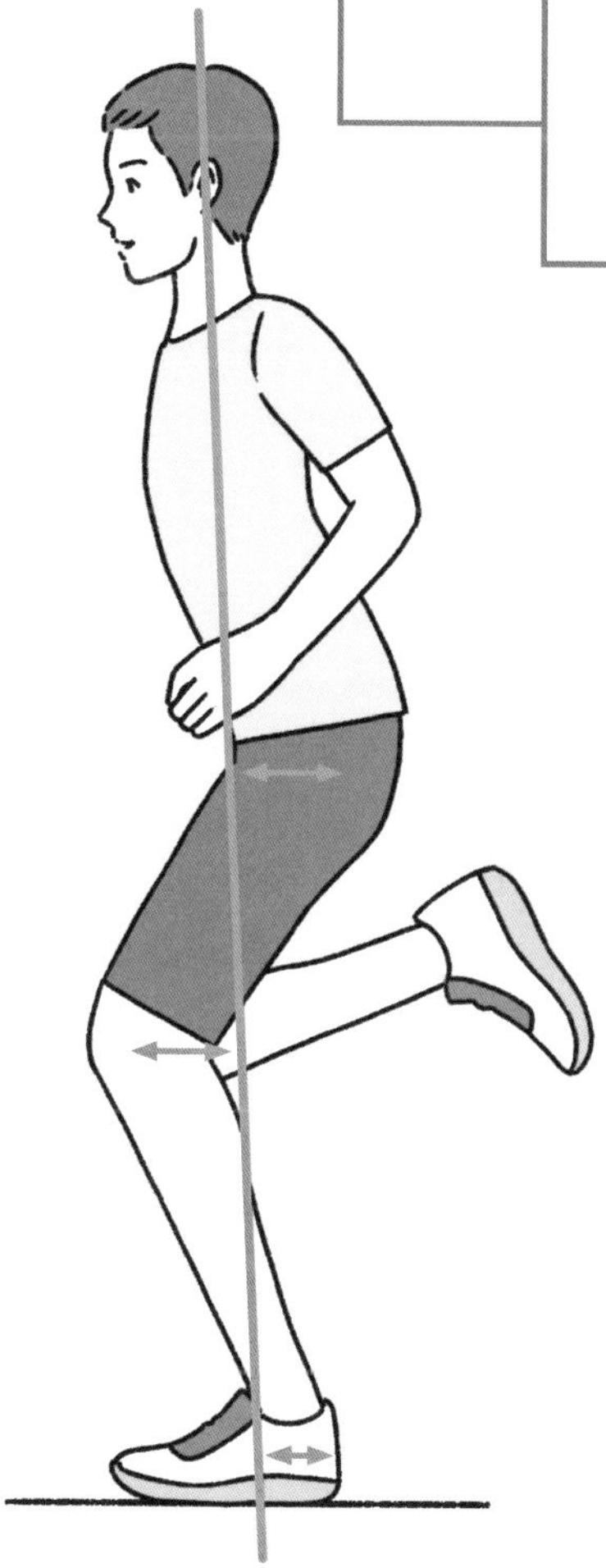

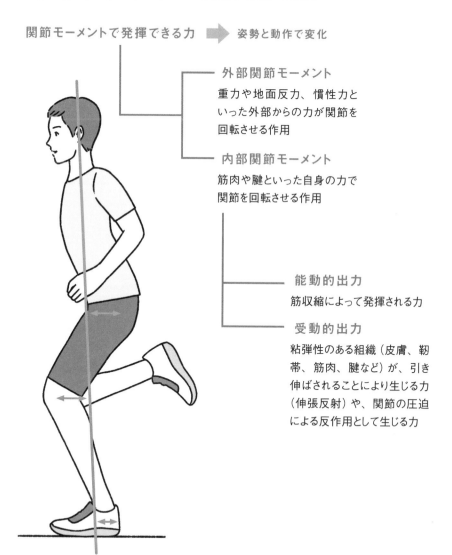

ラクに走り続ける秘密！「能動的出力と受動的出力」

筋肉や腱といったカラダの内部の力を使って、関節を回転させる力を**「内部関節モーメント」**と言いますが、ランニングエコノミーを追求するにあたり、これをさらに2つに分けて考える必要があります。**能動的出力と受動的出力**です。

能動的出力とは、自分の意思で筋肉を働かせて、骨や関節を能動的に動かすことを指します。

一方、受動的出力とは、

内部関節モーメントの2つの出力

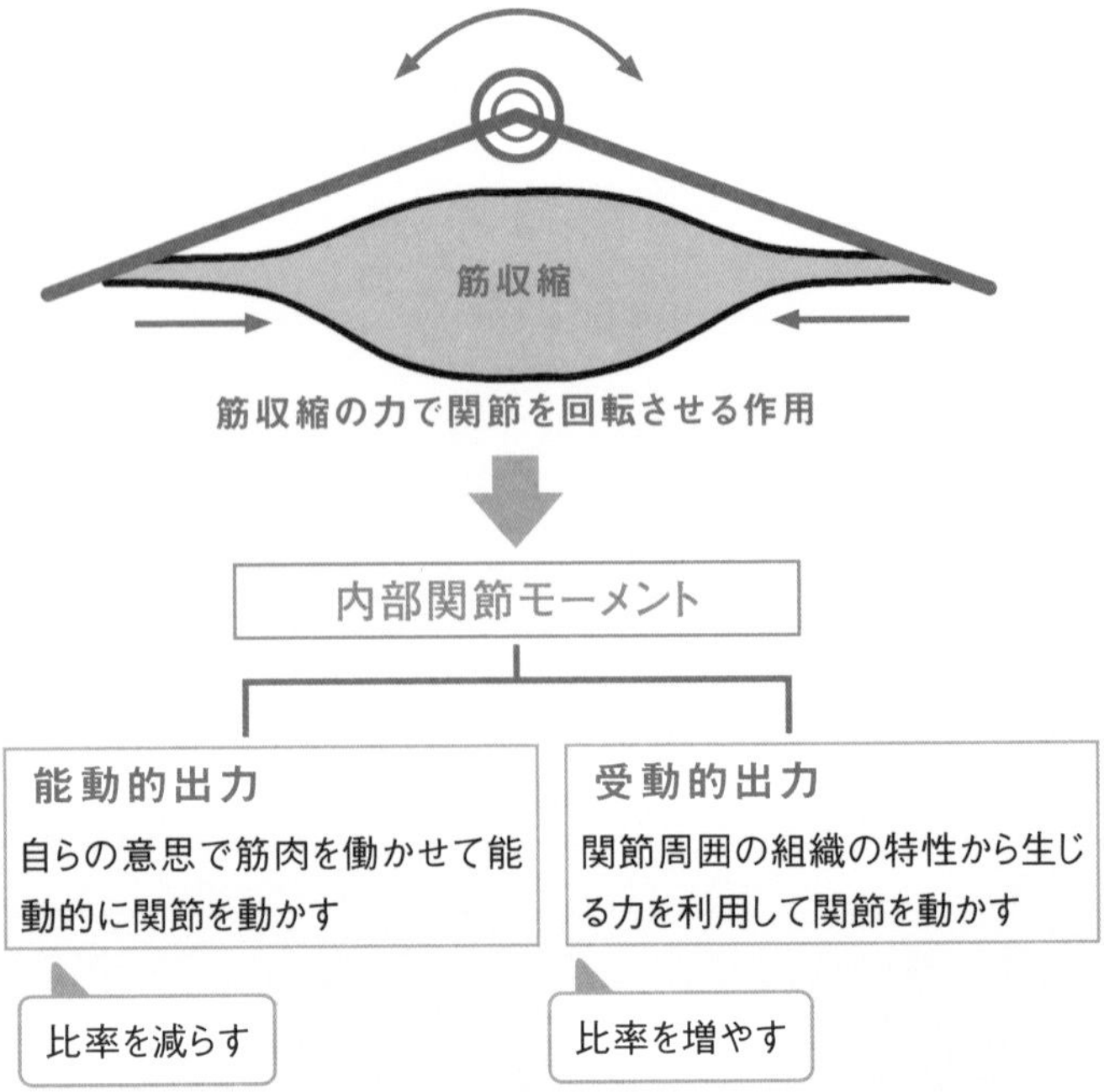
筋収縮
筋収縮の力で関節を回転させる作用
内部関節モーメント
能動的出力
自らの意思で筋肉を働かせて能動的に関節を動かす
受動的出力
関節周囲の組織の特性から生じる力を利用して関節を動かす
比率を減らす
比率を増やす

自らの意思で筋肉を働かせて関節を動かすのが「能動的出力」。一方、伸張反射など関節周囲の組織の特性から生じる力を利用して関節を動かすのが「受動的出力」。ランニングエコノミーを改善するには、受動的出力の割合を増やすことが必要だ。

自らの意思とは関係なく、関節周囲にある組織（筋肉や腱など）の特性により生み出された力を使い、受動的に関節を動かすことです。ランニングエコノミーの観点では、**できるだけ受動的出力の割合を増やす**ことがパフォーマンスアップにつながります。

例えば、伸張反射。急激に伸ばされた筋肉や腱は、反射的に縮む仕組みになっています。ある程度の位置で関節を固定し、意図的に筋肉を引き伸ばして**伸張反射を発動させる技術により、能動的出力の比率を減らす**ことができます。

瞬間的に伸ばされたものは反射で縮む！

能動的出力　自ら筋肉を働かせて関節を動かす

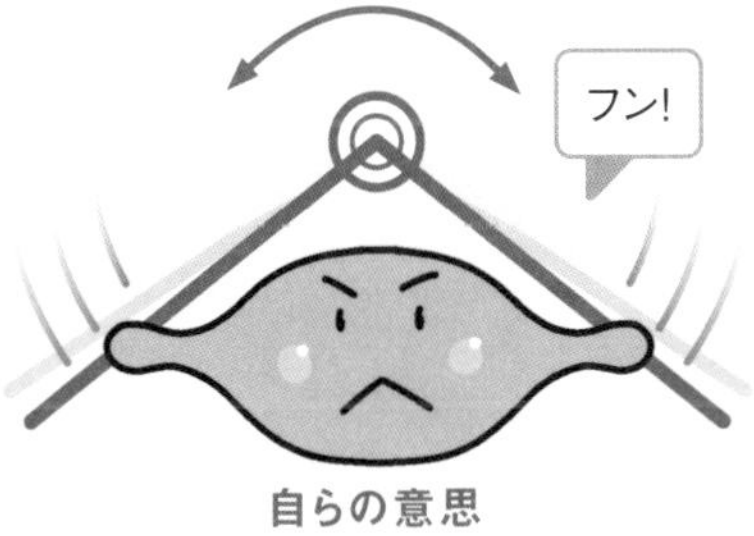
フン!
自らの意思

自らの意思で筋肉を収縮させて関節を動かすのが能動的出力。例えば、「ひざを伸ばす」と考えると、膝関節の伸展に作用する筋肉が収縮して、ひざが伸びる。

受動的出力　関節周辺組織の特性で自動的に動く

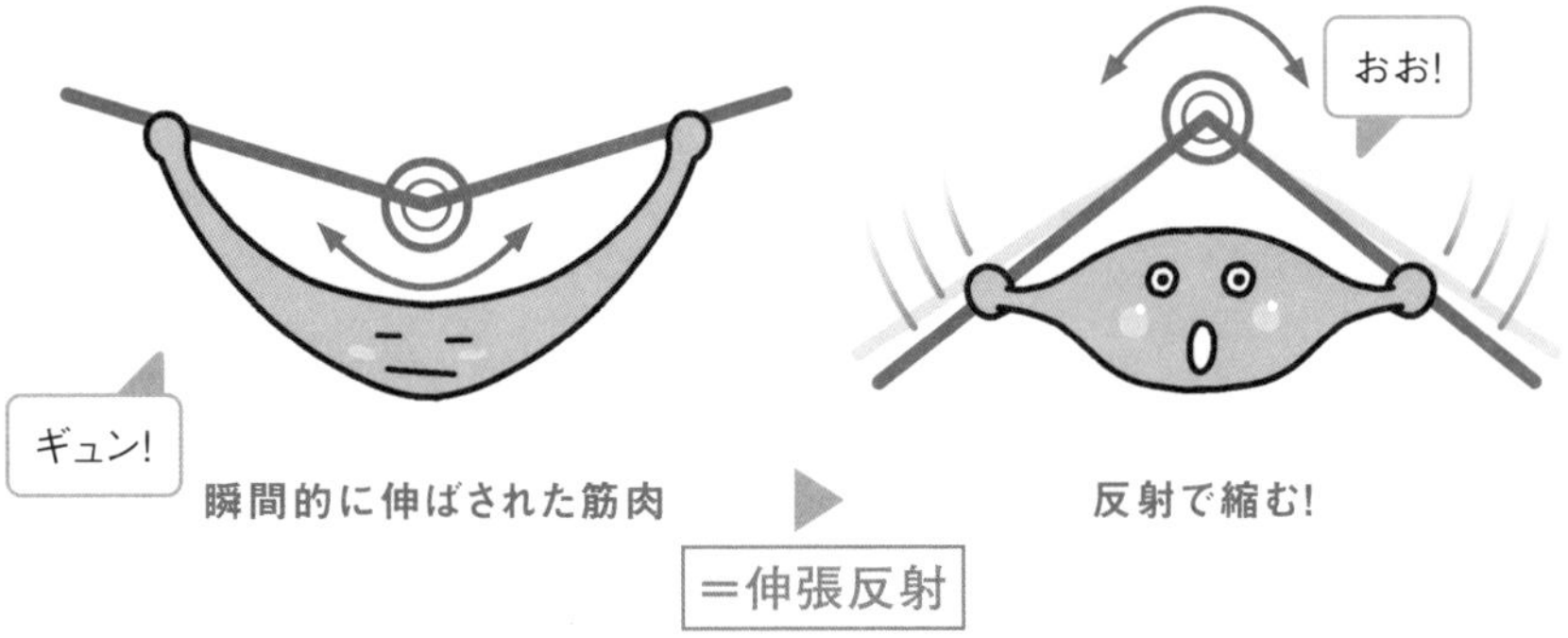
ギュン!
瞬間的に伸ばされた筋肉
おお!
反射で縮む!
＝伸張反射

筋肉や腱は、急激に伸ばされると、防御反応として反射的に縮むようにできている。例えば、アキレス腱を検査用ハンマーで叩くと、足首を底屈させる腱が引き伸ばされ、それが反射で縮むことで自動的に足首が底屈する。

関節を止めて伸張反射を利用する!

パワポジの瞬間に
関節を止めて上から圧をかける!

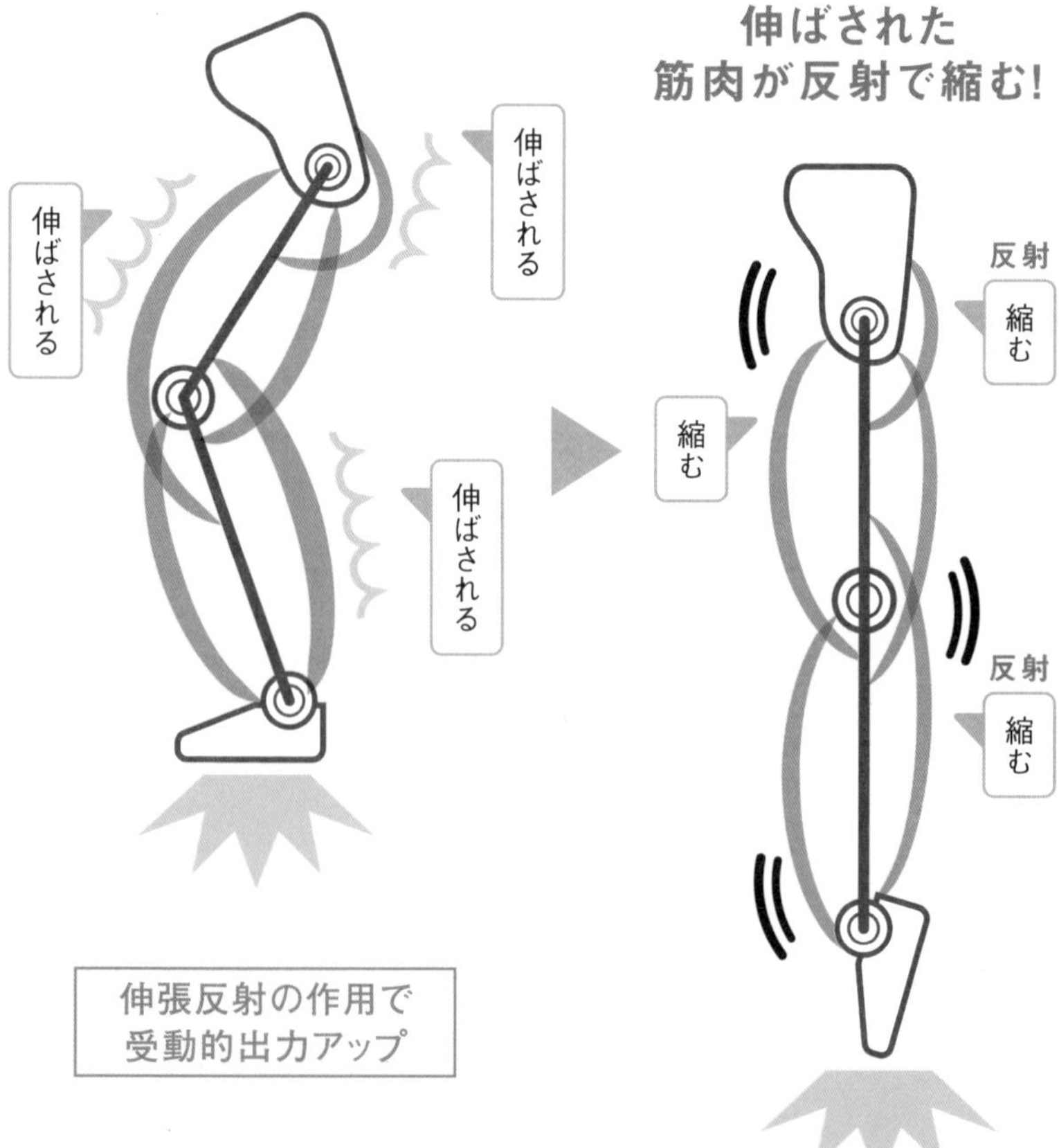

例えば、着地からパワポジの瞬間に下半身の3関節を屈曲させた状態で止めて上から圧をかける。すると、屈曲筋群と拮抗関係にある伸展筋群が引き伸ばされ、その反射で伸展筋群が縮む。意思とは無関係に3関節が伸展し、ラクな形で跳ぶことができる。関節を止めるように沈み込むほど筋腱反射を利用でき、受動的出力の比率アップにつながる。

関節の止めが甘いと能動的出力が増す

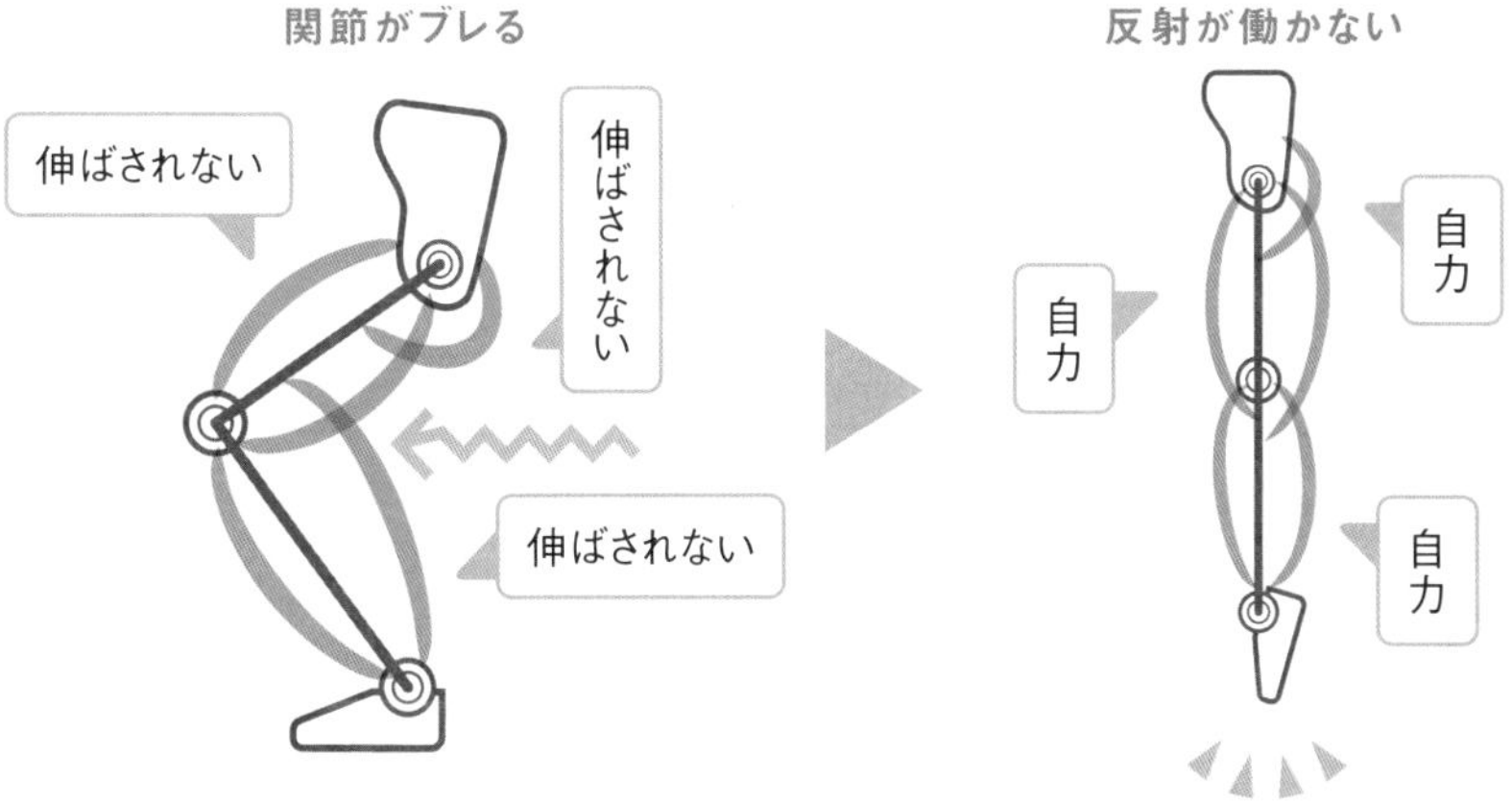
関節がブレる
伸ばされない
伸ばされない
伸ばされない
反射が働かない
自力
自力
自力

例えば、パワポジの瞬間に、下半身の3関節がブレてしまう場合。関節を固定できず、筋肉も引き伸ばされないため、伸張反射が働かない。跳ぶためには、能動的出力のパワーを駆使して自力で頑張るしかなくなる。

外部関節モーメントの力をプラスする!

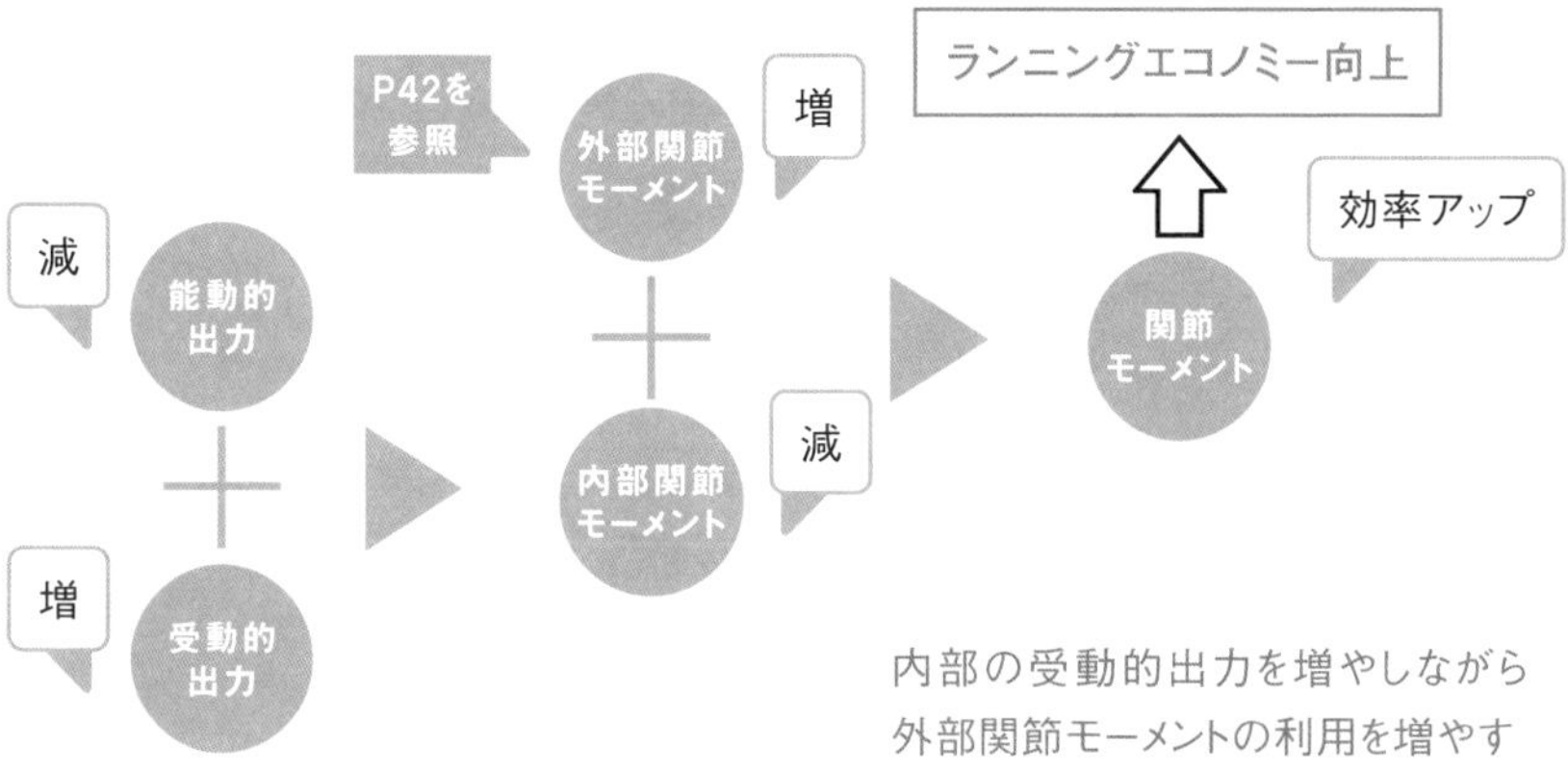
ランニングエコノミー向上
P42を参照
外部関節モーメント
増
効率アップ
減
能動的出力
関節モーメント
内部関節モーメント
減
増
受動的出力
内部の受動的出力を増やしながら
外部関節モーメントの利用を増やす

ランニング動作では、内部関節モーメントの能動的出力を減らし、受動的出力の割合を増やすことが重要。さらに、次項で解説する外部関節モーメントの力をプラスすることで、ランニングエコノミーは飛躍的に向上する。

「物理法則」を利用してエネルギーロスを抑える！

ランニングエコノミーを向上させる関節モーメントを考えるうえで、最も重要視したいのが、**外部関節モーメントの比率を上げる**ことです。これを簡単に表現すれば、「**物理法則を積極的に利用しましょう**」ということになります。

できるだけ外から得られる力を利用し、**自力で筋肉を動かして頑張る割合を減らす**こと。それがエネルギーロスを抑える

外部関節モーメントは物理法則の力

外部関節モーメントは、外力によって関節を回転させる作用。外力とは、重力、位置エネルギー、テコ、振り子、慣性力といった物理法則によって得られる力のことだ。これらを利用することで能動的な力発揮の割合を減らすことができる。

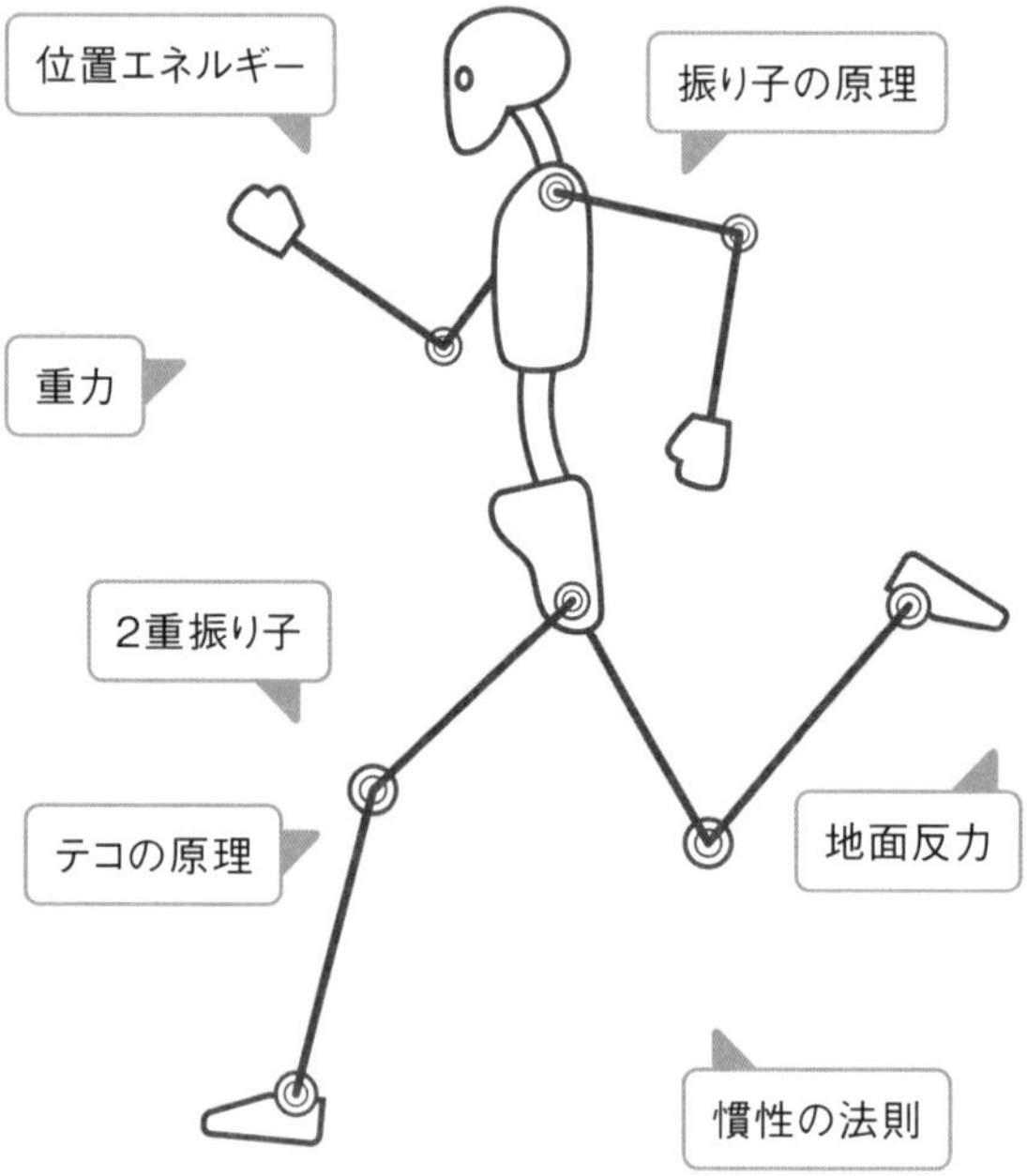

ことにつながります。

　例えば、高いところにあると力が大きくなる**「位置エネルギー」**は、重心を高くし、空中姿勢であるエアポジを利用するだけで恩恵を受けられます。それが**「地面反力」**となり、片脚ジャンプの力を増幅させます。また、位置エネルギーは**「振り子」**の運動エネルギーにも変換され、腕振りや脚振りの加速を後押ししてくれます。

　さらに、等速運動であるランニングは、**「慣性力」**の利用を高めることも大切。推進力を妨げるブレーキになる動きを減らすことが重要です。

重心の位置を高くすると「位置エネルギー」が大きくなる

Ep **位置エネルギー**	=	m **物体の質量** (kg)	×	g **重力加速度** (9.8m / s^2)	×	h **高さ** (m)

OK
上下動がある
重心の高いフォーム
＝
位置エネルギー　大
NG
上下動のない
重心の低いフォーム
＝
位置エネルギー　小

物体の位置によって蓄えられるエネルギーをランニング動作で利用するには、カラダを高い位置から落とす動きが必要。上下動のない重心が低いフォームは、位置エネルギーが小さくなり、地面に加える力が弱い。地面反力などの恩恵が得られにくいので、能動的出力の割合が多くなる。

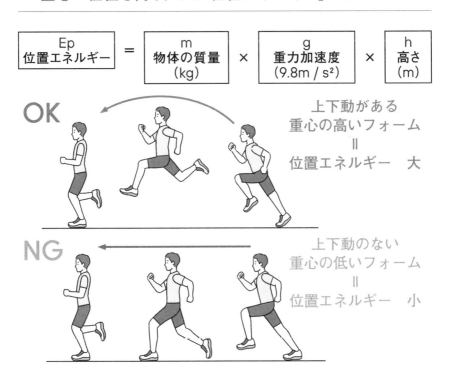

腕振りと脚振りは「振り子の原理」で！

支点（空間固定点）に吊るされた物体が重力の作用により揺れを繰り返す「振り子の原理」。腕振りや脚振りに利用することで、能動的な出力を減らすことができる。単振り子と2重振り子の特性を理解すると、効率的な振り方に役立つ。

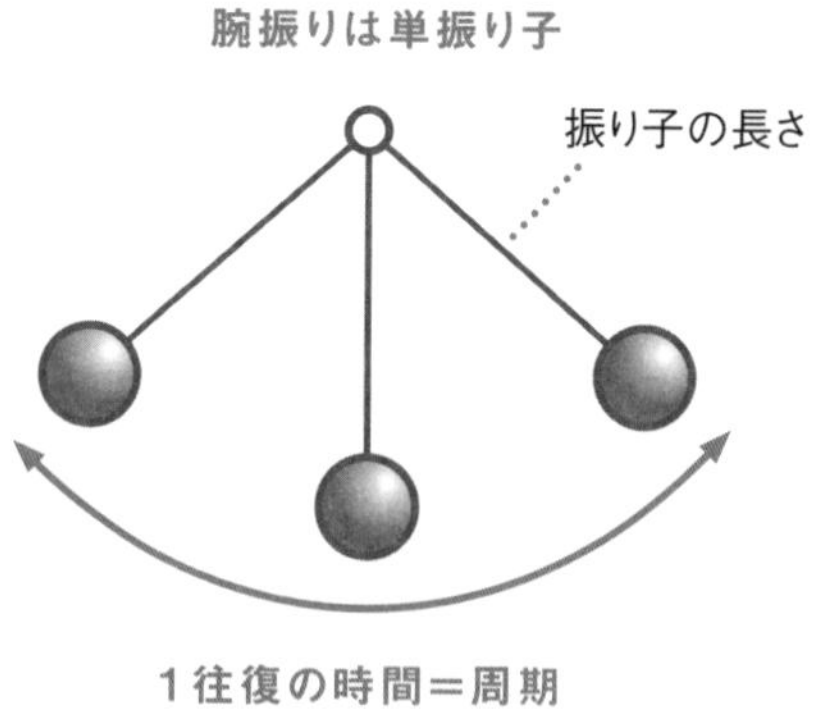
腕振りは単振り子
振り子の長さ
1往復の時間＝周期

振り子の長さが短いほど周期が速くなる

肩関節を支点にした腕の振り子。腕は上腕と前腕の2重振り子の構造だが、ひじを90度に曲げて固定することで単振り子に。振り子の長さが短いほど、周期が速くなる性質があるため、腕振りに使う力を少なくしてテンポを速くするなら、ひじを曲げて腕の長さを短く固定するほうが有利になる。

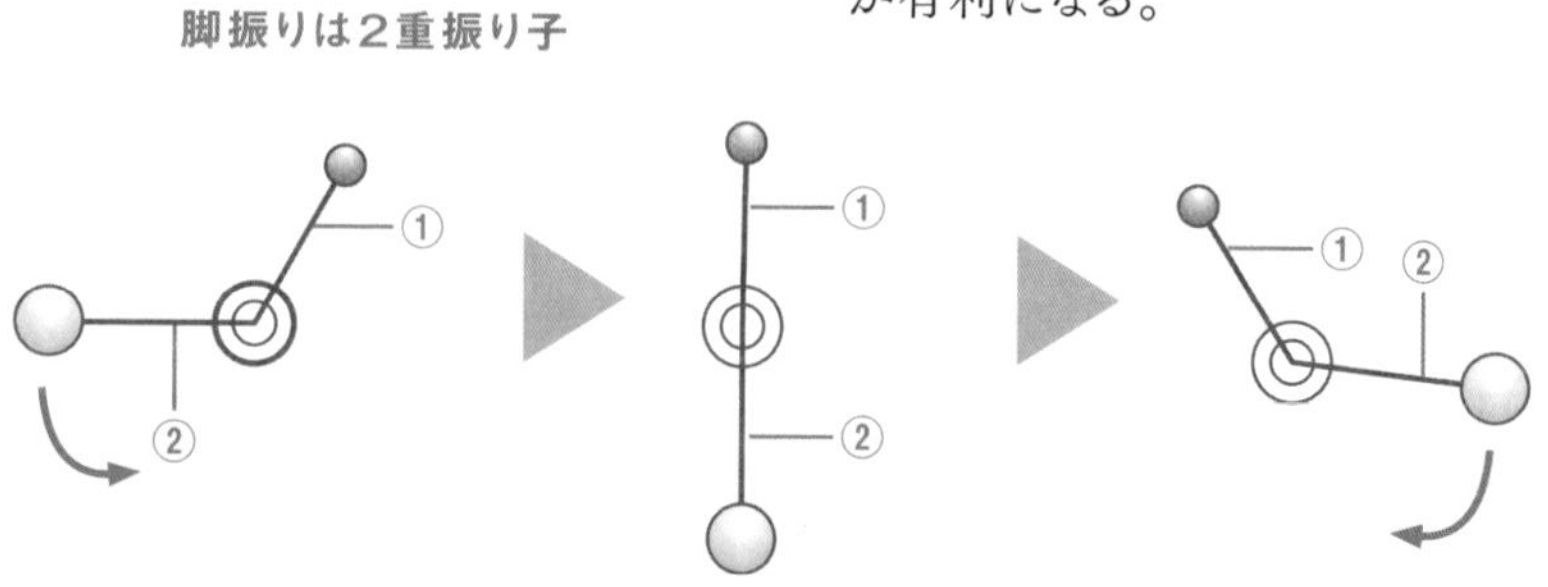
脚振りは2重振り子
①
②
①
②
①
②

2段階の振り子で加速度がつく

脚は、太ももとひざ下という構造の2重振り子。まずは、離地した脚のひざを折りたたみ、単振り子の（周期が速い）作用で素早くひざを前に振る。そこからひざの折りたたみを解除し、2重振り子の2番目の振り子も加速していることを利用し、ひざ下を振り出すと、能動的出力の割合が減る。

「慣性の法則」でブレーキを小さくする!

ランニングは、慣性力を利用している前提での等速運動と言われる。接地している局面で重心移動がうまくできないと、慣性力を妨げること(減速ブレーキ)になり、変速運動になる。ブレーキが大きいと、再加速が必要になるため、筋肉の能動的な負担が増え、エネルギーロスが大きくなってしまう。

基本的には慣性力を利用している等速運動である

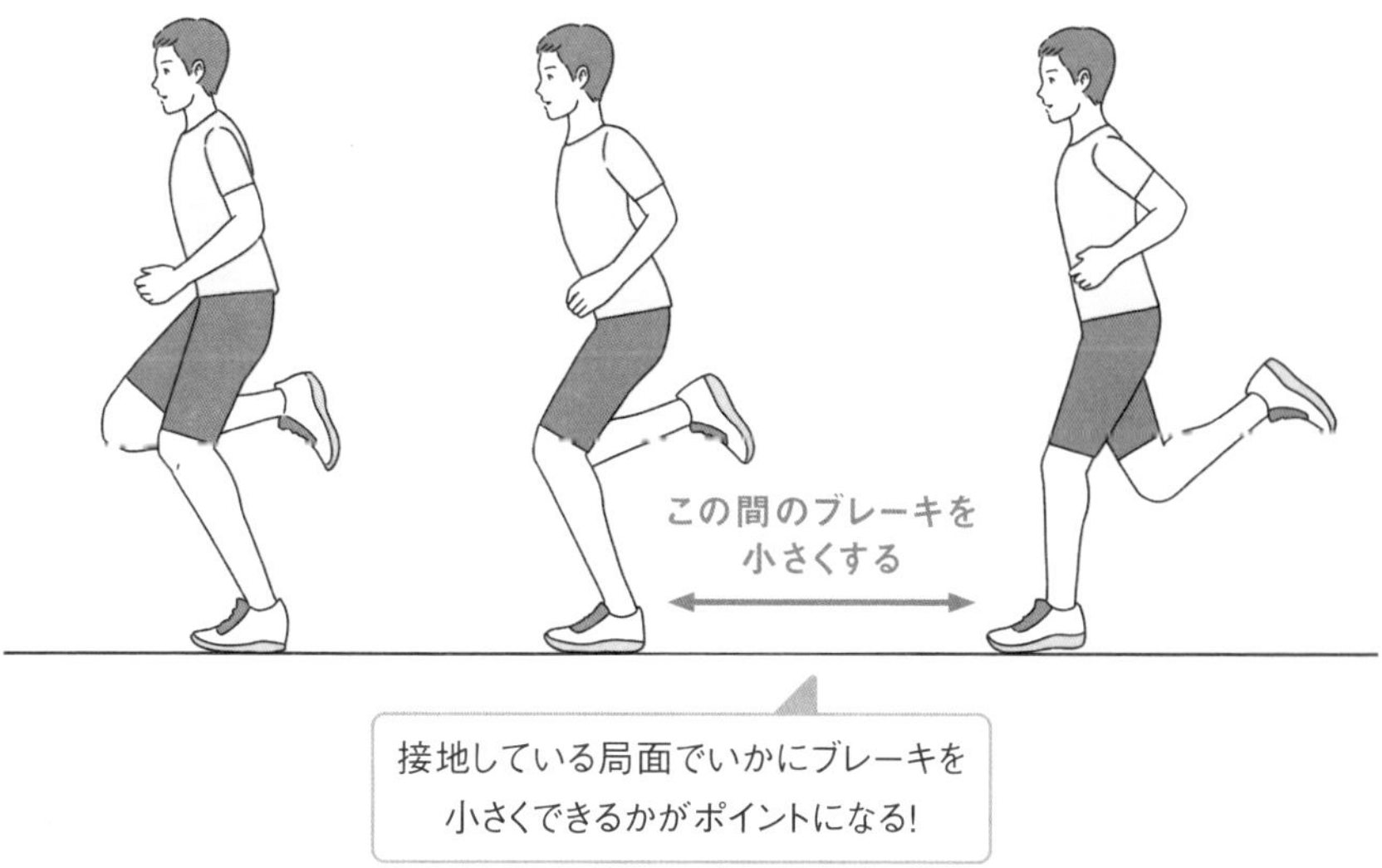
この間のブレーキを
小さくする
接地している局面でいかにブレーキを
小さくできるかがポイントになる!

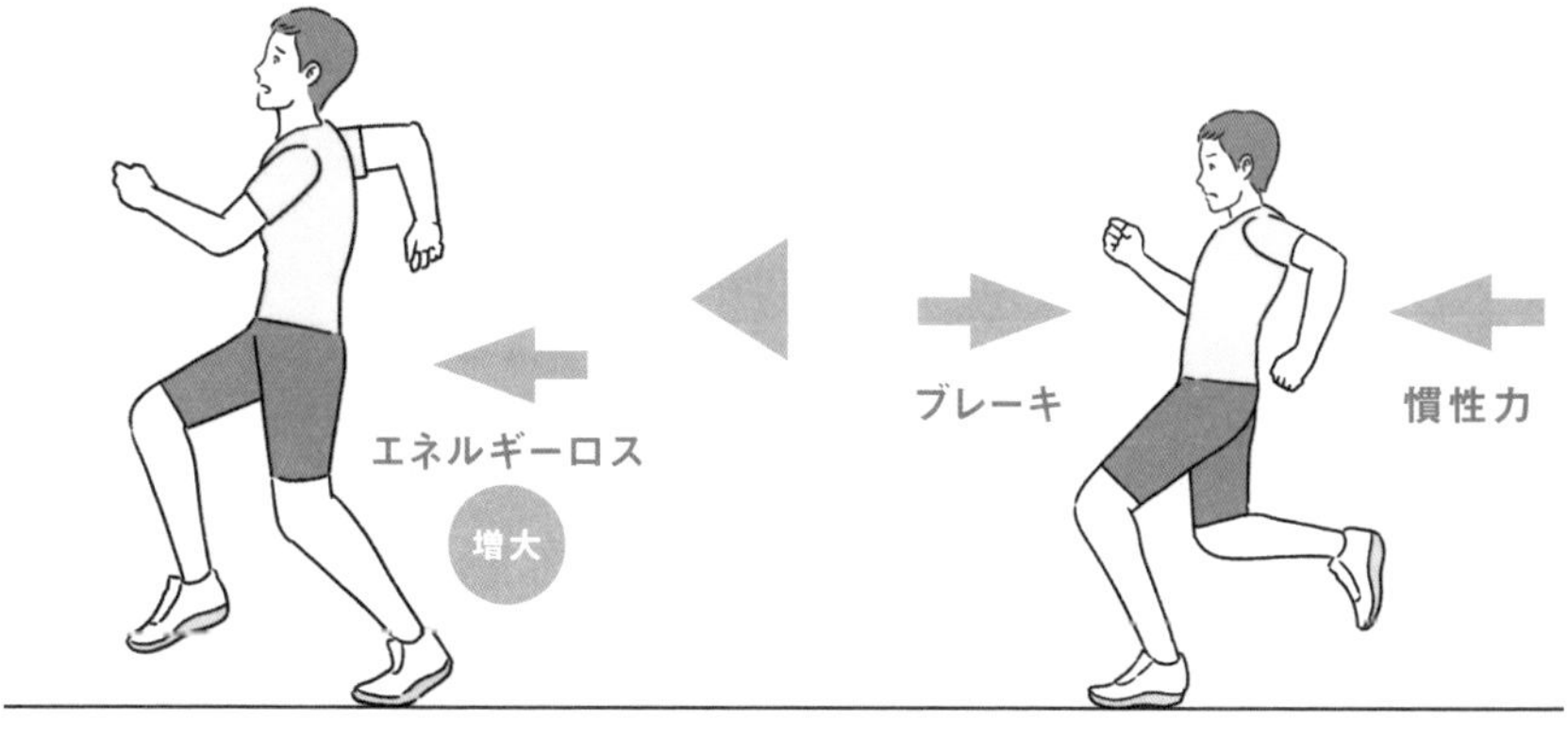
エネルギーロス
増大
ブレーキ
慣性力

再加速が必要になり、筋肉の能動的負担が増える　　重心の移動が遅れるとブレーキが大きくなる

走りの法則

04

力の効率性を左右する「関節モーメントアーム」とは？

関節の回転力に大きく影響する関節モーメントアームとは、**回転軸（関節）と力が加わる点（ランニング動作では主に重心や重力の垂線と考える）を結んだ距離**のことです。

前述したように、関節の回転力は、関節モーメントアームの長さが長いほど大きくなります。そのため、ダイナミックな動きを実現するには、アームの長さをある程度確保する必要があります。

どっちがラク？ どっちが高く跳べる？

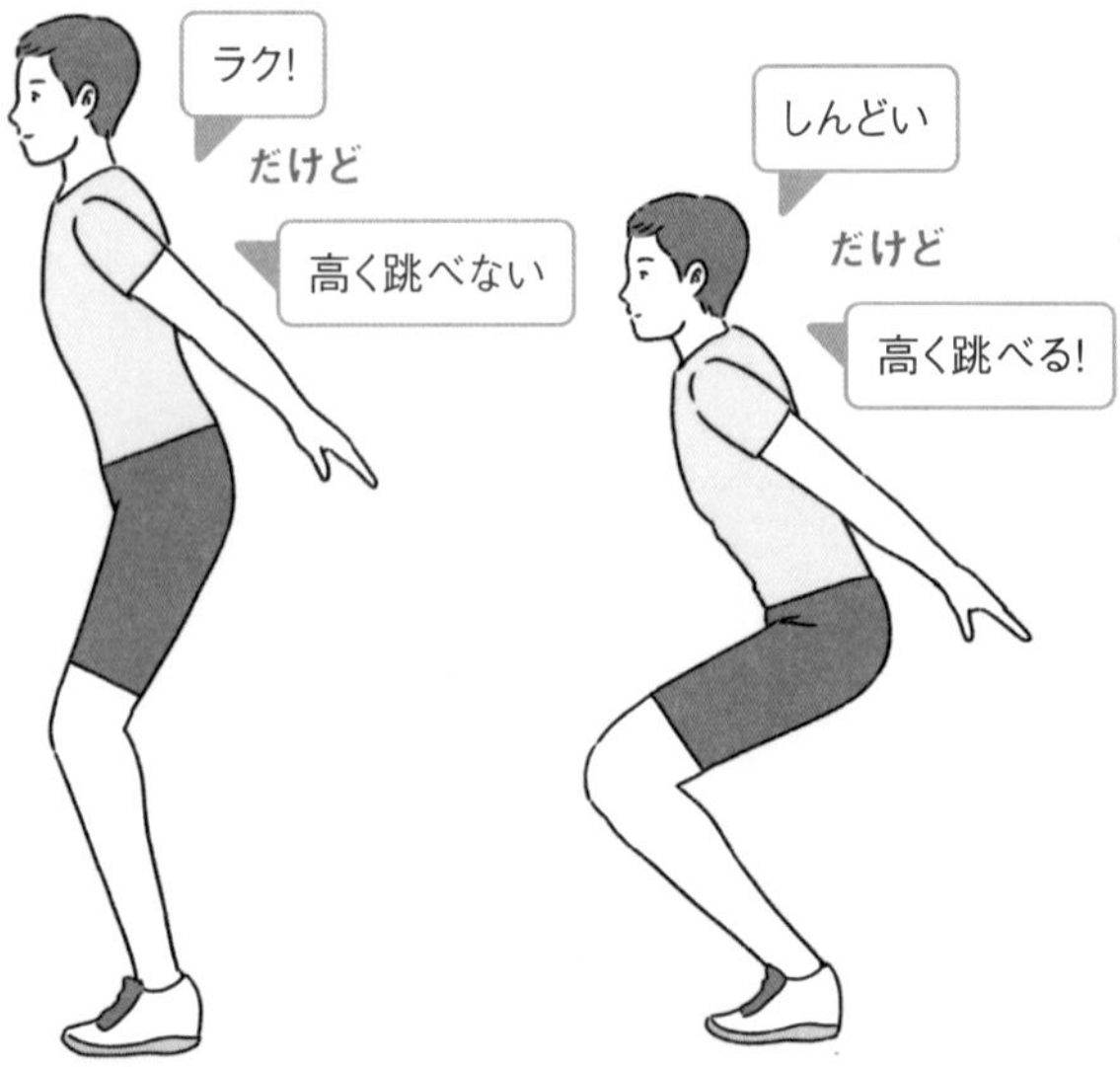
ラク!
だけど
高く跳べない
しんどい
だけど
高く跳べる!

上のイラストは、垂直跳びの準備姿勢。沈み込みが浅い姿勢（左）と、沈み込みが深い姿勢（右）を比較した場合、ラクなのは浅い姿勢、一方で高く跳べるのは深い姿勢だということが想像できる。これらの違いは、下半身の3関節（股関節、ひざ、足首）の関節モーメントアームの長さに関係している。

一方で、回転力が大きくなるということは、関節を動かす筋肉への負荷も高くなるということを意味します。例えば、直立の姿勢と、ひざを深く曲げた中腰の姿勢では、膝関節の関節モーメントアームが長いのは後者です。ひざへの負荷が高くなるのも後者。つまり、**関節の回転力と負荷のバランスを考えて、フォームを整える**必要があるということです。

また、関節は基本的にテコで働くもの。モーメントアームに加え、**関節の角度や位置も意識する**ことが大切です。

関節モーメントアームの長さが影響！

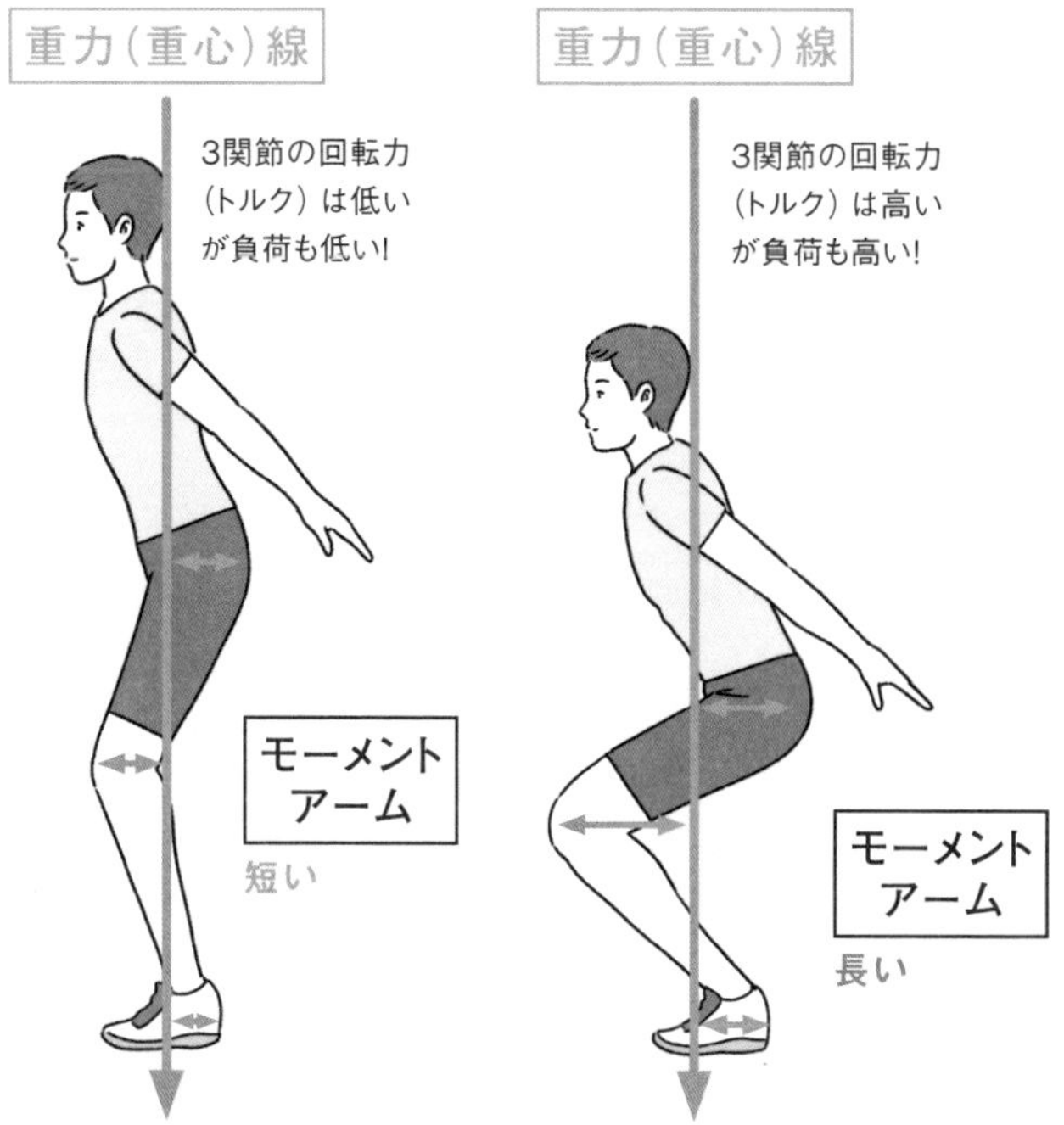

重力（重心）線
3関節の回転力（トルク）は低いが負荷も低い！
モーメントアーム
短い
重力（重心）線
3関節の回転力（トルク）は高いが負荷も高い！
モーメントアーム
長い

双方に重力（重心）の垂線を加えると、垂直跳びのパワーを生み出す下半身の3関節それぞれの関節モーメントアームの長さがわかる。沈み込みが深い姿勢のほうが、アームが長いため、各関節の回転力は大きくなるが、同時に負荷も高くなるため、高く跳べるけれど、しんどいということになる。

関節は「テコの原理」で動いている

ひざの伸展の場合

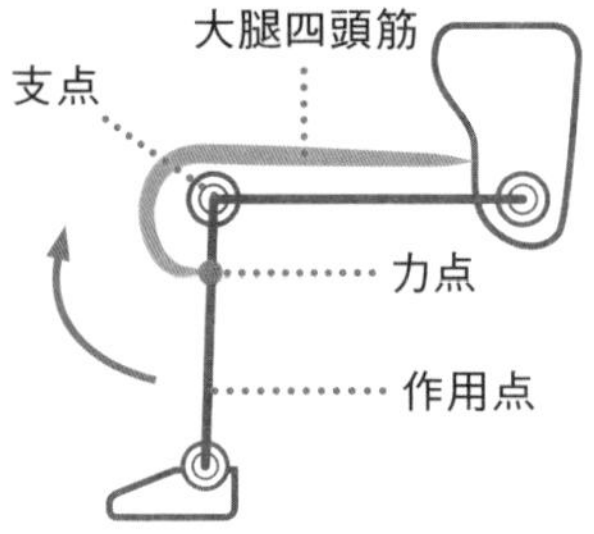
大腿四頭筋
支点
力点
作用点

股関節の伸展の場合

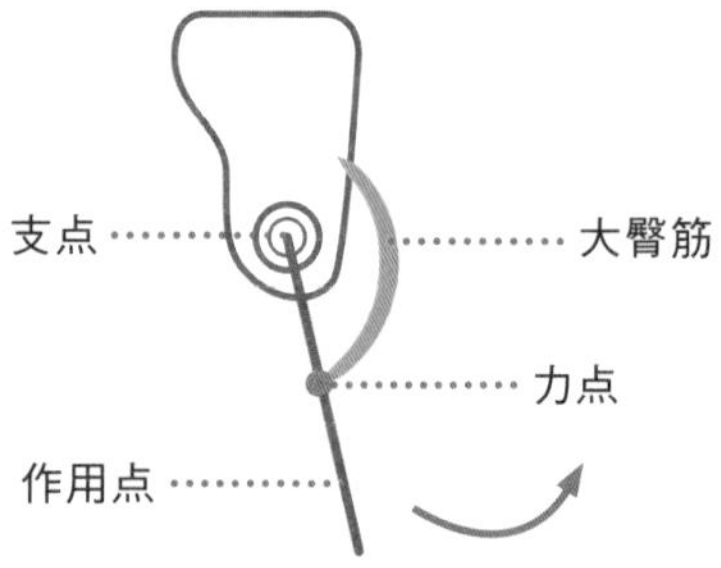
支点
大臀筋
力点
作用点

ひざは大腿四頭筋が縮むことで伸展。大腿四頭筋が縮むと、付着部であるすねの骨が力点となって、膝関節を支点に作用点であるすねの骨が動く。

股関節はお尻の大臀筋が縮むことで伸展。股関節が支点、大臀筋の付着部である太ももの骨の上部が力点となり、作用点である太ももの骨が動く。

3関節にはそれぞれ屈曲と伸展のテコが働く

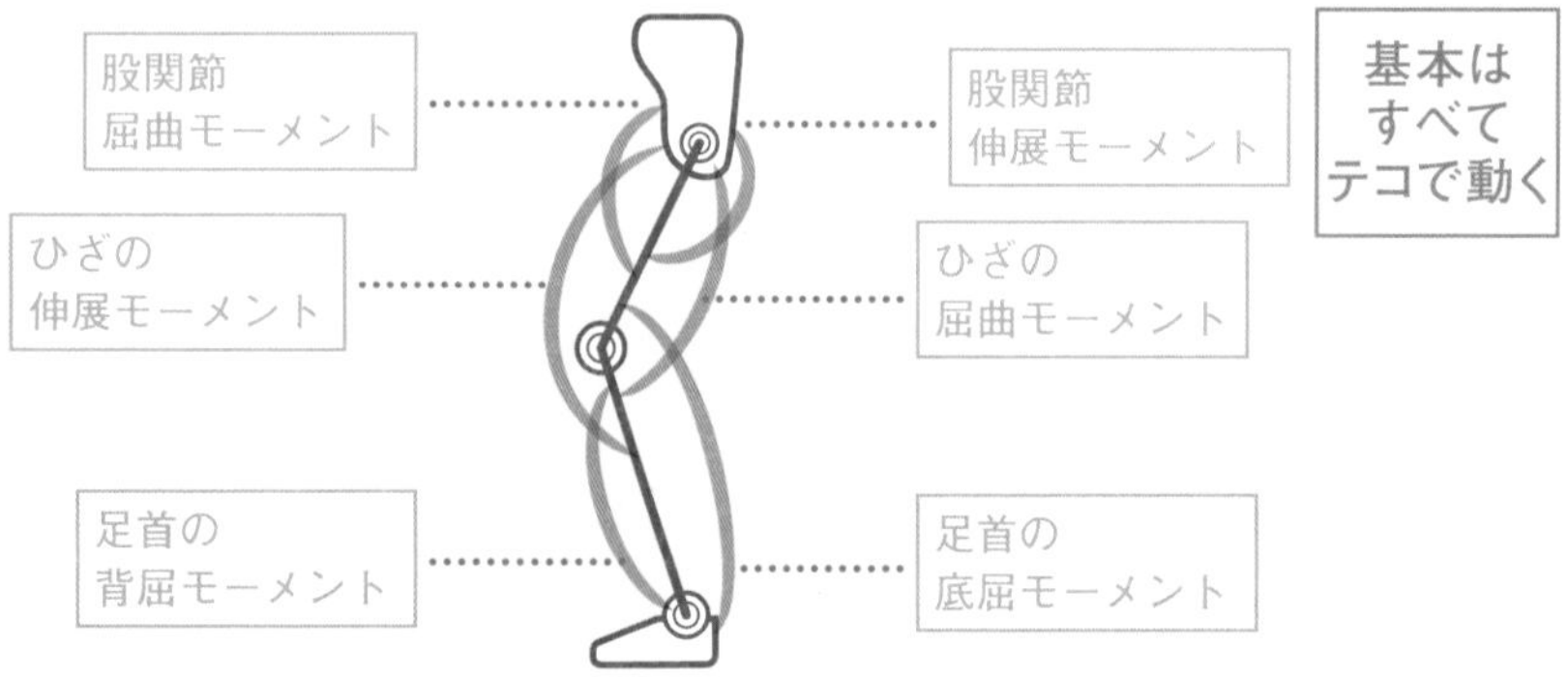
股関節
屈曲モーメント
股関節
伸展モーメント
基本はすべてテコで動く
ひざの
伸展モーメント
ひざの
屈曲モーメント
足首の
背屈モーメント
足首の
底屈モーメント

ランニング動作を支える下半身の3関節には、それぞれ屈曲と伸展のモーメントが常に働いており、各関節を支点、筋肉と骨の付着部を力点としたテコの原理が働いている。これらの各モーメントが効率的に働くように、自然法則や筋肉の受動的出力を利用しながら、骨格（姿勢）を変化させなければならない。

パワポジのモーメントアームは「3：2：1」

力をためるパワーポジションにおけるモーメントアーム

パワポジ
モーメント
アーム
股関節3
ひざ2
足首1

ランニングのエネルギーを集約させてため込む局面がパワポジ。このときに、下半身の3関節のモーメントアームを適切に確保しておかないと、関節の屈曲から伸展で利用できるはずのテコの原理による力の増幅がうまく働かない。個人差はあるが、イメージとしては「股関節3：ひざ2：足首1」の比率で関節モーメントアームが確保されるのが理想だ。

ひざから下を固定してテコを利用する

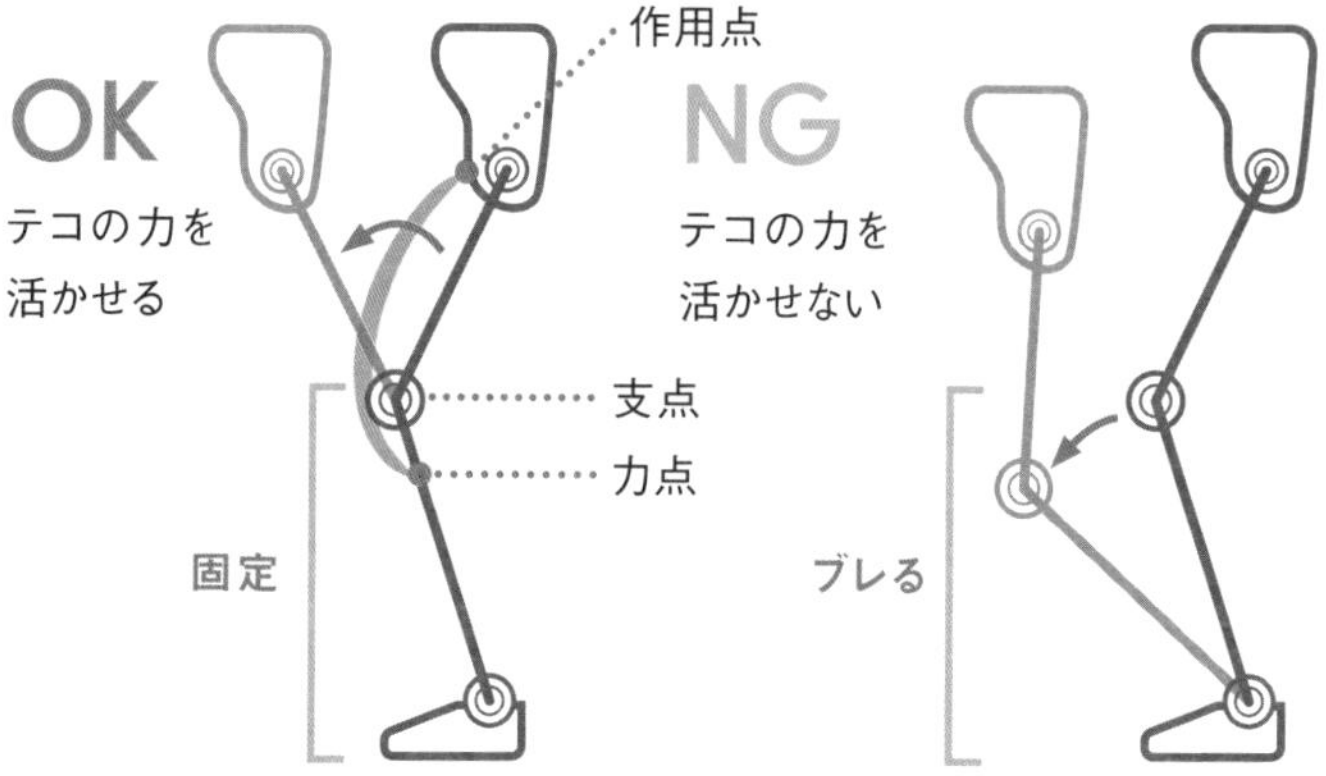
OK
テコの力を
活かせる
作用点
支点
力点
固定
NG
テコの力を
活かせない
ブレる

パワポジから離地に至る過程で、ひざの位置を下げずに脛骨の角度を保つことが重要。膝関節が支点、ひざ下の大腿直筋の付着部を力点として、作用点である股関節を伸展させる。ひざから下がブレると、テコがうまく働かない。

走りの法則

05

上半身と下半身の力をつなぐ 背骨の「捻《ねん》転《てん》力」

ランニング動作は、全身運動です。上下左右の「半身」は、腰を介して対称の動きをする局面が多く、また、それらの複雑な動きを適切につなぎ、連動させる必要があります。その要となるのが**腰**であり、下半身と上半身をつなぐ**腰仙関節**と**骨盤**を介して、パワーの源である**股関節**を機能させます。カラダの屈曲・伸展の力を、走りの推進力に変換していくのがラ

上下左右の半身が対称的に動く

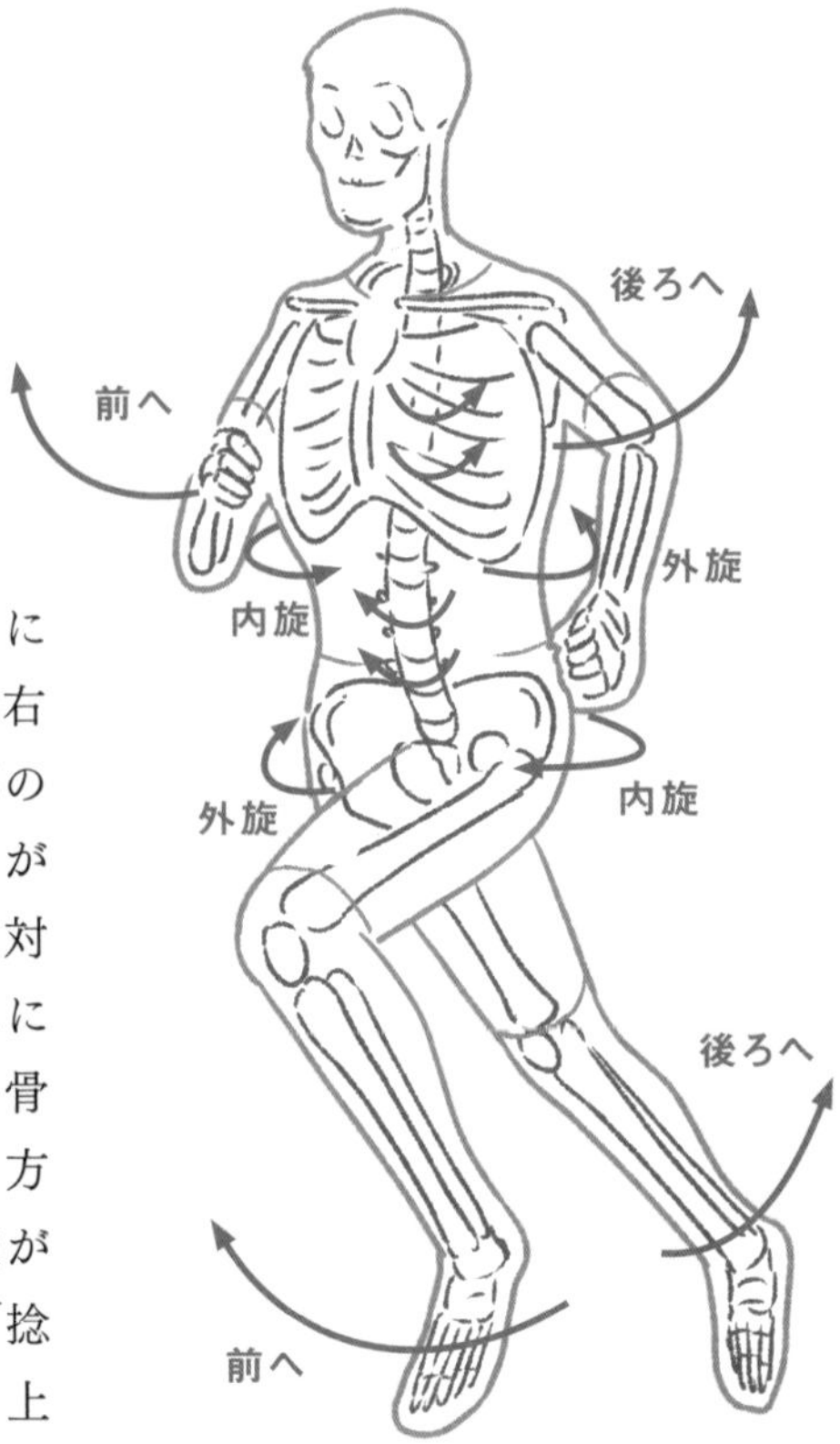

ランニング動作において、上下左右の半身は、対称の動きをする局面が多い。腕や脚は対角に動き、それに合わせて胸部や骨盤が回旋。この方向の異なる回旋が背骨のねじれ＝「捻転力」を生み、上下連動のパワーを増幅させる。

ンニングとするなら、**ねじれの動き＝「捻転動作」は欠かせない要素**です。

腕や脚を前後に振ると、上半身と下半身は前後左右に対称的な動きとなります。このとき上下にねじれが生じ、この捻転力がカラダの中心軸である背骨に伝えられます。

上下の境界は、胸椎と腰椎の境目＝みぞおちのあたりで、そこから回旋の向きが変化し、それぞれが生み出した力が走る推進力になります。ここで生じる**捻転力**が、**腰や骨盤、股関節の動きとなって表現され、末端までの動きに影響**します。

腰部と胸部の「捻転力」を上下で伝え合う！

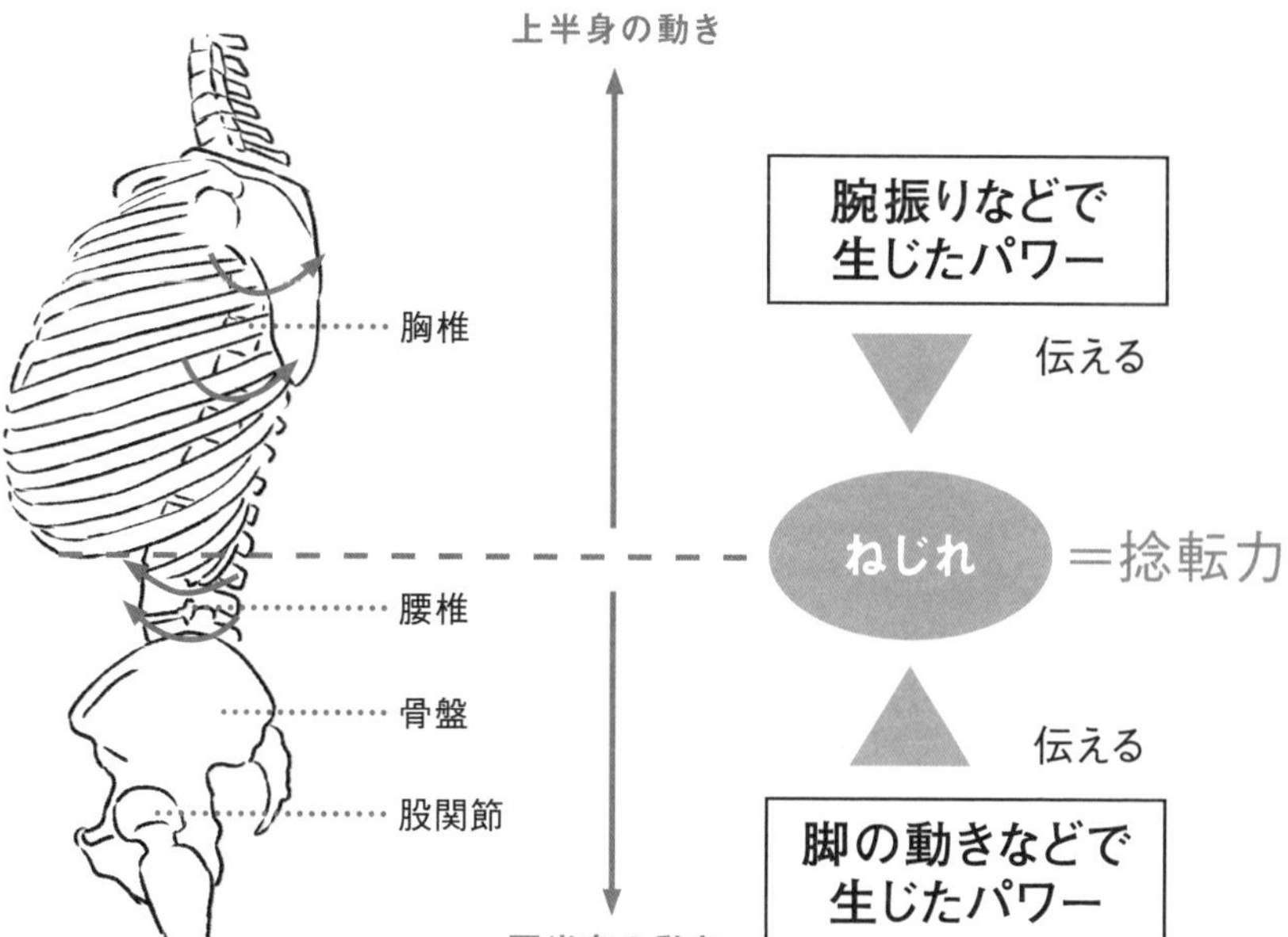

上半身の動き
胸椎
腰椎
骨盤
股関節
下半身の動き
腕振りなどで生じたパワー
伝える
ねじれ
＝捻転力
伝える
脚の動きなどで生じたパワー

上下の境界は、胸椎と腰椎の境目あたり。ここでのねじれ＝「捻転力」が、上下それぞれの動きの力を双方向で伝え合う。生み出す力、もらう力を掛け合わせることで、少ない力で大きな力を発揮する。上下の動きを効果的に連動させて走りの出力を高め、ランニングエコノミーを向上させるために、背骨の機能は欠かせない重要な要素になるのだ。

スイッチのオン&オフを切り替える！ランニングのコツも「緊張と緩和」!?

ランニング動作は、上下左右が、対称の動きとなります。唯一そろうのは、パワポジの局面ですが、それも着地している脚と浮遊している脚という違いがあります。

関節の屈曲&伸展を反復していく中で、**筋肉も常に収縮と弛緩を繰り返しています**。関節の動きは、メインで動く主動筋と、反対の働きをする拮抗筋の関係で成り立つからです。これらの**筋肉の**

大局的に見ると、パワポジで緊張し、エアポジで脱力するイメージ！

脱力
エアポジ
フワ〜!
緊張
パワポジ
グッ!
グラデーションで
力を抜いていく
スイッチOFF
スイッチON

エアポジは、支持脚だった側の半身を空中で最大に伸ばす局面。スイッチをオフにして筋肉を弛緩させるイメージ

パワポジは、基本的に関節を屈曲させ、地面を押して力をためる局面。スイッチを入れて筋肉を収縮させるイメージ

スイッチのオン（収縮）＆オフ（弛緩）をタイミングよく切り替え、関節の動きを正しくコントロールできれば、ランニングエコノミーを向上させることができます。

走行中に、細かい筋肉の稼働を確認することは不可能なので、パーツやテーマごとの動作感覚を養うドリルなどで、正しい技術を身につけていきます。また、**パワポジで緊張、エアポジで脱力**といった大きな視点での、緊張と緩和のイメージを持つことで、スイッチの切り替え感覚を養うのもひとつの方法です。

厳密には左右対称の動作が同時進行！

支持脚側
・股関節から足首を伸展させて地面を押す
・腕と一緒に胸を前に出す
・骨盤（腰椎）は後方に回転
遊脚側
・折りたたんだひざを前に振り上げる
・ひじを後ろに引く
・骨盤（腰椎）は前方に回転
それぞれの局面でスイッチのON＆OFFが目まぐるしく切り替わる

支持脚側と遊脚側では、正反対の動きを同時進行で行っている。支持脚で地面を押している一方で、遊脚はひざを折りたたんで前に振り出しており、どの局面でも、スイッチのオン＆オフが目まぐるしく切り替わっている。動きの中で脱力する感覚の有無が、スピードと持続力ともに明暗を分ける差となる。

07

上下左右それぞれの「軸」が一歩ずつ交互に入れ替わる！

ランニングは、**上下左右の動きの調和**が大切。調和がとれているかどうかは、**カラダの軸が崩れていないか、という観点でチェック**できます。

ランニング動作では、主に2つの軸を考慮し、それぞれを正しく保つことが、エネルギーロスの抑制につながります。

ひとつ目は、**左右軸**。着地の局面では、左右の支持脚に体重が乗り、それぞれにカラダの軸がで

上下軸と左右軸を正しく安定させる

上下軸

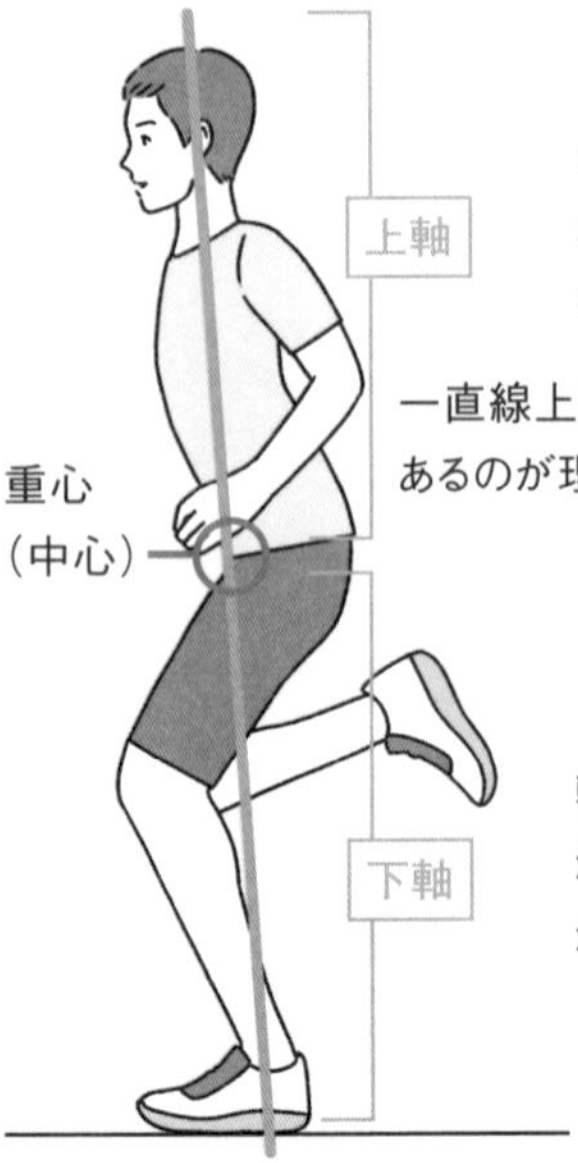
上軸
一直線上にあるのが理想
重心（中心）
下軸

重心（中心）近くで、下半身の下軸と上半身の上軸に分類。これら上下の軸が頭部〜重心〜接地点で一直線上に並んでいることが理想だ。

左右軸

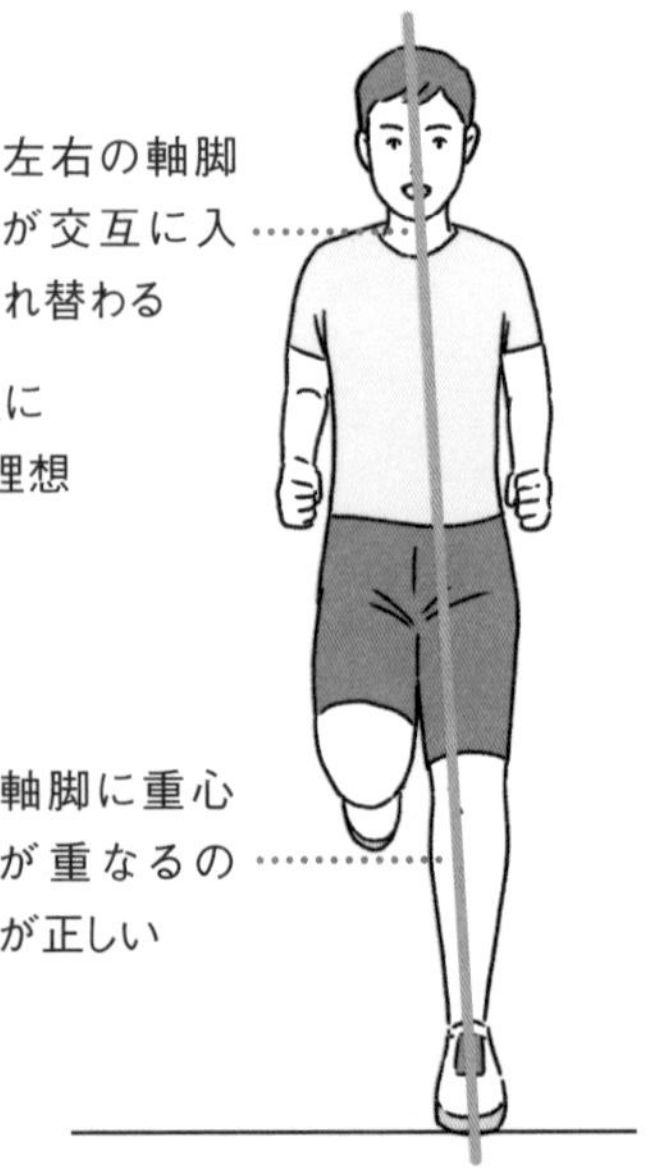
左右の軸脚が交互に入れ替わる
軸脚に重心が重なるのが正しい

着地の局面で、左右の支持脚に体重が乗ることで左右の軸ができる。走行中は、一歩ごとに左右の軸が交互に入れ替わることになる。

上軸	頭部と頸部、重心（カラダ全体の合成重心）を結ぶ線
下軸	重心（カラダ全体の合成重心）と接地点を結ぶ線

きます。走行中は、この左右の軸が交互に入れ替わるわけです。左右軸に多いエラーが、**支持脚側に軸が傾くデュシャンヌ徴候と、反対側に傾くトレンデレンブルグ徴候**です。このエラーは、主に股関節の機能低下が原因とされています。

ふたつ目は、**上下軸**。股関節を中心に上下に軸を分けたとき、進むべき方向に対して、上下の軸が一致していることが重要。これが**上下でズレが生じると、上下連動の力が乱れ、出力が不十分**となって、推進力が減退してしまうのです。

左右軸の乱れに多く見られる2つの徴候

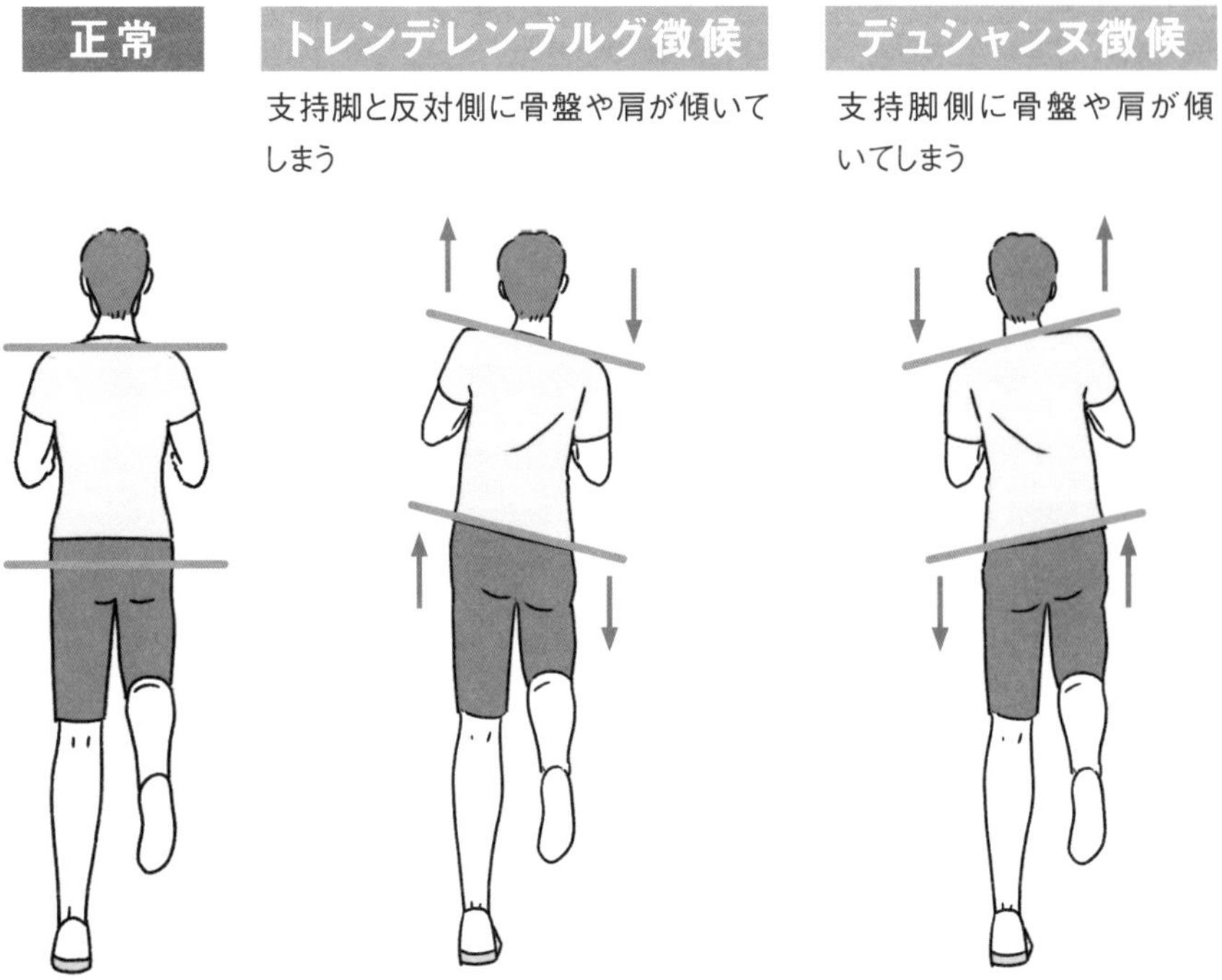

正常
トレンデレンブルグ徴候
支持脚と反対側に骨盤や肩が傾いてしまう
デュシャンヌ徴候
支持脚側に骨盤や肩が傾いてしまう

支持脚側に軸が傾くデュシャンヌ徴候、反対側に傾くトレンデレンブルグ徴候。どちらもお尻の中臀筋と内転筋群が弱く、支持脚にしっかり体重を乗せることができない。腰（股関節）の機能不全による影響（代償動作）も考えられ、骨盤を左右に傾けることで、バランスをとっているケースもある。

上下軸の乱れに多く見られるケース

パワポジの上下軸

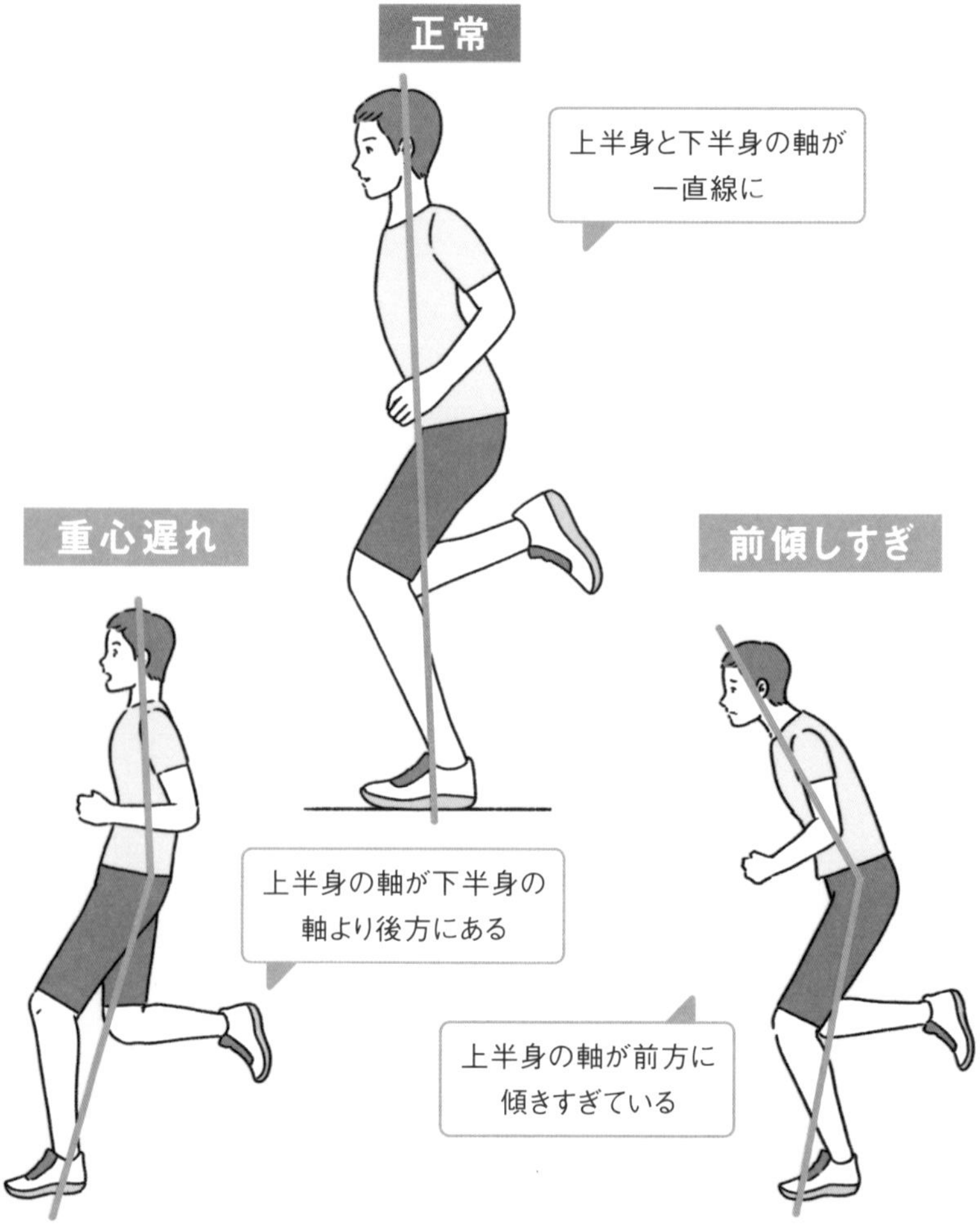
正常
上半身と下半身の軸が
一直線に
重心遅れ
上半身の軸が下半身の
軸より後方にある
前傾しすぎ
上半身の軸が前方に
傾きすぎている

パワポジにおける上下軸は、正常であれば、上軸と下軸が合成重心を通るように一直線上に並ぶ。しかし、重心が遅れる場合は、上軸が後方にずれ、上体の前傾が深すぎる場合は、上軸が前方にずれる。ランニング動作においては、地面反力などの下からの力を上に伝える必要があり、上下軸がずれると、力がうまく伝わらず、推進力が低下する原因になる。

伸展動作時の上下軸

正常
上半身と下半身の
軸のベクトルが斜め前方
60度に向かっている
骨盤後傾
上半身の軸ベクトルが
下半身より
起き上がっている
反り腰
上半身の軸ベクトルが
起き上がる傾向に

地面押しから離地に至る過程において、上下軸のベクトルを斜め前方60度に向かう一直線に近づける必要がある。これが反り腰になると、上半身が後方に反る形となり、ベクトルが後方にずれ、また、骨盤後傾の姿勢の場合も、ベクトルが後方にずれる。異なる不良姿勢の上下軸が似た傾向になるのは、捻転動作不足による腰の機能不全が原因で、左右軸の乱れも影響している。

弘山勉の
ランニングフォーム
COLUMN

シューズの恩恵は、走りの技術があってこそ!

近年、世界の長距離走種目の記録が著しく伸びているが、最大の貢献は、やはりシューズやスパイクの性能によるものだろう。スポーツメーカーは、シューズの機能性アップを常に図ってきたが、カーボンプレートという禁断の領域に入り込んでしまった。本来、スポーツは心技体という自らの能力を高めることを競うはずで、着用することで推進力が増すなら、体力と技術の勘違いを生む。

ハーフマラソンを例にすると、180㎝のストライドで走る場合、約1万1720歩を要することになるのだが、ストライドで歩数は決まるので、記録を伸ばすには、一歩のストライドを広げるか、一歩を速く動かすことが必要になる。ランニングエコノミーという観点では、その一歩に可能な限り力を使わない動きでストライドを広げ、ピッチを速めずに済むような技術が求められる。シューズが魔法になるとしたら、ストライドを拡張する一歩の努力度が下がるからである。さらには、下腿の筋肉や腱が疲れにくいという話をよく耳にするように、疲労軽減という効果が期待できる。同じトレーニング負荷をかけ、片やリカバリーの必要量が減少するなら、練習の頻度を増やすことができる。それどころか、一度の練習量を増やすことが可能と考えられ、生理的な強化に対しては、計り知れないメリットを生むことになる。

魔法とは言い過ぎかもしれないが、上記のようなカーボン入りシューズが生み出すメリット（記録短縮）だけに目を奪われない客観的な強化計画が必要である。キプチョゲの強さを説明するとしたら、最高のパワポジから繰り出される2段階式のバネが効率よく地面に力を伝えること。ピッチを利かせるために、エアポジはそれほど大きくないが、一歩の推進力は相当に大きいだろう。カーボン入りシューズを着用して走る技術を高められるのか、それを考える時期に来ている。

第3章

理想の
パワポジ＆
エアポジをつくる
カラダの使い方

局面別に考えると、フォームの課題が見えやすい！

ランニング動作は、いくつかの局面に分けて考えることができます。左右の脚で異なる局面が同時に進行していくため、支持脚のストーリーを追っていくと、まず、空中で脚を振り下ろして地面に**「接地」**し、その脚に上から**「乗り込み」**力をためます（**パワポジ＝パワーポジション**）。パワポジから全体重をかける**「地面押し」**を経て、前方斜め上60度に向かって**「離**

左 乗り込み
左 接地
左 パワポジ⇨ P62
左右 腕振り⇨ P66
左 脚の折りたたみ⇨ P72

地」し、空中でカラダを伸ばす「**エアポジ＝エアーポジション**」でゴールします。このとき、逆脚は接地に向けて準備態勢に入っており、一連の流れを反復。このほか、細かい動作を分類すると、背骨の捻転力の源である「**腕振り**」、脚の振り子を扱いやすくする「**脚の折りたたみ**」、折りたたんだひざを前に出す「**脚上げ**」といった動作があります。

第2章で解説した基本理論が、実際のランニング動作にどのように反映されているのか、局面別に解説していきます。

左右 エアポジ⇨ P76
左 地面押し⇨ P68
左 離地⇨ P70
右 脚上げ⇨ P72

パワポジ（接地～乗り込み）

カラダを屈曲させて力をためる！

Running Motion

1 遊脚を振り下ろして地面に接地する

振り子を後押し

引いた腕を前に出すタイミングで背中に力を入れ、脚の振り子の加速度を後押しする

上げたひざを下ろして接地

接地させる足部で地面に着きにいこうとすると、脚が伸びたまま前に出るのでブレーキに。ひざを振り下ろすように接地に向かうイメージで

接地はカラダの少し前に

接地の基本はカラダの少し前に足を着くこと。その接地点に体幹を運んでいくイメージ

空中から地面に接地して、その脚に**上から乗り込んで力をためる**局面が、**「パワポジ＝パワーポジション」**。パワポジですべての動作が決まってくると言えるほど、最重要な局面です。

フォアやミッド、ヒールといった足のどこで着くかの接地法にばかり注目が集まりがちですが、大事なのは**下半身の3関節に適切な関節モーメントアームが確保される**パワポジ姿勢を経ているか。さらに、股関節に上から押しつぶすような圧をかけ、適度な屈曲ができているかがポイントです。

2 接地した脚に重心を運んで乗り込む

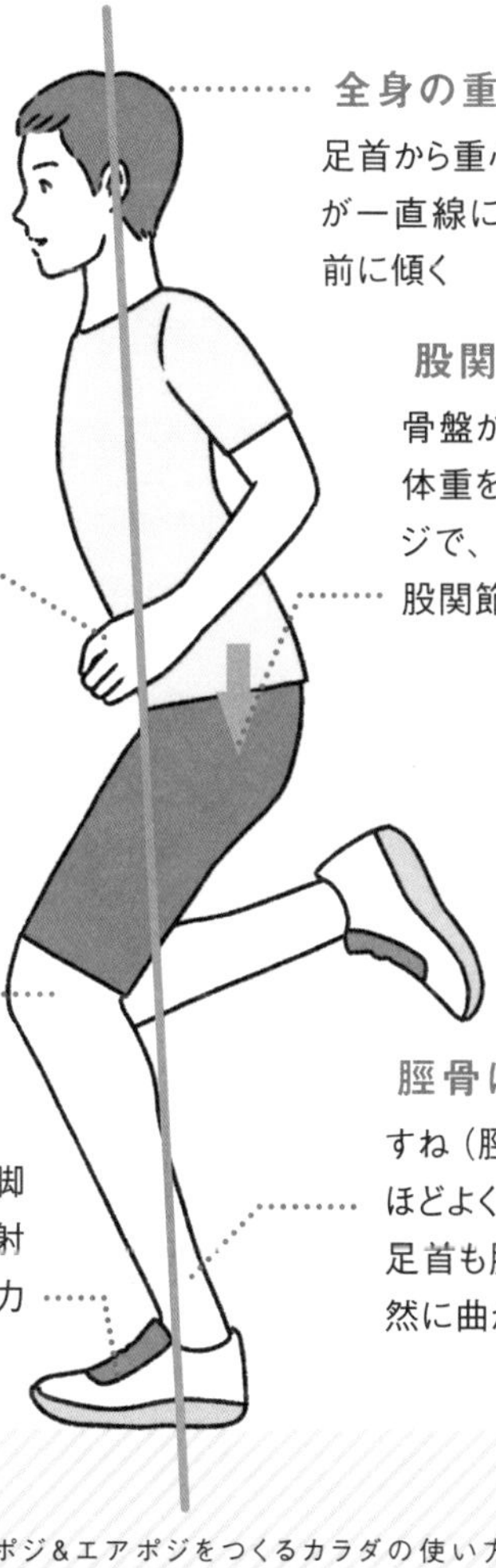

全身の重心が一直線に

足首から重心、頭までのラインが一直線になり、全体がやや前に傾く

股関節を上からつぶす

骨盤が前傾位になり、上から体重をかけて押しつぶすイメージで、股関節を屈曲させる。股関節のバネの力をためる

両腕がそろう

パワポジの最大沈み込みのタイミングで、両腕も最下点に到達。体幹の脇でそろう

ひざは自然に

ひざは曲げすぎず、伸ばしすぎず。股関節が適切に屈曲することで、ひざも自然に曲がるイメージ

脛骨は前に傾く

すね（脛骨）は、立てる意識でほどよく前に少し傾く。ひざも、足首も股関節の屈曲運動で自然に曲がった形がベスト

体重をしっかり乗せる

下半身の関節を固定し、支持脚に体重を乗せることで、伸張反射の力をためると同時に、地面反力の力を増幅できる

接地法は重心の位置によって自然選択！

フォアフット（前足部）やミッドフット（中足部）、ヒールストライク（かかと）といった接地法は、接地足と重心位置の距離によって自然選択される。滞空時間が長いほど、重心はより前に移動し、接地は自然とフォアフットやミッドフットになり、滞空時間が短く、重心が遅れるほど接地はヒールストライクとなる。

1 フォアフット

重心線の真下での接地となり、ほぼ同時に前足部で乗り込み

2 フォアミッド

接地は前足部で乗り込みが中足部となる接地法。重心はほぼ真下

3 ミッドフット

重心線よりやや前での接地となり、中足部（足裏全体）で接地

4 ヒールストライク

重心線よりかなり前での接地となり、かかとで接地

関節モーメントアームは長すぎず、短すぎず!

関節モーメントアームは、短すぎると回転力が弱く、長いと回転力が大きくなる一方、負荷が高くなるため、ほどよい位置で屈曲。パワポジ時に下半身3関節のアーム長が「股関節3:ひざ2:足首1」という比率になるのが理想。

パワポジをつくれている
股関節のアームが長く、3関節の屈曲角度も適切
力を正しくためられる
パワポジをつくれていない
ひざのアームが極端に長く、ひざの曲げ伸ばしの負担が大きい
ひざの負担大

股関節を上からつぶすことで推進力が増す

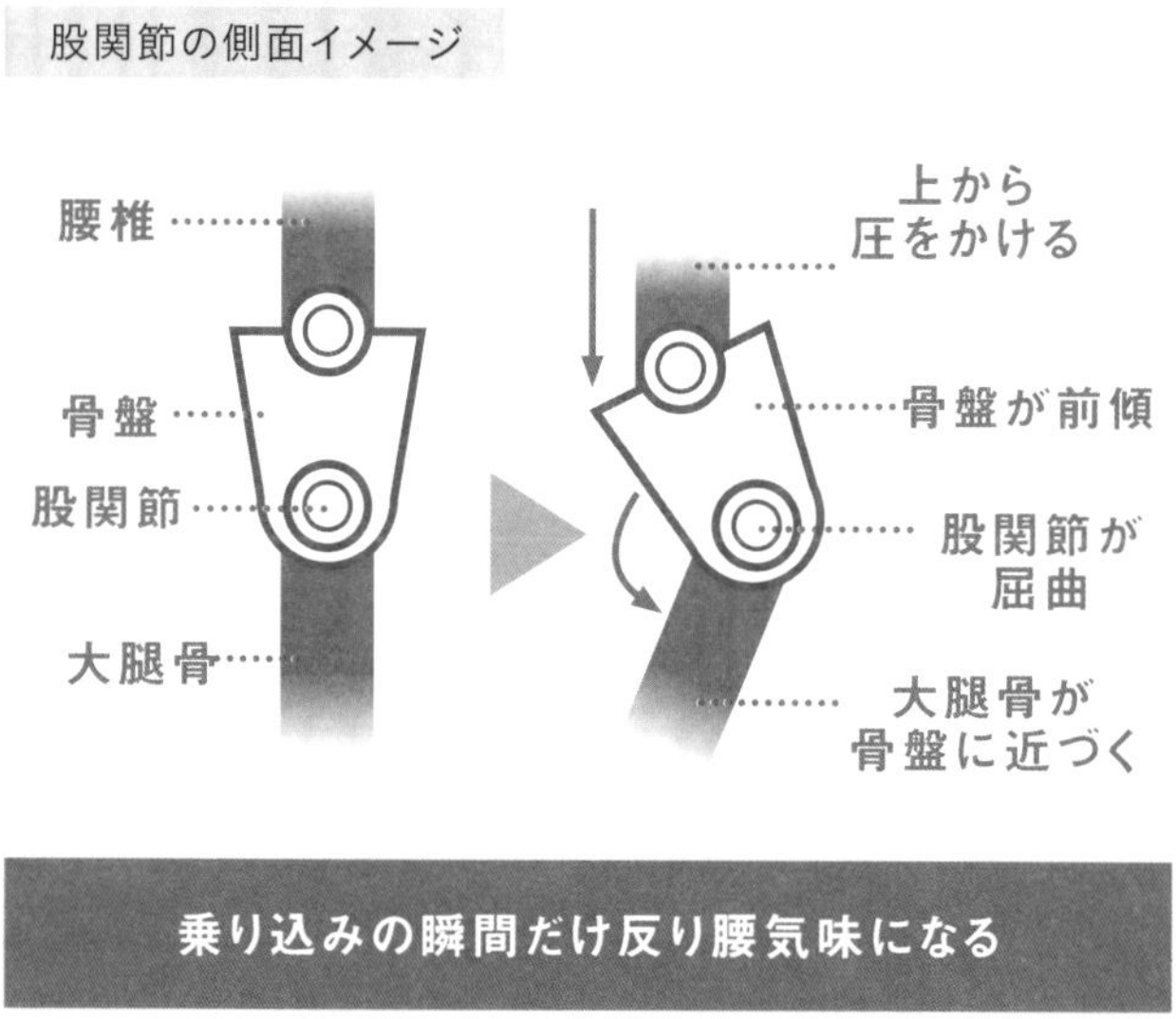

股関節の側面イメージ
腰椎
骨盤
股関節
大腿骨
上から圧をかける
骨盤が前傾
股関節が屈曲
大腿骨が骨盤に近づく
乗り込みの瞬間だけ反り腰気味になる

空中姿勢での位置エネルギー(重力)を利用し、上から圧をかけるイメージで股関節を屈曲させる。骨盤が前傾し、大腿骨が骨盤前面に近づくことで、股関節のバネの力をギュッとためることができる。

腕振り

前後のねじれをつくって背骨の捻転力を生む

Running Motion

1 エアポジ時に最大の振り幅となる

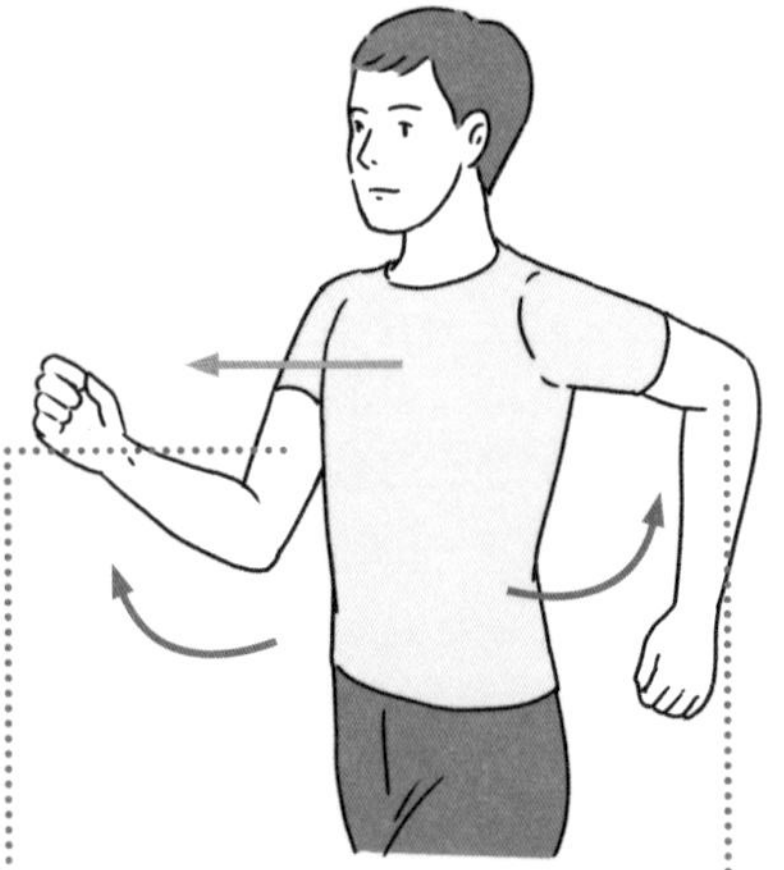

ひじを後ろに引く

腕振りは、ひじを後方に引くことを重点的にイメージする。背中（脊柱起立筋群）を積極的に使う意識を持つとよい

上腕を止めて胸を前に出す

前方に振るときは、上腕を胸の横で止めるように同調させ、その反動を利用して胸を前に出す。この動きが捻転力をさらに高める

2 パワポジ時に体側で両腕がそろう

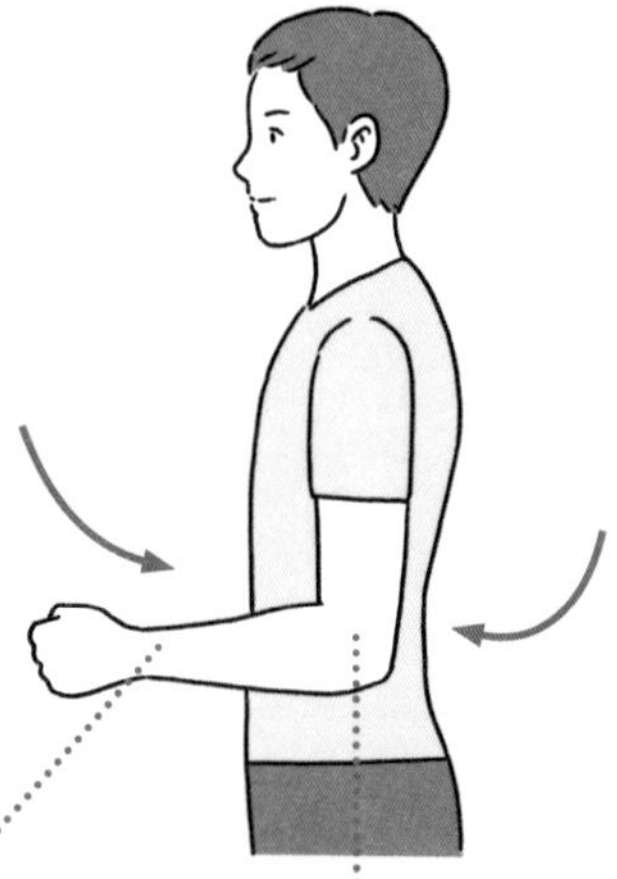

体幹の横を通過させる

パワポジのときに、両腕が同時に最下点である体幹の横を通過する。これを意識すると、瞬間的に腹斜筋群の収縮とリンクし、股関節の屈曲へとつながる

ひじを90度に曲げて保持

振り子のアームが長いほど、周期も長くなる。ひじを90度近くに曲げた状態を維持すると、振り子が短くなるので動きが速くなり、テンポよくコントロールできる

腕振りの役割は、**背骨の捻転力を高める**こと。もっと言えばエアポジとパワポジの最大値を高めることにあります。

エアポジ時は、腕の振り子の力で胸を前に出し、ひじを後ろに引いて、背骨の最大捻転の力を産生。これが**上下連動の力の原動力**となります。

また、腕振りの連動によってひざを高く上げることにも貢献。高い位置からひざを振り下ろしてパワポジに持っていくことによって、**増幅された位置エネルギーを、より大きな地面反力に変換**することができます。

背骨の捻転力を生み出す

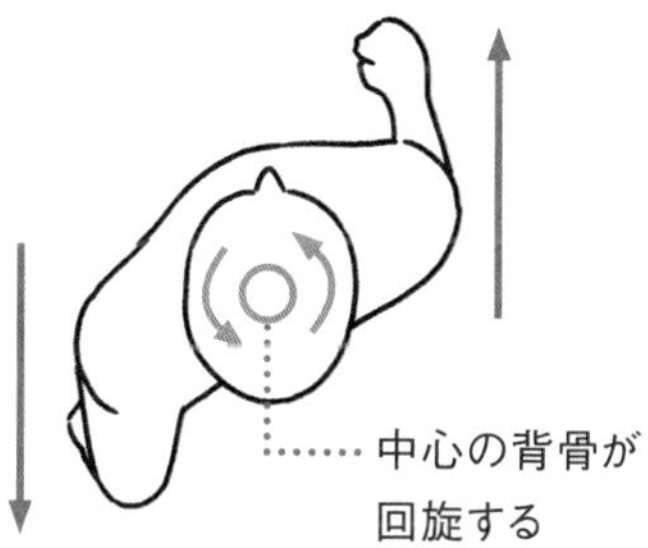
中心の背骨が
回旋する

腕振りによる前後のねじれ

腕は横に振って回転させるのではなく、縦（前後）に振り、体幹を前後にねじれさせるイメージ。中心軸である背骨の捻転がより大きくなり、上下連動のパワーを増幅させることができる。

胸を前に出して推進力をサポート

腕を前方に振る局面では、上腕（ひじ）を胸のあたりで止め、その反動を利用して胸を前に出す。反動のベクトルは斜め上60度に向け、脚（ひざ）上げの方向と合わせると、推進力がさらに増す。

斜め上
60度
胸を前に出す
ベクトルを
同じ方向へ
脚（ひざ）上げ

地面押し（重心移動）

ひざから下を固定して重心を移動させる

Running Motion

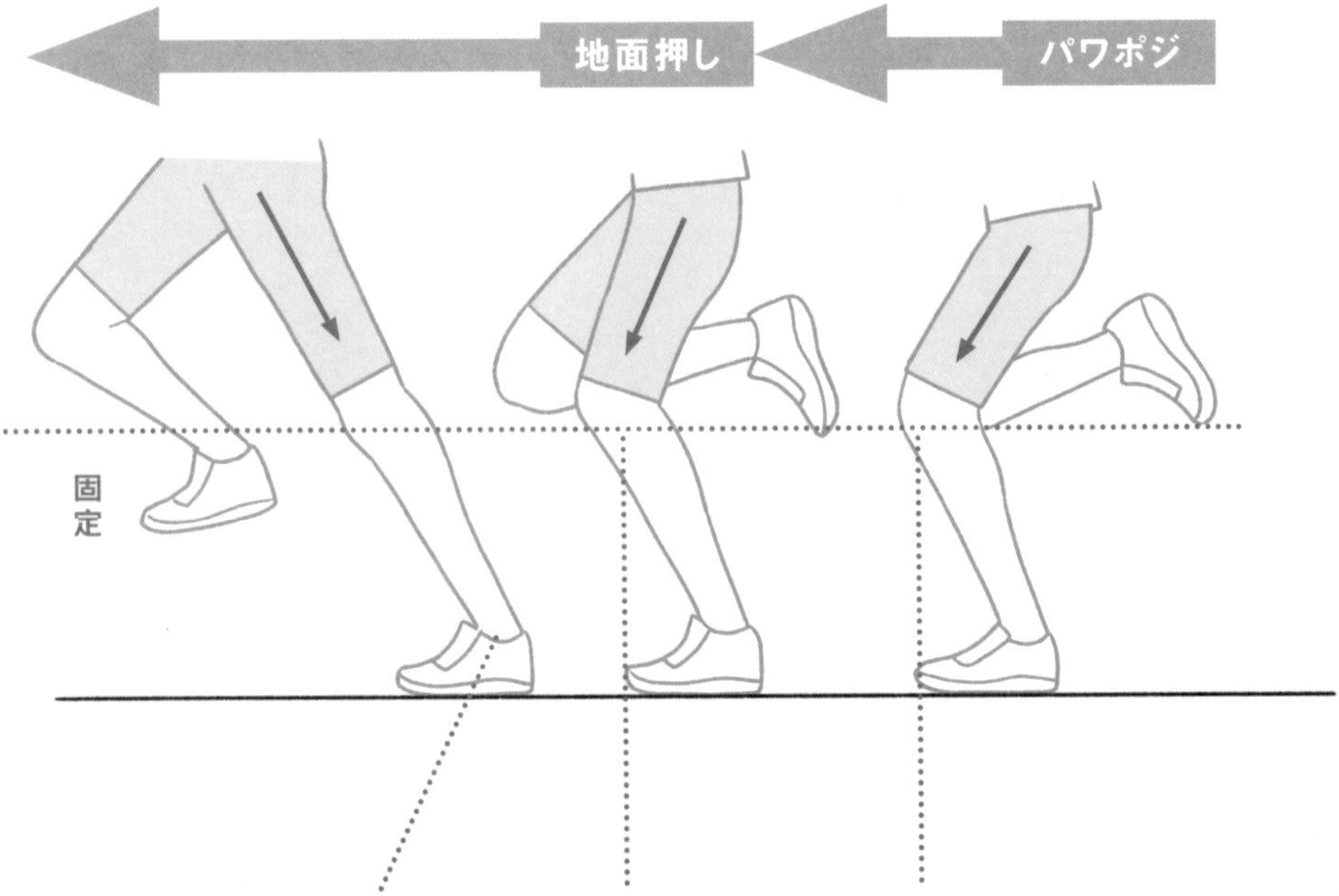

伸張反射の力をためる

離地の直前まで背屈した足首を返さず、アキレス腱の伸張反射のバネをためる

ひざを支点に押す

ひざを支点にして地面を押すが、感覚としては股関節でひざを押すイメージとなる

ひざから下を固定

パワポジの体勢になった時点で下腿の角度を固定する

パワポジで力をため、股関節の屈曲を解放しながら**地面を後方に押し込んで離地に向かう局面**です。接地から素早く乗り込んで、**下腿（ひざから下）を適切な位置（足首は背屈し、脛骨はやや前傾位）で固定する**ことが重要。基本的に**膝関節を支点としたテコの力を利用してひざを伸展させていく**ため、ひざの支点が前に倒れてブレてしまうと、効果的に地面を押せません。また、地面を押すときには、**かかとで押す意識**を持つこと。アキレス腱の伸張反射のバネをためることができます。

関節モーメントアームの長さが影響する

地面押し局面での重心移動の問題には、関節モーメントアームの長さが影響していると考えられる。股関節とひざの両方のアームがセットで確保できていない場合、テコの力が使えず、スピードの限界値が低くなる可能性が高い。

ひざのモーメントアームがない

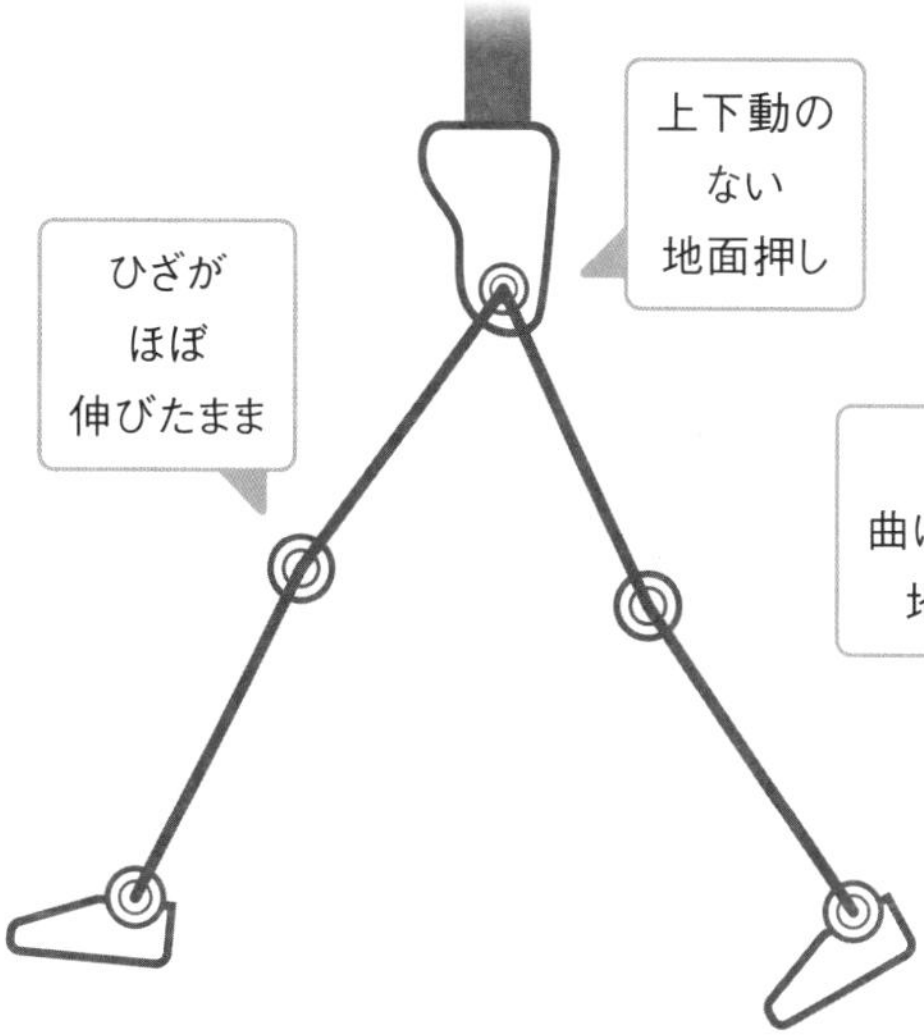
上下動のない地面押し
ひざがほぼ伸びたまま

膝関節が伸びたままの脚運びとなり、カラダは持ち上がることがなく、平行移動に近い形となる。ストライドの伸びは期待できない

股関節のモーメントアームがない

腰とひざの曲げ伸ばしを連動させて走る
ひざの曲げ伸ばしで地面押し

股関節を動かせなくなるため、ひざと腰の曲げ伸ばしで移動している可能性が高い。ひざと腰の負担が多い重心移動となる

離地（2段階のバネ）

テコと反射のバネを利用して跳ぶ

Running Motion

2段階のバネを利用した離地の局面

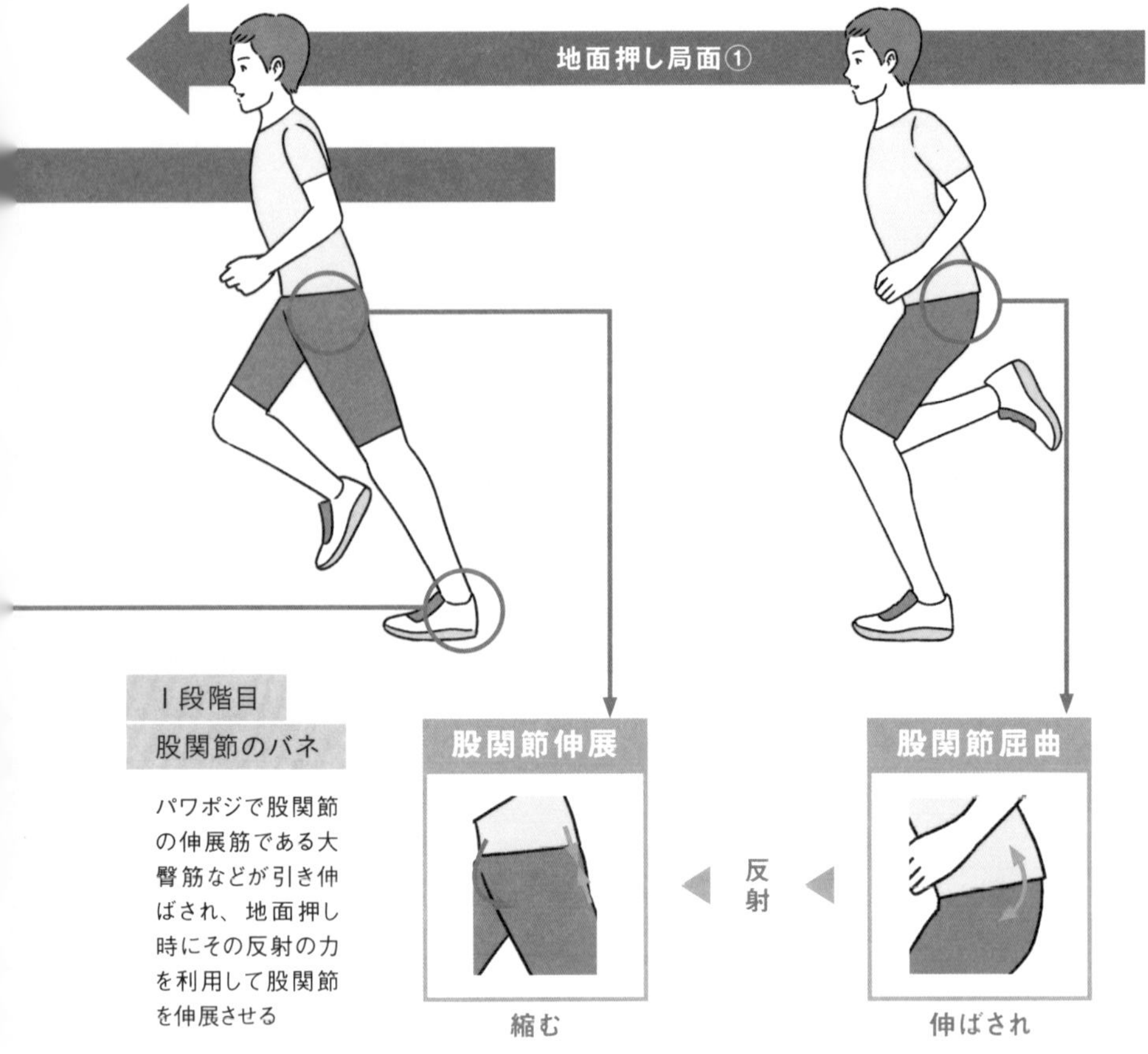

1段階目
股関節のバネ

パワポジで股関節の伸展筋である大臀筋などが引き伸ばされ、地面押し時にその反射の力を利用して股関節を伸展させる離地は、地面押しから、**跳び上がるまでの局面**のこと。ここで重要なのは、**伸張反射と、テコの原理を利用した股関節と足関節の２段階式のバネ**を働かせることです。

股関節のバネを使ってカラダを持ち上げ、足関節のバネに力を与えて、加速するという動きの流れ。この２段階式のバネを使うことで、能動的な出力が少ない走りが可能になります。また、連動のタイミングがピタリと合うと、**少ない力で大きなパワー**を生み、効率性の高い動作で走り続けることができます。

パワポジからの地面押しと、そこから最終的に地面から離れる瞬間までの２つの局面において、股関節と足首の２段階式のバネが働いている。これを発動させるには、途中で脚を巻き上げず、最後まで地面を押し切ることが必要だ。

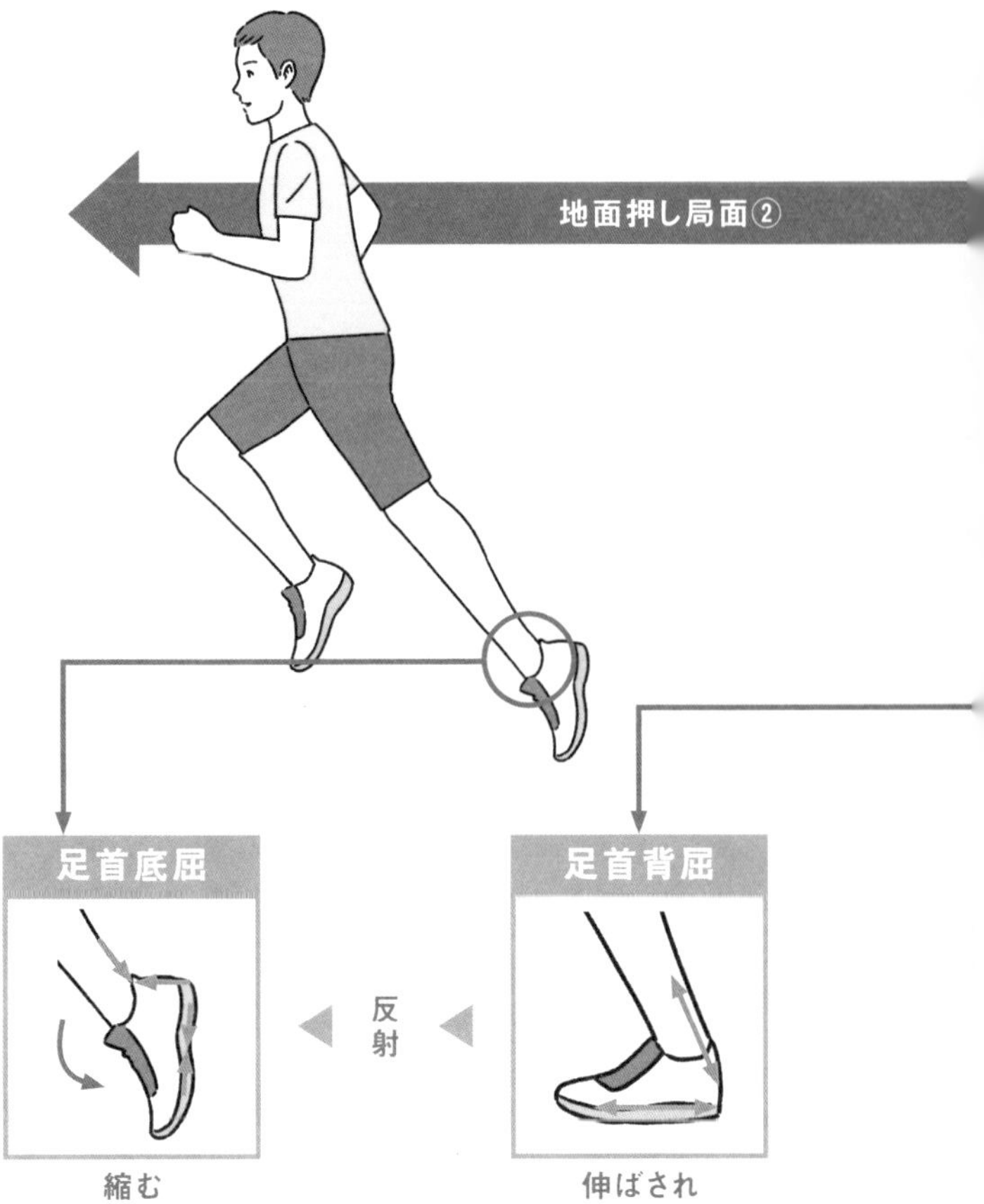

２段階目
足首のバネ

地面押しで下腿を固定し、かかとで地面を押すことでアキレス腱が伸びる。その反射で足首が自動的に底屈し、それをバネとして利用する

局面別動作解説 05

脚の折りたたみ～脚上げ

脚をコンパクトに振り、エネルギーロスを抑える

Running Motion

左脚の場合
地面反力で巻き上がる
地面押しで得た地面反力が、離地の瞬間にひざと足に伝わり、脚が自然に巻き上がる
コンパクトに折りたたむ
ひざを最下点に向けて振り下ろす動きに合わせ、脚がコンパクトに折りたたまれる

1 エアポジ時に地面の反発で左脚が巻き上がる

2 右脚接地時に左脚がお尻のほうへさらに巻き上がる

離地の直後に巻き上がってくる脚を折りたたみながら、ひざを前方に振り上げる動作。脚部の操作性、関節モーメント、空気抵抗、振り子などの観点から、脚を折りたたむという動作は、**エネルギーの消費量に大きく影響**します。また、折りたたむ動作は、地面反力や伸張反射、振り子を利用するために、力を抜いて能動的な出力を減らすことがポイント。**カラダ全体の姿勢や軸の保持、バランス統制に大きな影響を及ぼすので、エネルギーロスを最小限に抑える**重要な動作なのです。

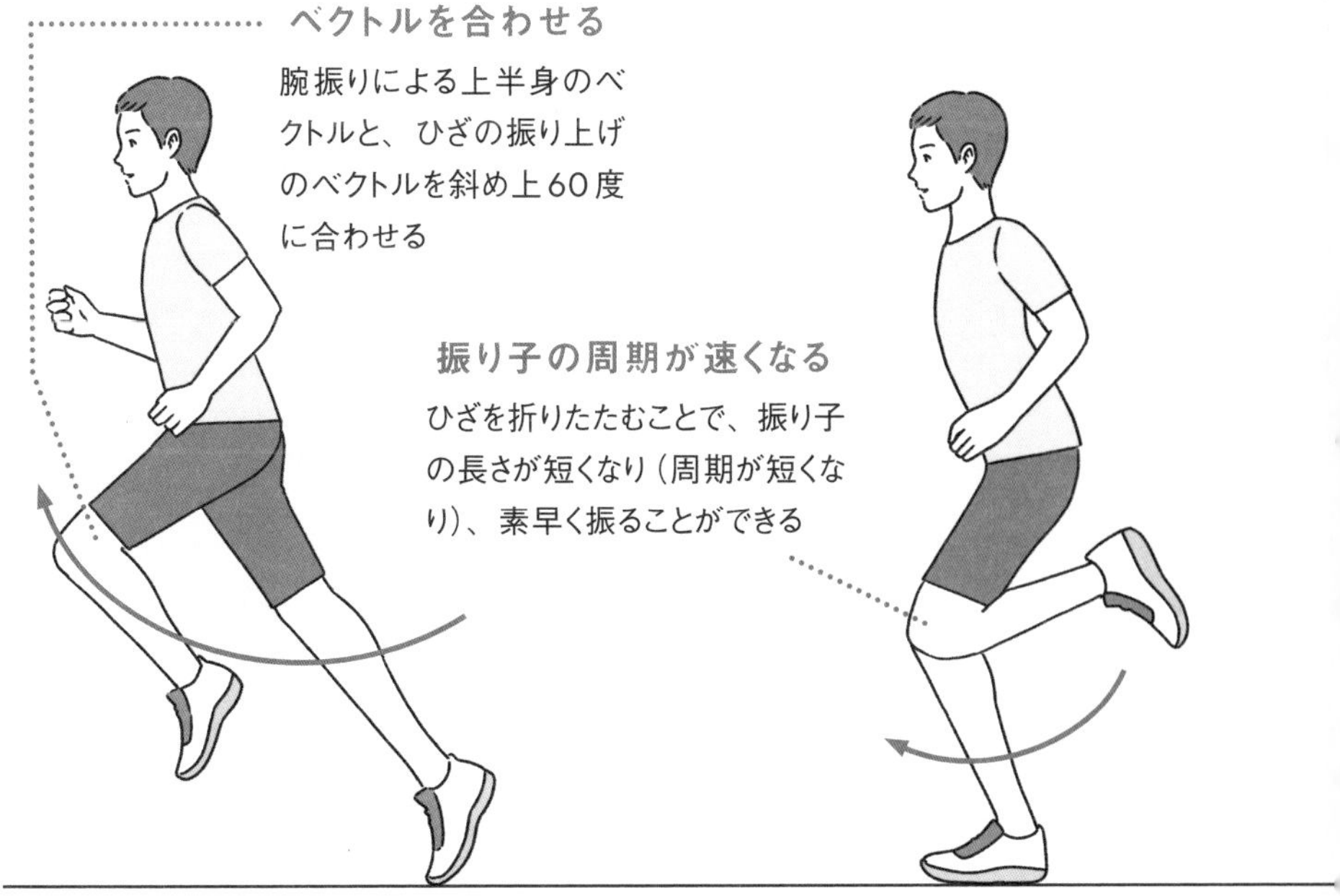
ベクトルを合わせる
腕振りによる上半身のベクトルと、ひざの振り上げのベクトルを斜め上60度に合わせる
振り子の周期が速くなる
ひざを折りたたむことで、振り子の長さが短くなり（周期が短くなり）、素早く振ることができる

3 右脚パワポジ時に左脚は折りたたまれながら振り子の最下点に到達

4 離地時に斜め上60度の方向へひざを振り上げる（前に出す）

脚を折りたたんでエネルギーロスを抑える

脚をコンパクトに折りたたむのと、長いままとでは、大きな違いがある。脚部は、物体としての重量と体積、長さがあるので、物理法則を考慮した動きを意識し、姿勢やバランスを整えないと、多大なエネルギーロスにつながる！

振り子の周期

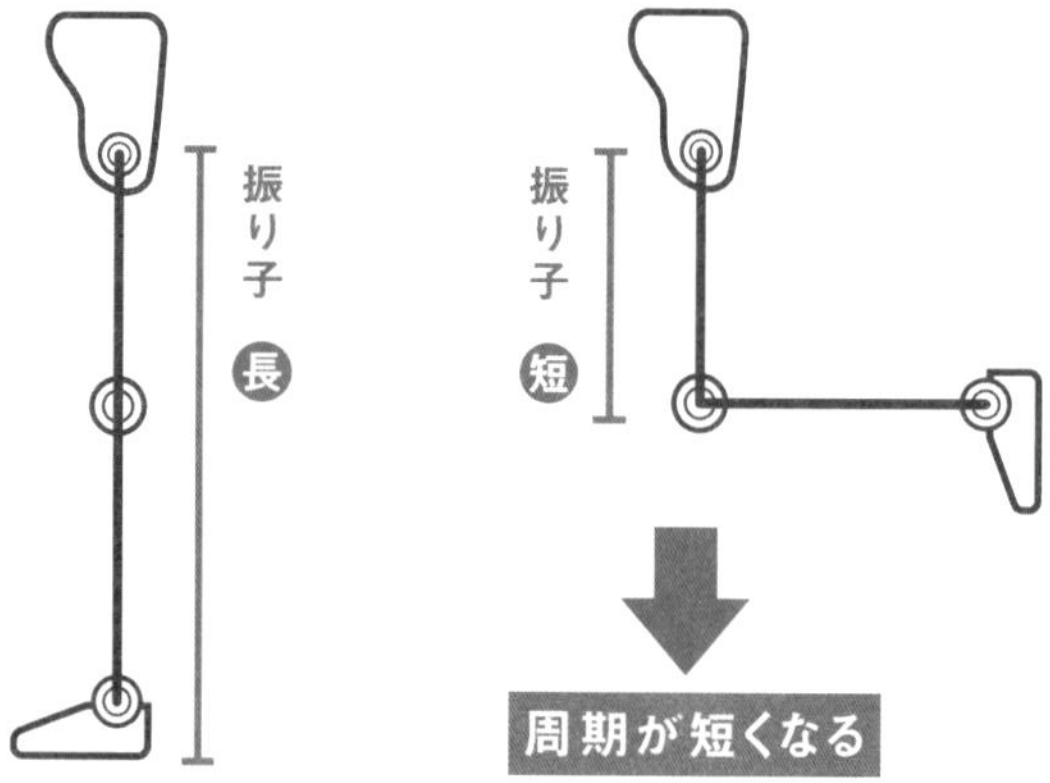

振り子の長さが長いほど周期が長くなる。慣性の力も影響し、脚を折りたたまないと扱いにくい。コンパクトに折りたたむことで、周期が短くなって、慣性の影響も少なくなり、脚をスピーディにコントロールしやすくなる。

モーメントアームの負荷

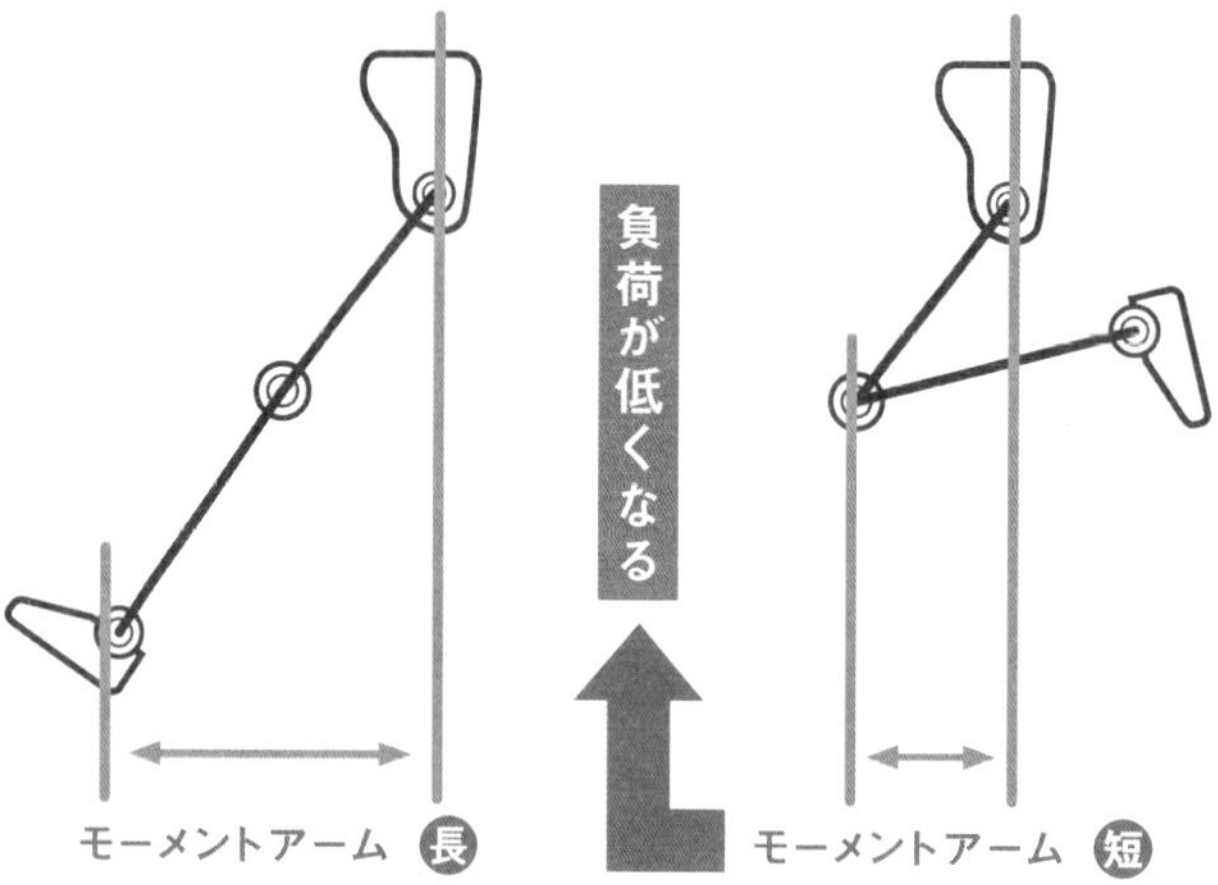

脚を伸ばしたままにすると、股関節への負荷が高くなる。脚の先端と股関節を結ぶモーメントアームが長くなるためだ。それが長時間に及べば、股関節の屈曲筋や伸展筋への負担が大きくなり、疲労の度合いも強くなる。

空気抵抗と慣性

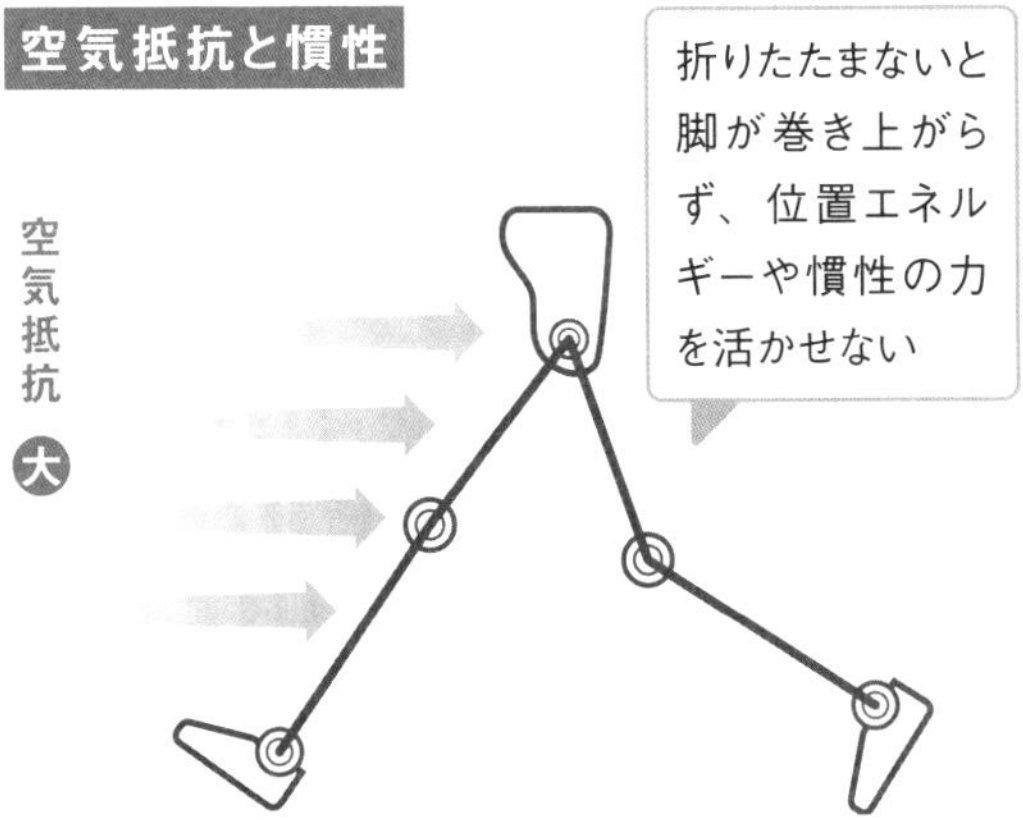
空気抵抗大
折りたたまないと脚が巻き上がらず、位置エネルギーや慣性の力を活かせない

脚を伸ばしたままだと、脚部の面積が広くなり空気抵抗の影響を受け、慣性モーメントも大きくなるために労力を要する。また、脚部も重量があるので、高く巻き上げないと位置エネルギーが小さくなり、エネルギーロスが増大する。

合成重心

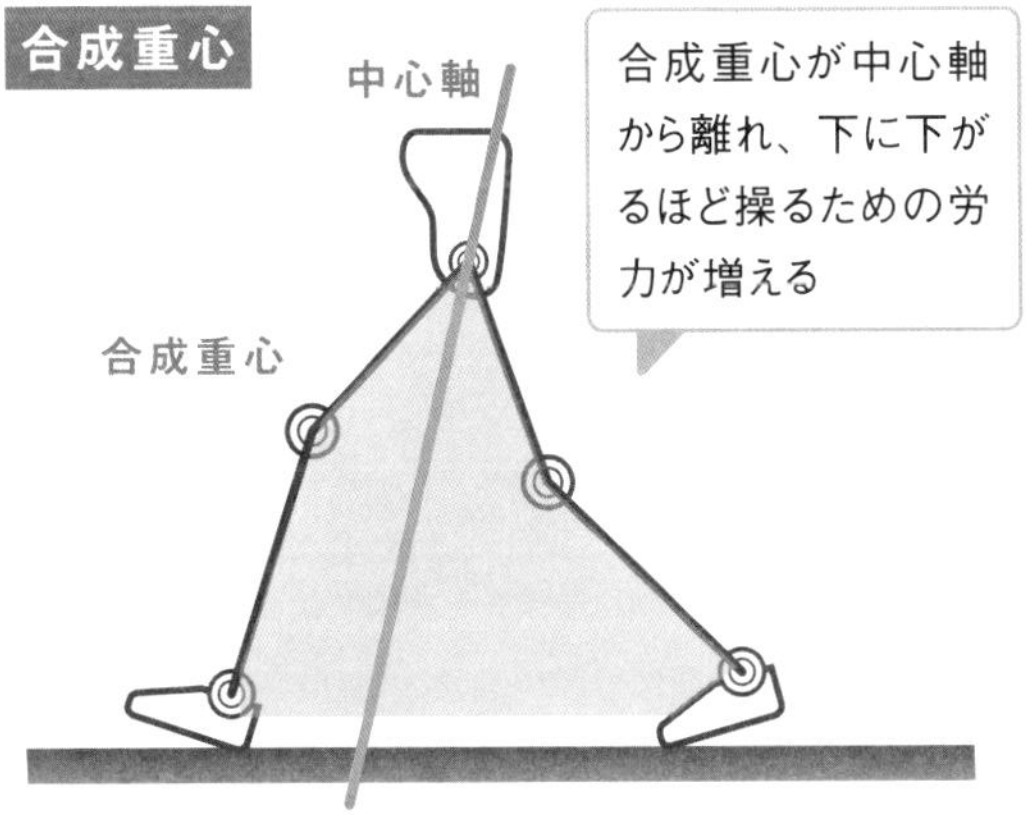
中心軸
合成重心
合成重心が中心軸から離れ、下に下がるほど操るための労力が増える

人間の重心は、カラダのパーツごとに分散しており、それを総合的に合わせた重心を合成重心という。カラダのパーツ（とくに運動量が多い脚部）がカラダの中心軸から離れるほど操る労力が増す。そのため、脚を伸ばすとエネルギーロスが大きくなる。

支持脚への影響

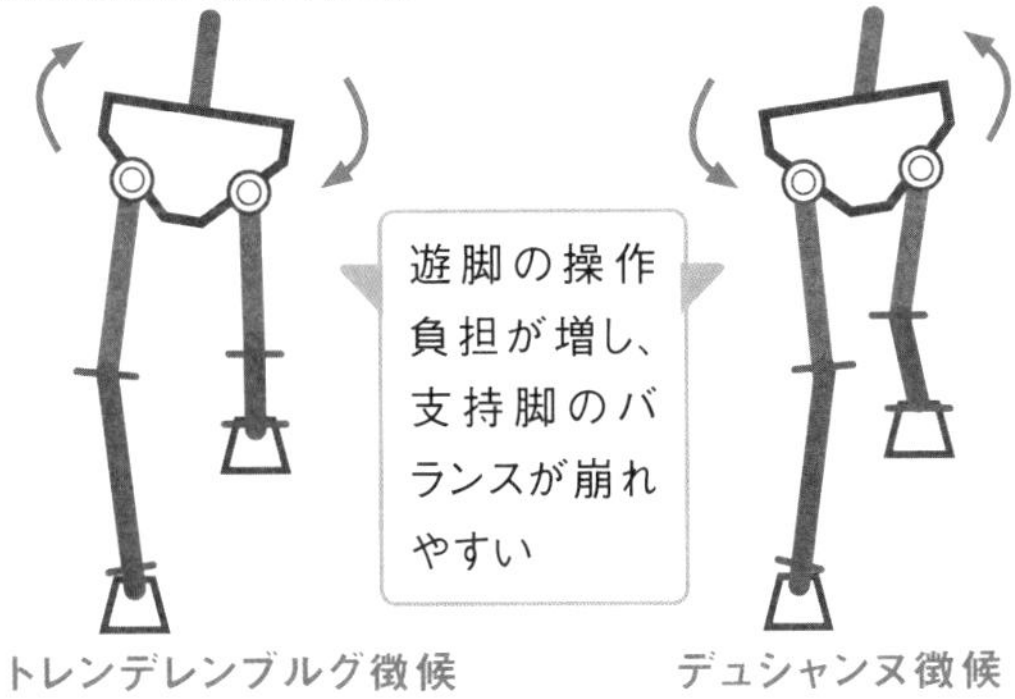
遊脚の操作負担が増し、支持脚のバランスが崩れやすい
トレンデレンブルグ徴候
デュシャンヌ徴候

脚を折りたたんで運ばないと、慣性の法則や合成重心の影響で、遊脚の重さを感じ、遊脚の操作性が低下する。その影響が支持脚側にも及び、デュシャンヌ徴候やトレンデレンブルグ徴候といった左右軸の乱れが生じてしまう。

エアポジ（空中動作～接地）

ストライドだけでなく、走動作全体に影響する

Running Motion

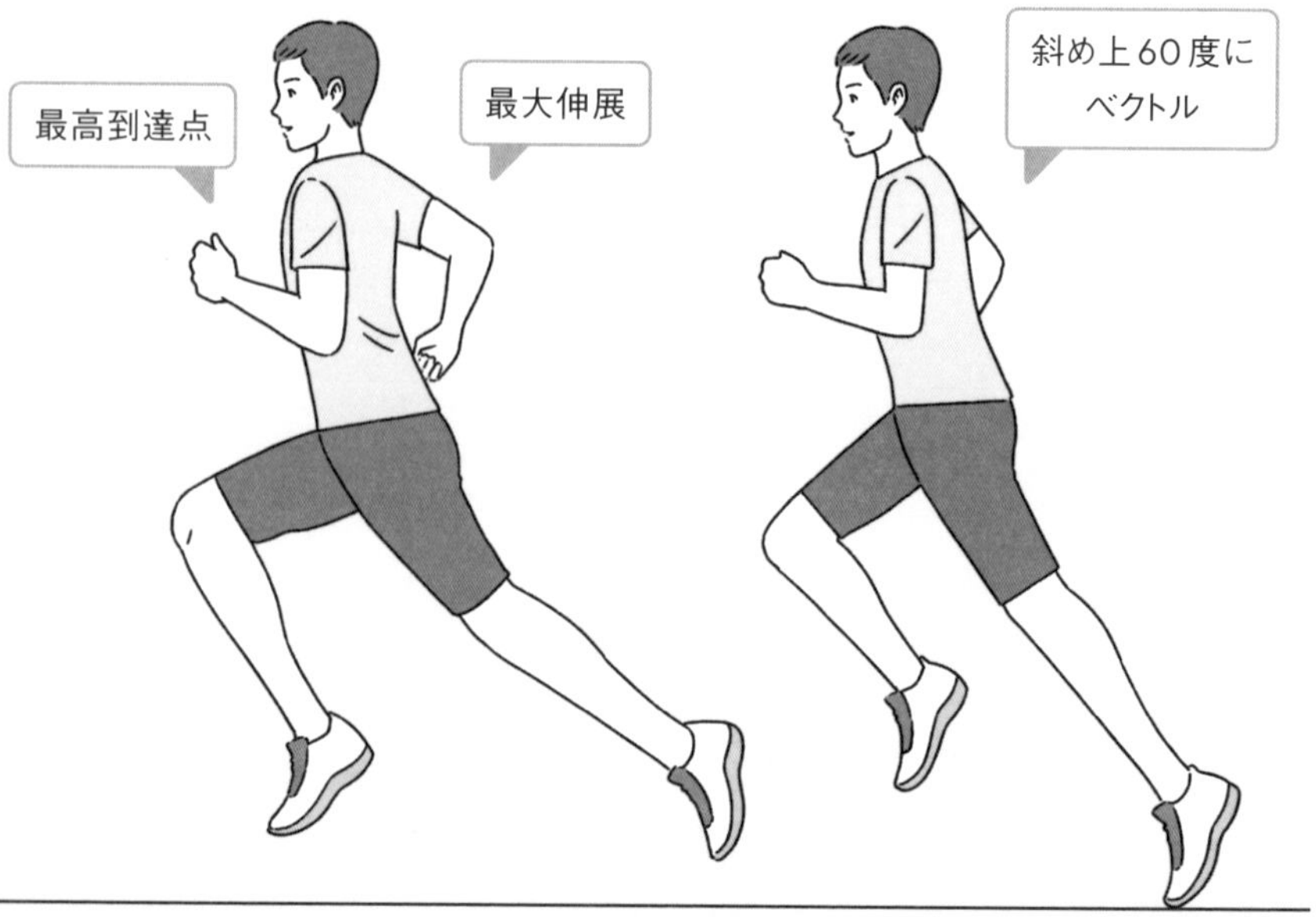

1 斜め上60度の方向に向かって離地する

2 エアポジの局面で最大伸展&最高到達点を迎える

離地した後に、**ジャンプの最高到達点でカラダを最大伸展させる局面**が、**エアポジ＝エアーポジション**です。この瞬間に、きちんと力を抜いてカラダを伸ばし、適切な高さを維持できているかで、その後のパワポジの動作にも影響します。

また、エアポジにおける遊脚動作は、**股関節を支点に2重振り子を操る技術を要します**。遊脚を折りたたみ、単振り子として前方斜め上にひざを振り上げ、その加速度を利用し、2つめの振り子となる下腿を前に振り出し、振り下ろすのです。

遊脚から
支持脚モードへと
切り替える
真上から
下ろすイメージ

3 接地に向けて遊脚のひざから下を振り下ろす

4 遊脚を真上から振り下ろすように接地する

遊脚は2重振り子で振り下ろす！

能動的なパワーを抑えるように、2重振り子の遊脚を操る。離地の直後に脚を折りたたみ、単振り子にしてひざを前方に振り上げ、遅れてひざ下（下腿）を振り出す。その後の振り下ろし角度が、接地後の地面反力を左右する。

1 支持脚接地

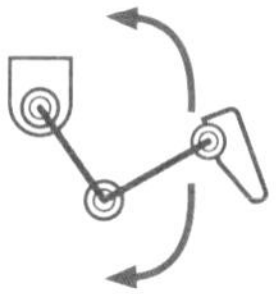

遊脚は、後方に巻き上げられ、折りたたまれた状態で下方に振り下ろされる

2 支持脚パワポジ

遊脚は、折りたたまれた単振り子の状態で最下点に到達

3 支持脚離地

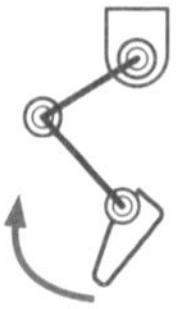

遊脚は、単振り子の加速度を利用し、前方斜め上60度に向かって振り上げられる

4 エアポジ

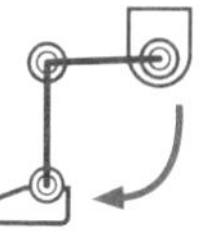

遊脚は、ひざの高さが最高到達点に達し、カラダも最大伸展。その後、遅れてひざ下が振り下ろされる

5 エアポジ～接地

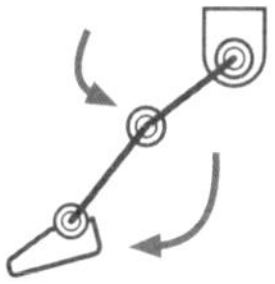

遊脚は、地面に向かいながら、ひざから下に2重振り子の加速度がついて振り下ろされる

6 接地

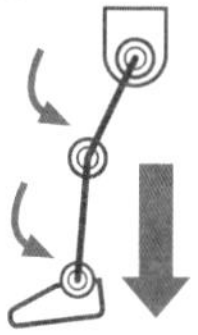

重心が追いつき、接地の瞬間は真上から振り下ろされるイメージ。位置エネルギーを最大限地面に伝える

胸とひざを前に出すことがポイント!

エアポジは、着地動作への切り替えの局面でもあるため、対角上にある胸とひざを前に出すことがポイント。カラダを上から乗り込ませていくためには、ひざと胴体が高く前方に運ばれ、上から下へ力を伝えられる状態にする。

胸とひざを前に出す

対角上の胸とひざは、前方斜め上60度に向かって出す。ベクトルを合わせることで反動がつき、慣性力のサポートがつく。高い位置から脚を振り下ろせれば、位置エネルギーのポテンシャルが増大し、地面に伝える大きな力に変換できる

ねじれによって股関節の正しい動きが可能に!

対角上の胸とひざを出すと、たすき掛けのようなクロス姿勢で力を発揮することになるため、捻転動作になる。その姿勢から逆捻転に向かってカラダを動かしていくことで、腰周辺や体幹の筋肉を働かせやすくし、股関節の正しい動きを可能にする

上から下への力を発揮

振り下ろし動作の瞬間は、慣性力で胴体が前に運ばれており、接地の頃には接地点付近まで運ばれている。エアポジでの高さ（位置エネルギー）を活かし、上から下に力を発揮することが大事。地面反力が、その後の推進力に変換される

骨盤は固めるべからず!

動作の局面によって骨盤の動きも変わる

Deep Digging

骨盤は前傾と後傾どちらも必要!

骨盤が前傾するのは、パワポジの局面だけ。骨盤(股関節)を上から押しつぶすように圧をかけるが、この圧に連動して骨盤が前傾する。また、地面押しに移行すると、逆に骨盤は後傾位に動くが、ポジション的にはニュートラルとなる。

パワポジ⇨骨盤前傾　　**地面押し⇨骨盤後傾**

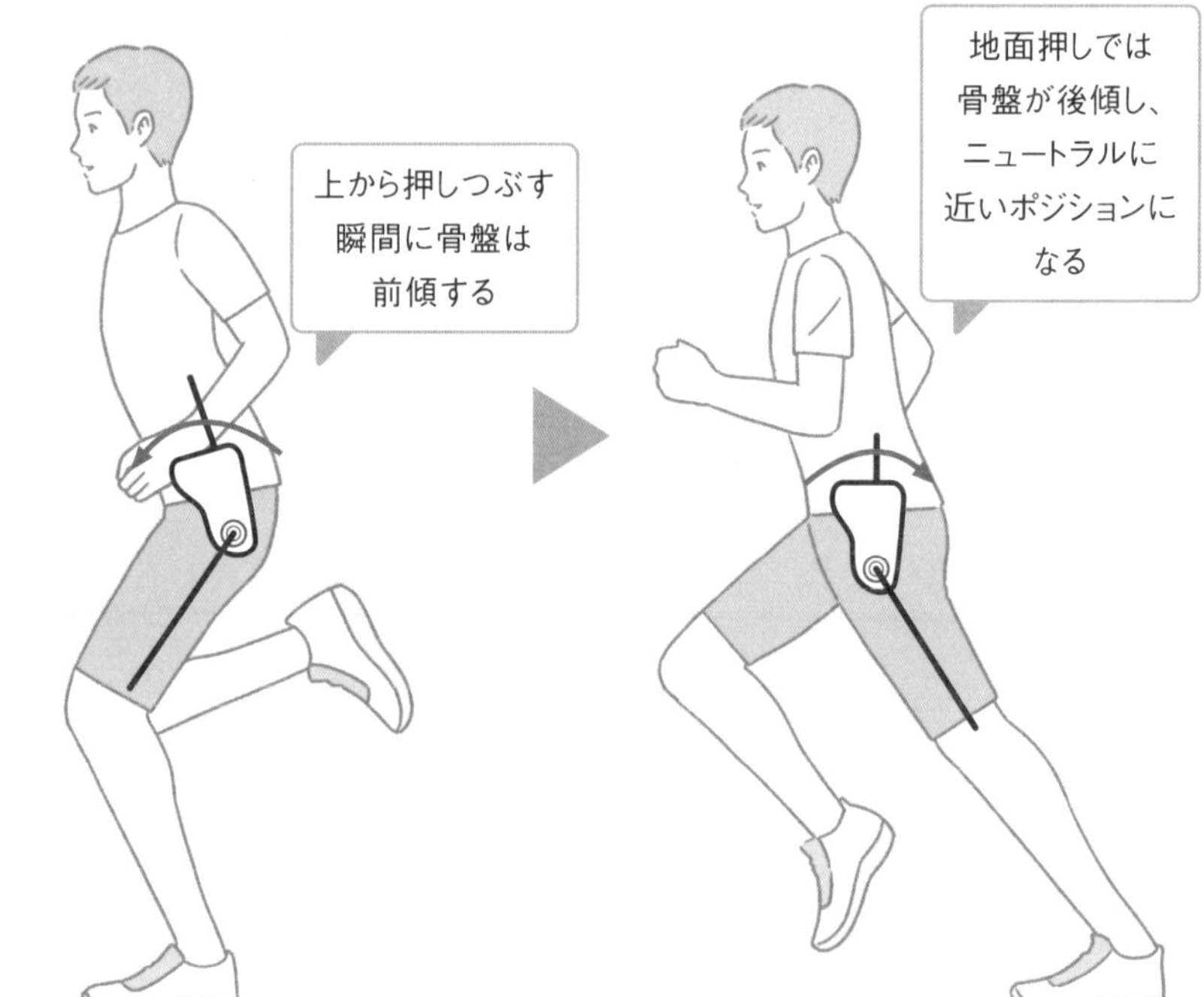
上から押しつぶす
瞬間に骨盤は
前傾する
地面押しでは
骨盤が後傾し、
ニュートラルに
近いポジションに
なる

骨盤の傾きは、走動作に大きく影響しますが、前傾や後傾のどちらかに固定するものではなく、**動きによって角度を3次元的に変位させる**というのが正解です。

基本的には、骨盤を前後に傾けさせない、ニュートラルな状態で立たせておきます。その状態が、各局面の動作に応じて、前傾位に動いたり、後傾位に動いたりします。つまり、**骨盤を意識するより、カラダ全体のニュートラルな姿勢の維持を心がける**ことが重要だということ。**骨盤を動かせる状態にキープ**します。

骨盤の傾きに関係する筋肉

骨盤（股関節）の動きに関与する筋肉は多いが、それぞれが収縮（緊張）したまま、ゆるめたままでは必要な動きが出てこない。過度な緊張が反り腰、ゆるむと腰が丸まり落ちた状態になり、どちらの場合も、骨盤が機能しにくくなる。

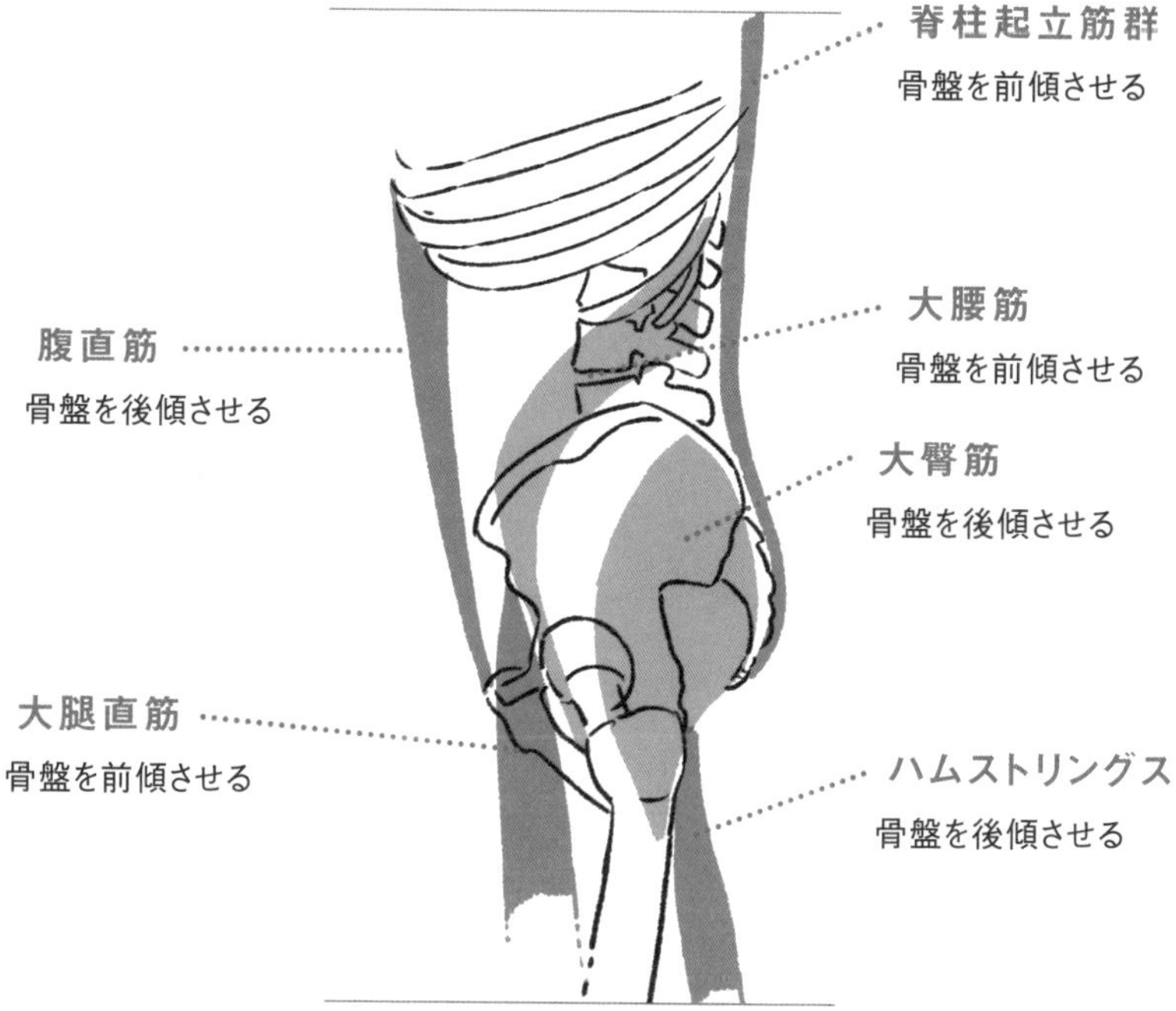
脊柱起立筋群
骨盤を前傾させる
腹直筋
骨盤を後傾させる
大腰筋
骨盤を前傾させる
大臀筋
骨盤を後傾させる
大腿直筋
骨盤を前傾させる
ハムストリングス
骨盤を後傾させる

姿勢や動きに影響される「代償動作」

骨盤は、背骨や脚の動き・角度と連動し、互いに影響し合っている。例えば、ひじを後方に引くと、上半身は後方に傾き、骨盤も後傾。骨盤が後傾すると、脚は高く上がりやすい。これを代償動作といい、動きが姿勢に牽引されていることを意味する。この関係性を理解すると動きの効率性は向上する。

股関節の伸展動作　**股関節の屈曲動作**

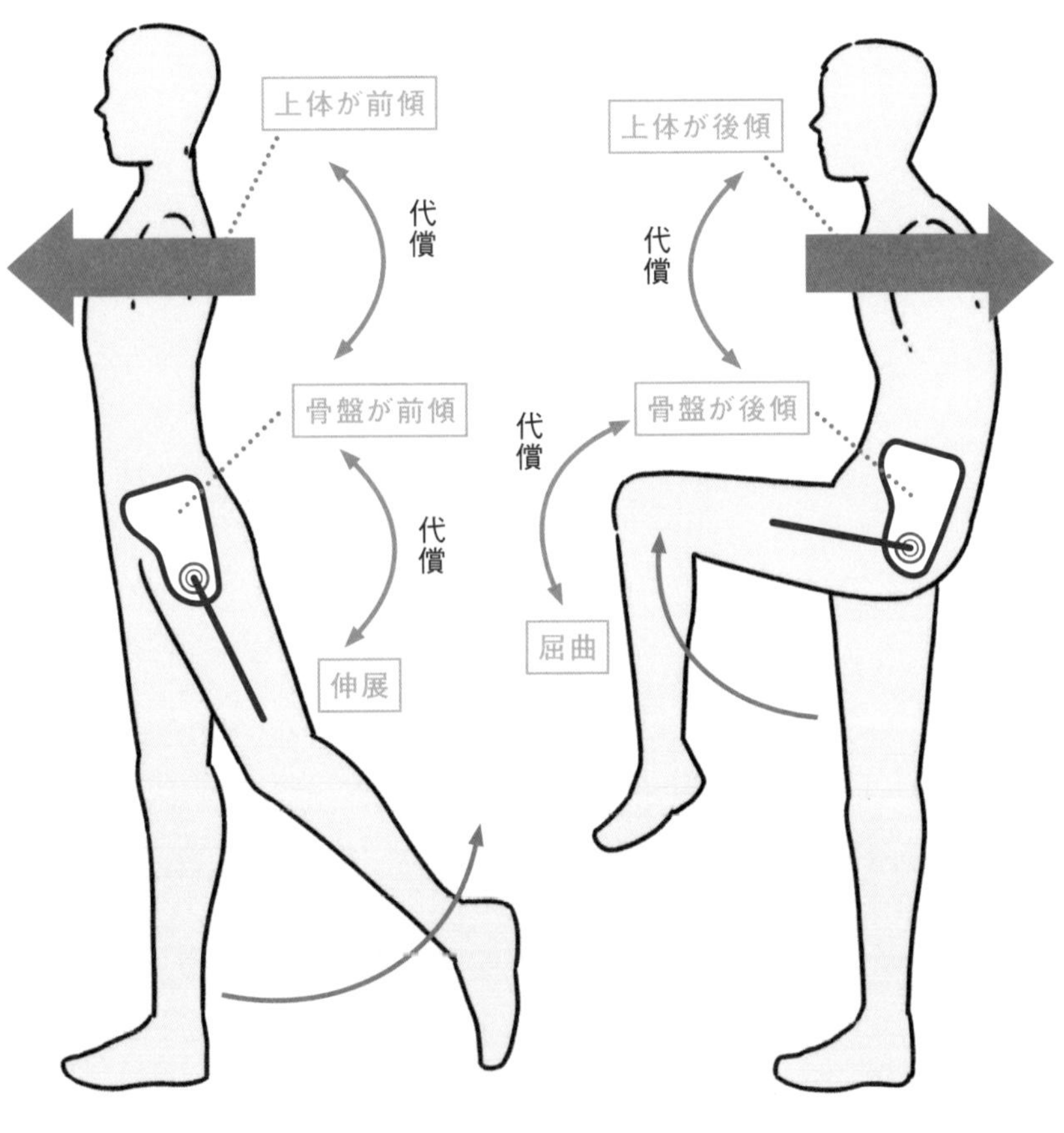
上体が前傾
代償
骨盤が前傾
代償
伸展
上体が後傾
代償
骨盤が後傾
代償
屈曲

**上半身(背骨)、骨盤、下半身(脚)それぞれが
それぞれの動きを代償している!**

解剖学的に骨盤の傾きは「腰椎」で決まる!

骨盤の傾きや動きは、解剖学的には腰の骨「腰椎」の角度で決まる。腰椎は、正常位で軽く前弯しているが、過前弯になると骨盤が前傾、後弯すると骨盤が後傾する。つまり、上半身の動きによって骨盤の傾きが変化。筋肉だけに頼りすぎることなく、骨盤のコントロールは可能だということになる。

骨盤の傾きは腰椎と連動

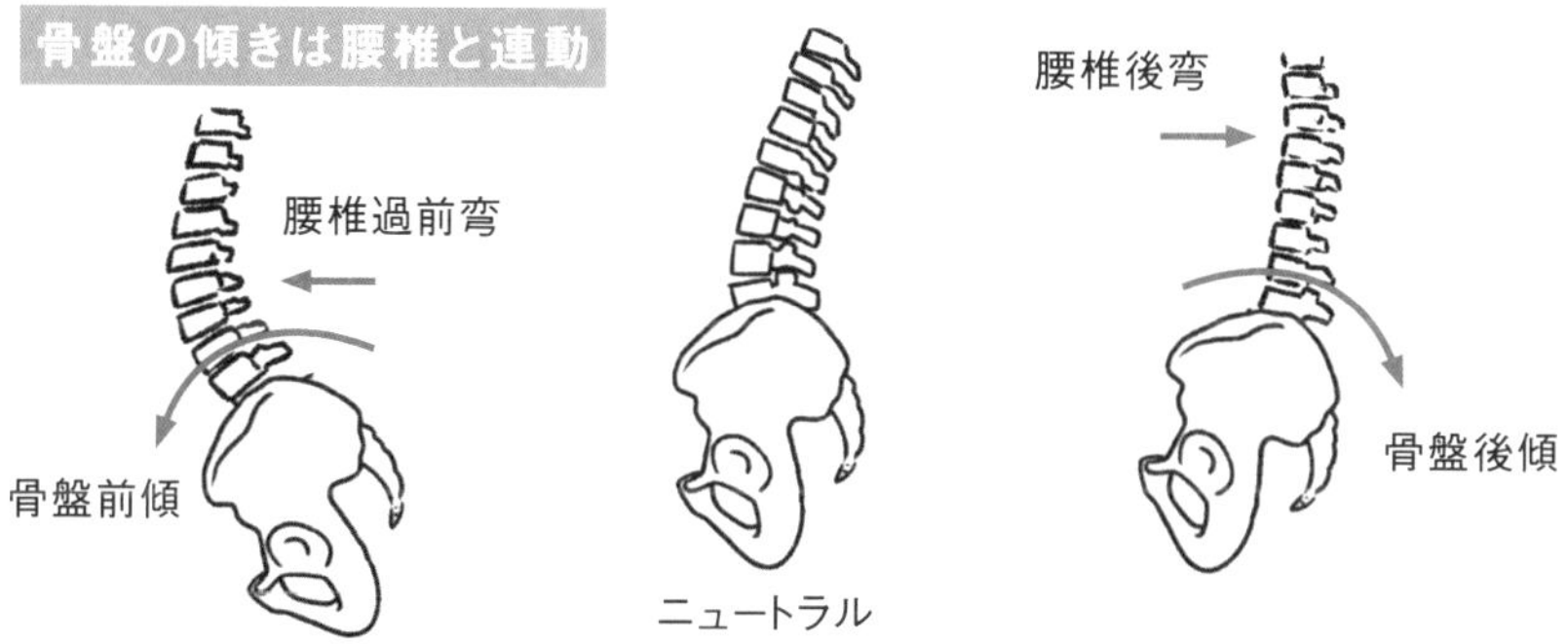
腰椎過前弯
骨盤前傾
ニュートラル
腰椎後弯
骨盤後傾

腰椎が過前弯になると、骨盤は前傾する

腰椎がニュートラルな場合は、骨盤が立った状態

腰椎が後弯すると、骨盤は後傾する

基本は脊柱起立筋群を機能させ、ニュートラルを意識

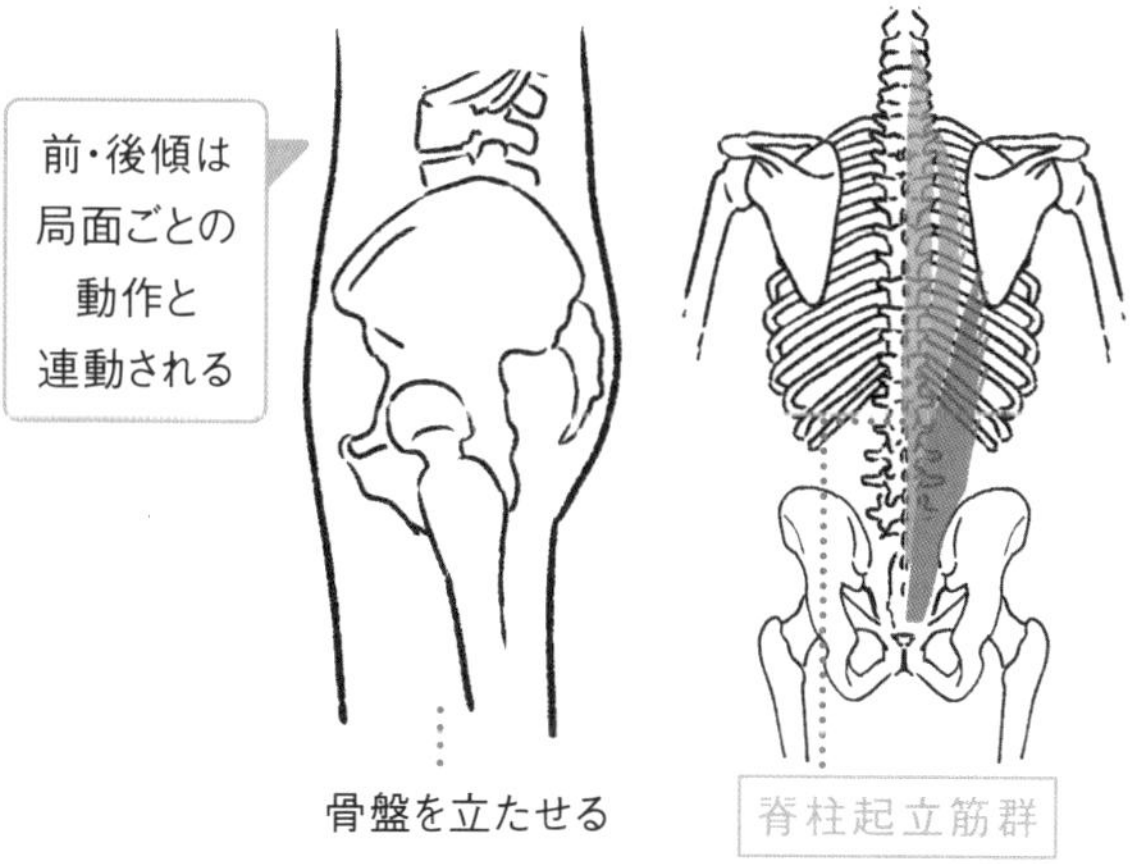
前・後傾は局面ごとの動作と連動される
骨盤を立たせる
脊柱起立筋群

骨盤は、前後の動きだけでなく、背骨の捻転動作の影響も受ける。つまり、骨盤は3次元的な動きをし、それを実践するには体幹の柔軟な動きが必要になる。これを支えるのが脊柱起立筋群。背中を自在に使えることがポイントになる。

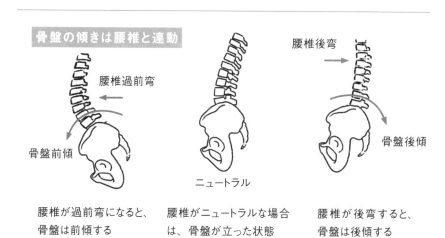

体幹も固めるべからず！

体幹が使えないと上下連動ができなくなる

Deep Digging

体幹の動きをつくる脊柱起立筋群と腹斜筋群

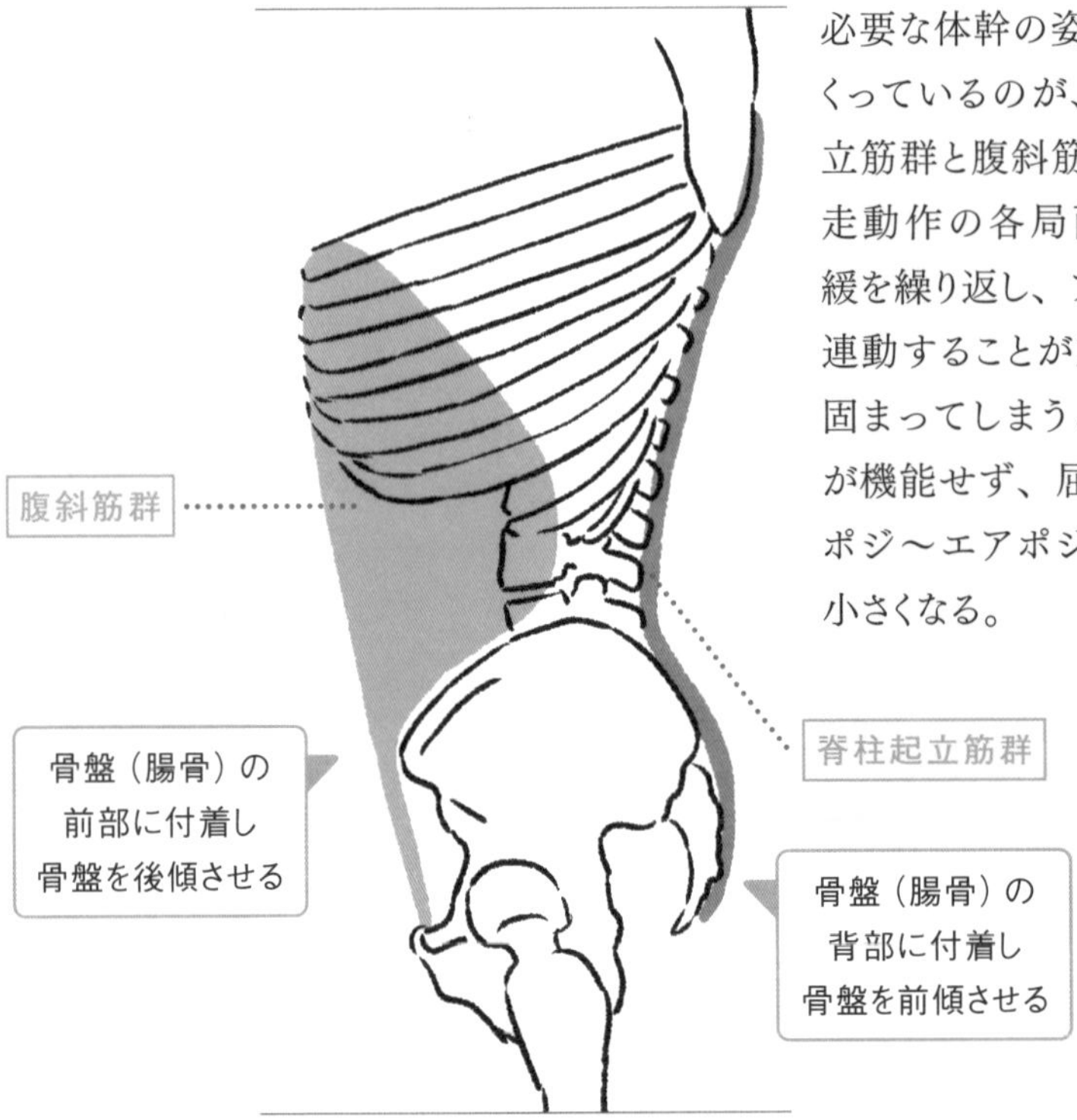
腹斜筋群
脊柱起立筋群
骨盤（腸骨）の
前部に付着し
骨盤を後傾させる
骨盤（腸骨）の
背部に付着し
骨盤を前傾させる

骨盤を機能させるには、体幹の柔軟な動きと捻転が不可欠で、ランニングの捻転動作に必要な体幹の姿勢や動きをつくっているのが、主に脊柱起立筋群と腹斜筋群。これらが走動作の各局面で緊張と弛緩を繰り返し、フレキシブルに連動することが重要。体幹が固まってしまうと、上下連動が機能せず、屈伸動作（パワポジ～エアポジ）のレンジが小さくなる。

体幹の姿勢や捻転などの動きをつくり出すのは、背面であれば**脊柱起立筋群**、前面であれば**腹斜筋群**です。

脊柱起立筋群は、背骨に沿う形で存在する複数の筋肉で、**体幹の屈伸と側屈**、**回旋**を可能にし、骨盤の動きに作用します。また、腹斜筋群は、脇腹に位置する筋肉で、同じく体幹の動きに関与します。これらの筋肉は、腕振りと下半身の動きをつなぐ**上下連動の要の動き**をつくります。背骨の回旋、股関節の屈曲と伸展など、走動作の重要な局面で機能しています。

パワポジにおける腹斜筋群の重要性

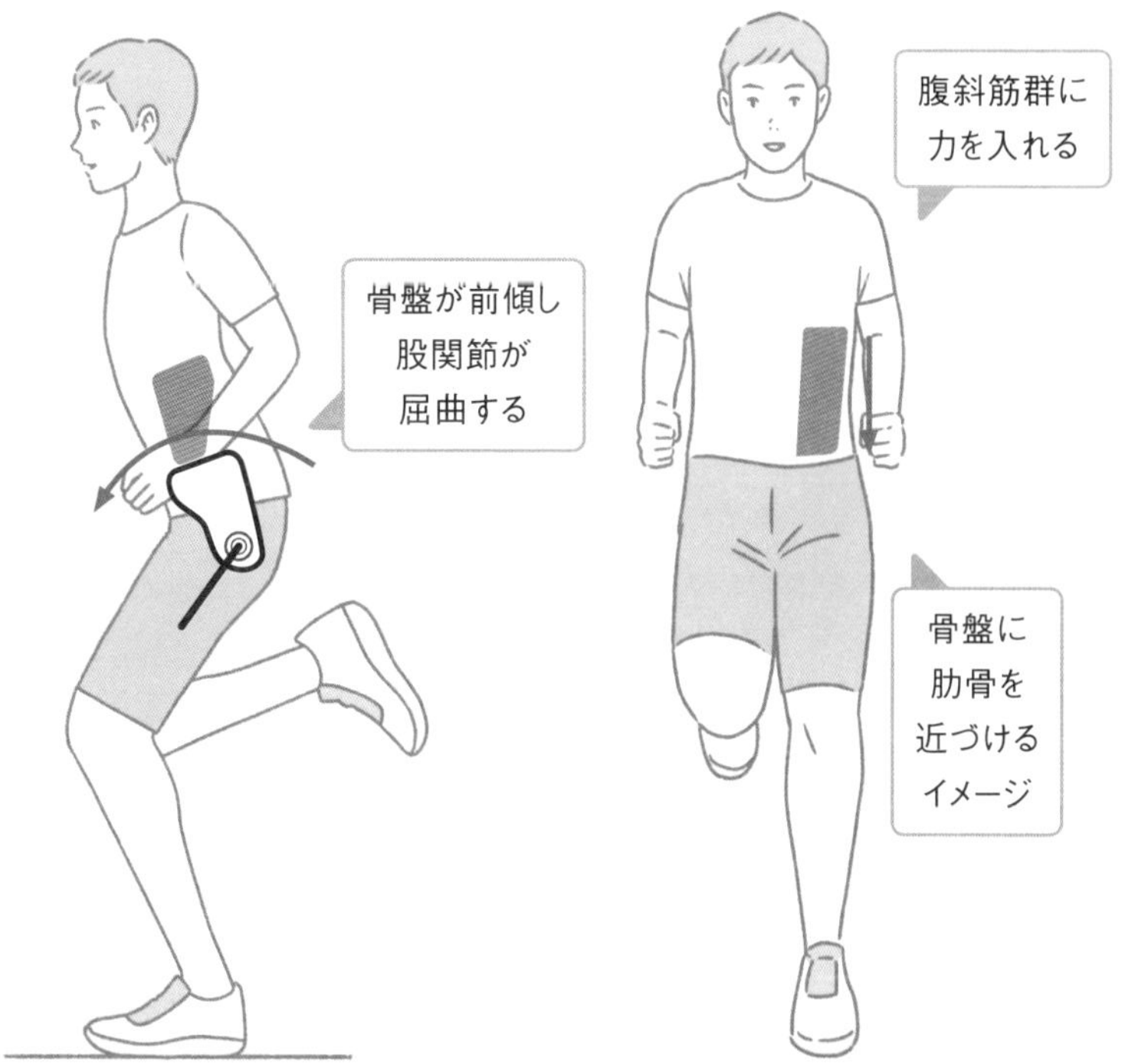
腹斜筋群に
力を入れる
骨盤が前傾し
股関節が
屈曲する
骨盤に
肋骨を
近づける
イメージ

支持脚側の肋骨と骨盤を近づけるイメージで、腹斜筋群に力を入れる。さらに、支持脚側の腕が後方から脇腹に向かい、背骨の捻転力が加わる。脊柱起立筋群を使って腰椎を前弯させながら、上から圧をかけて骨盤を前傾させると、股関節の屈曲が深まり、股関節反射の力が増大する。

股関節で上下の動きをジョイント！

上下のパワーを股関節でつなぐ

Deep Digging

パワポジ

最小捻転差

両腕、両脚それぞれの位置が重なる局面であるため、捻転差は最小となり、ここから逆回転の捻転動作が始まる。背骨の捻転力を地面に伝えている瞬間であり、地面反力から得た捻転の力をもらっている瞬間でもある

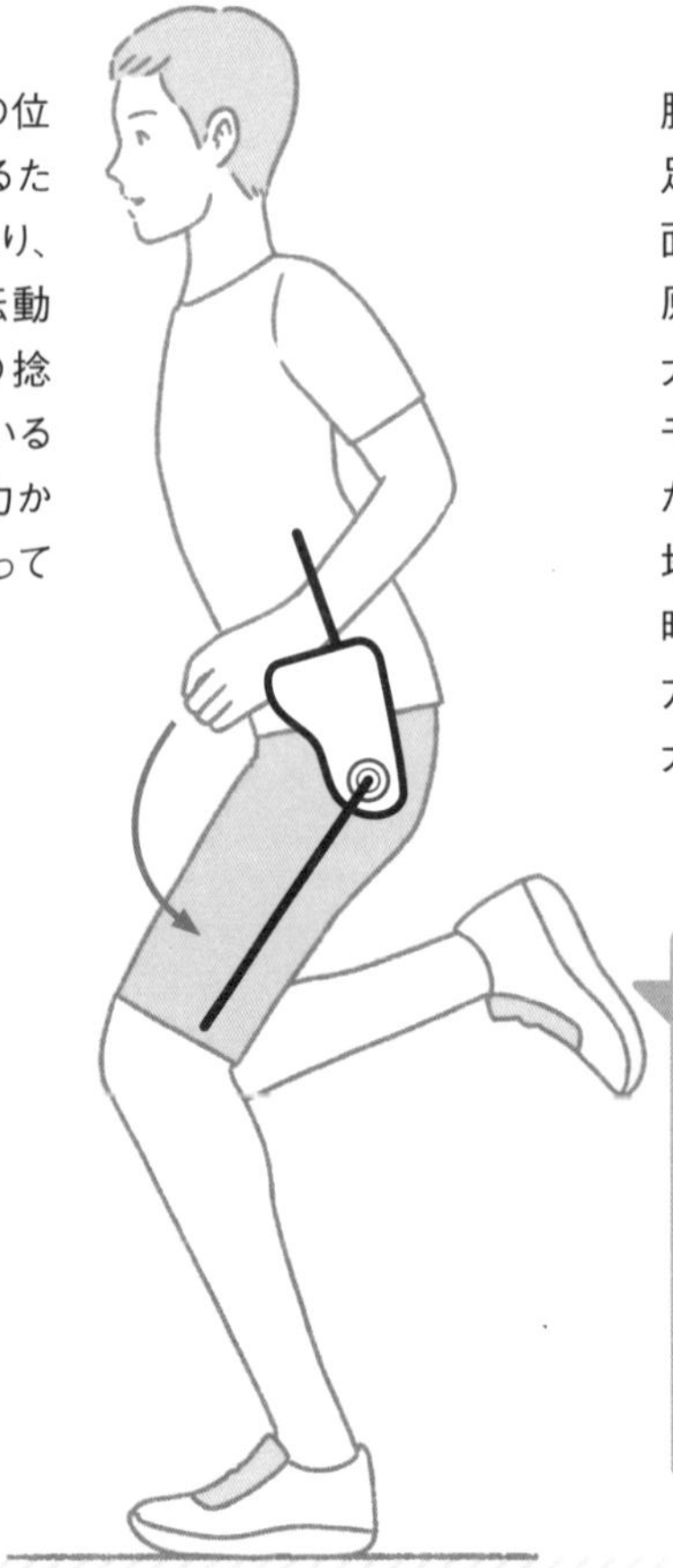

最大屈曲（左）

股関節を中心に、ひざ、足首を屈曲させている局面。下腿3関節をテコの原理が使える屈曲位で最大にできると、外部関節モーメントなどの凝縮されたパワーが、股関節から地面へと伝えられる。同時に、その反動や反射の力が股関節に伝わり、最大の力がチャージされる

股関節ジョイント

地面に凝縮したパワーを与え、地面からの力をもらうのも股関節。股関節を中心とした力の伝達のタイミングが噛み合えば、最大パワーを生むパワポジとなる

上半身の姿勢を変えながら、股関節を機能させ、下半身の屈伸動作をつくり出していくのがランニング。長距離走は、地面から力をもらって、足元から頭部まで一瞬で力を伝え、曲げたカラダを伸ばして跳んでいく競技です。この**下から上への力の伝導**がうまくいかないと最大効率の推進力を発揮できません。

股関節という最大パワーを地面に伝え、また最も力をもらうのも股関節。**股関節を中心とした上下連動で、力を与えながら伸びていく**ことになります。

エアポジ

最大捻転差

空中でカラダを伸ばし、両腕と両脚の前後の振り幅が最大差となり、上下の回旋運動のねじれが最大となる。まっすぐ伸びるには捻転動作は欠かせないので、エアポジの姿勢はとても重要。この直後に上半身では逆回転の捻転が始動し、地面に伝える捻転力がチャージされる

最大伸展（左）

総合的に見ると、空中でカラダを伸ばした最大伸展の状態。離地した直後に、支持脚の股関節は最大伸展となるが、遊脚の股関節は最大屈曲となる。空中で遊脚から支持脚への切り替えが行われ、力を地面に伝えるための準備体制に入る

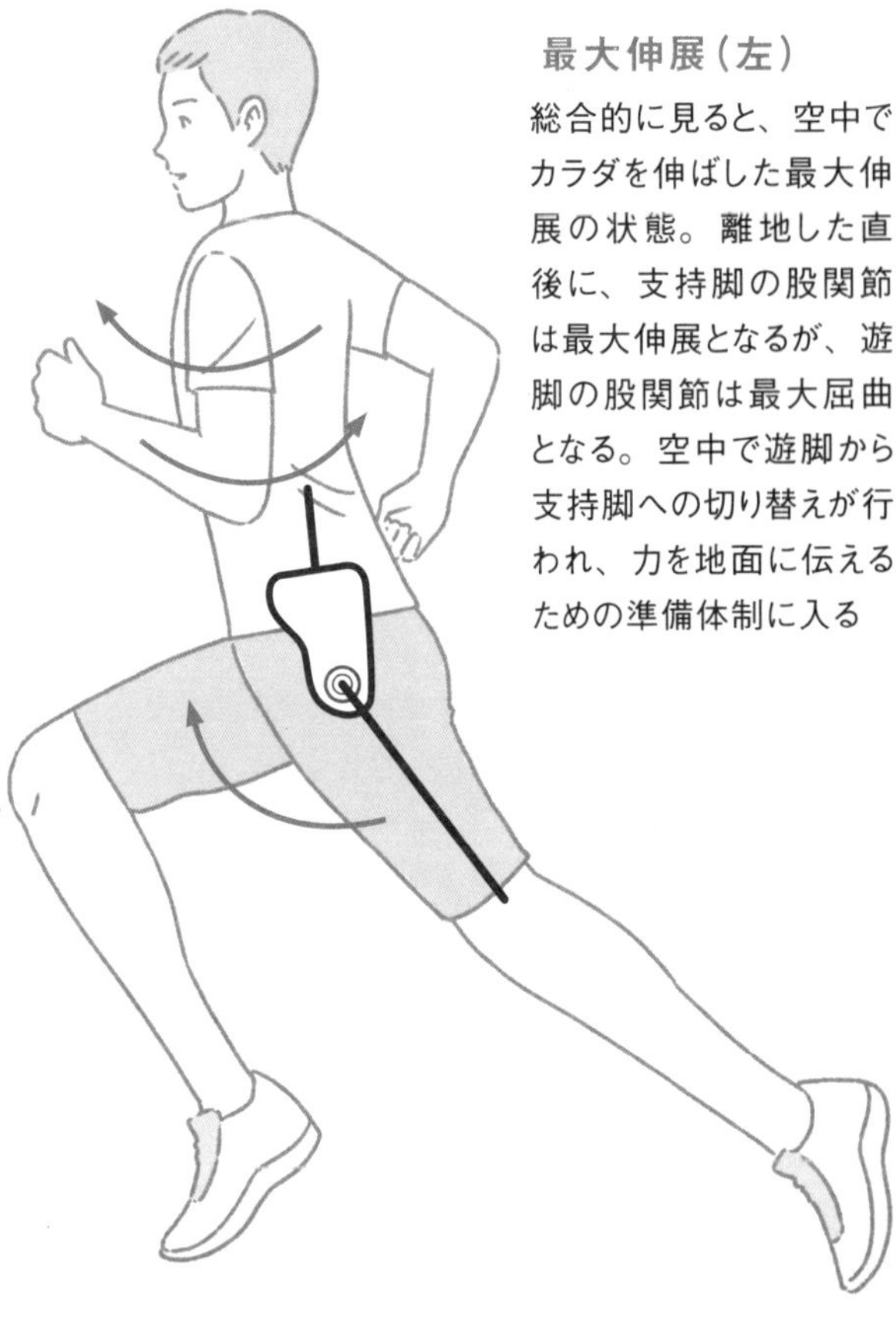

股関節ジョイント

下半身がパワポジで得た力を上半身に伝え、空中でカラダを最大伸展させる局面がエアポジ。この力をロスなく伝達するのは、下半身と上半身のジョイント部である股関節だ

さらに深掘り 04

理想のフォームは
総合的な視点でつくる！

各局面の動作はつながってこそ真価を発揮する

Deep Digging

弘山式フォームの真髄まとめ

地面押し

・ひざの位置を固定する
・すねを前に倒しすぎない
・股関節で地面を押す（2段階式バネの1段目）
・つま先やひざで地面を押さないように意識

パワポジ

・上から股関節を押しつぶすように屈曲
・両腕が脇腹近くを通過する
・支持脚にしっかり乗る
・支持脚側の脇腹に力を入れるイメージ

接地

・高く上げたひざを下ろしてカラダの前で足を着く
・地面は上からとらえにいく
・接地法は重心位置との関係による。基本はミッドフットがよいここまで、ランニング動作を局面別に解説してきましたが、最終的には、各論ではなく**総合的に評価**しなければなりません。すべての動作のポイントをつなぎ、**効率よく連動させることができて、初めてランニングエコノミーに優れたフォームが完成する**のです。

第4章で紹介するドリルなどで、動作感覚を身につけていきますが、**全体のランニング動作を主観の感覚イメージ**としてまとめておくと、走行中の意識づけや、フォーム調整に役立ちます。参考にしてみましょう。

振り下ろし

- 高く上げたひざを振り下ろす
- 着地後にひざが固定されやすいように振り下ろす
- 股関節で着地を決めるような意識を持つ（中臀筋・内転筋群・背中で着地するイメージ）

エアポジ

- 力を抜いてひざを引き上げる
- ひじを後方に引き、反対側の胸を張るように前に
- 体幹のねじれを感じる
- フワッと浮遊感を感じる
- 背中を使って姿勢を維持

離地

- 前方斜め上60度に向けて跳ぶ準備
- 2段階目のバネ（反射）で股関節から足首まで伸ばす
- ひざに乗って地面を蹴らない
- 離地直後に力を抜き始める

弘山勉の
ランニングフォーム
COLUMN

世界と戦うためには、走りの技術が必要だった……。

私が指導者としてランニングフォームに固執するようになったのは、妻・弘山晴美の世界挑戦がキッカケである。忘れもしない「1993年世界陸上」のこと。1500ｍの日本記録保持者、3000ｍの日本チャンピオンとして意気揚々と臨んだ大会で、あっけなく惨敗した。3000ｍで決勝に進出し、日本記録を更新する目標は、予選で簡単に打ち砕かれてしまった。スローペースからのラスト勝負。上がり2周のタイムが、800ｍの日本記録を上回ることに驚愕するほかなかった。力の違いをまざまざと見せつけられた形だが、日本の常識や思考では、世界から取り残されてしまうという危機感を持ってドイツから帰国した。

「世界挑戦」の本当の意味を知った私たちは、そこから新たなアプローチで再挑戦を始めた。スピードを磨き、それを持続するためになにをすべきか？ を考えたときに、その答えは必然的にフォームになる。当たり前だが、高い走速度は走技術と筋出力によって成り立つからだ。

再出発した私たちは、800ｍからマラソンまで順番に日本記録を塗り替える目標を立てた。だが、スピードと持久力を高めるトレーニングは相反することが多い。世界で戦うようなレベルになると、その課題が顕著に表れるので、トレーニングの組み立て方も非常に難しくなる。そのときに相談した相手が、短距離の指導者ばかりになったのは必然だろう。力を使わない一歩の出力を高めるための技術や体力要素を整理していったのだ。その結果、坂道トレーニングやファルトレク、走技術の向上、1回の練習で10km以上は走らない、などの考えに至った。その効果はすぐに現れ、1500ｍと3000ｍの日本記録更新につながり、その後、5000ｍから1万ｍ、マラソンと徐々に距離を伸ばして、その3種目で世界陸上入賞を果たした。この「スピード→長距離」というステップアップは、私の中でメソッド確立につながる貴重な経験になった。

第4章

最高の
ランニング動作を
覚醒させる方法

動作覚醒の方法 01

基本の立ち姿勢をつくる

ニュートラルポジションの構築&ウォーク

Motion Awakening

基本の立ち姿勢（ニュートラルポジション）

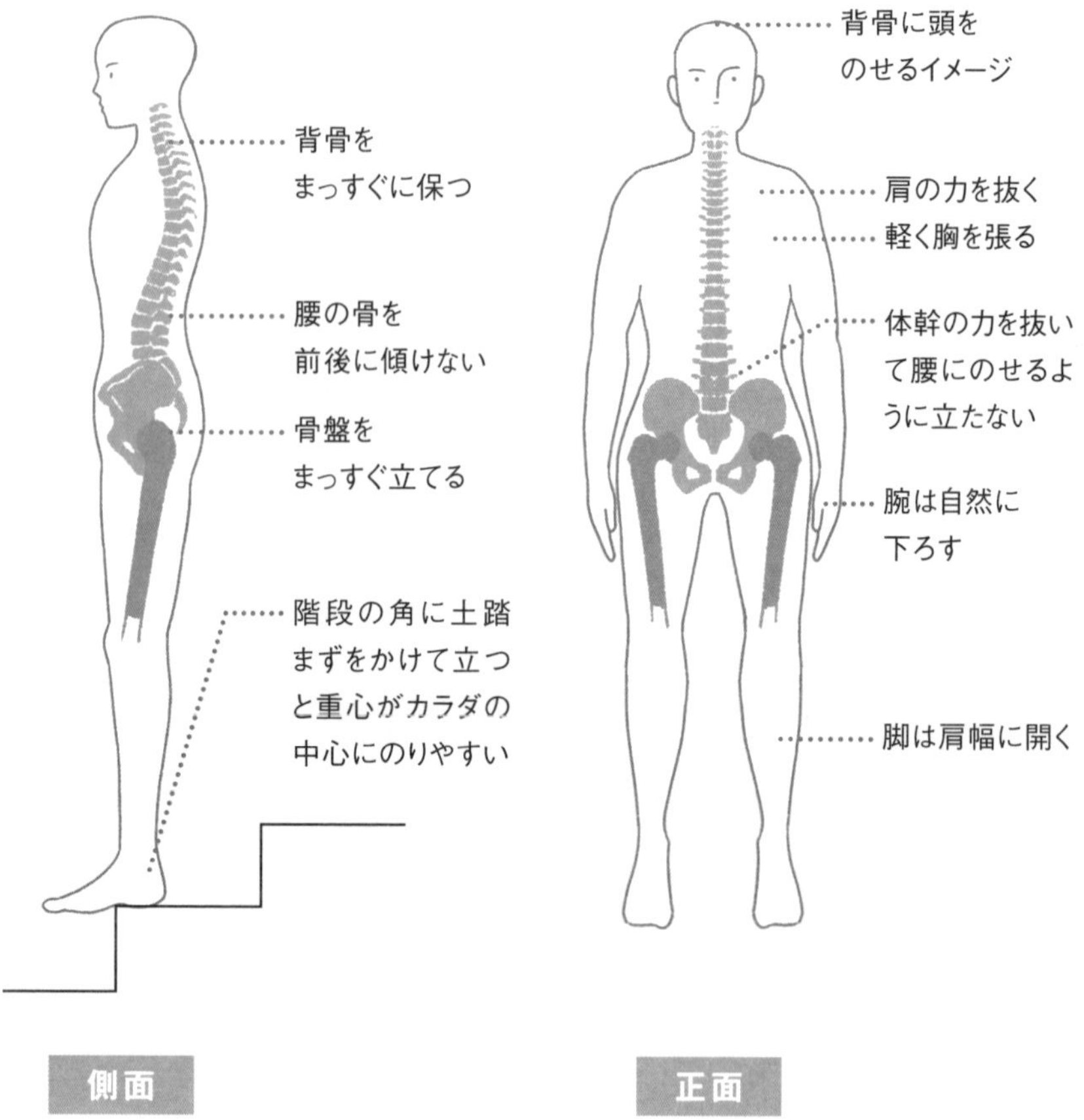
背骨を
まっすぐに保つ
腰の骨を
前後に傾けない
骨盤を
まっすぐ立てる
階段の角に土踏まずをかけて立つと重心がカラダの中心にのりやすい
側面
背骨に頭を
のせるイメージ
肩の力を抜く
軽く胸を張る
体幹の力を抜いて腰にのせるように立たない
腕は自然に
下ろす
脚は肩幅に開く
正面

ランニング動作を修正するには、ベースとなる**ニュートラルの立ち姿勢を整えることが最優先。**基本姿勢が乱れていては、理想の動きを求めても再現することは難しくなります。骨格をニュートラルな状態に整え、歩行をはじめとした日常動作の中で骨を動かしている感覚を養いましょう。

　正しい姿勢とは、「気をつけ」の姿勢のように、固めるイメージではなく、**脊柱起立筋群を機能させて骨盤が立つ「まっすぐな姿勢」です。**目指す動作に合わせて骨が流動的に動ける状態が理想。

ニュートラルポジションから「動きで」歩く

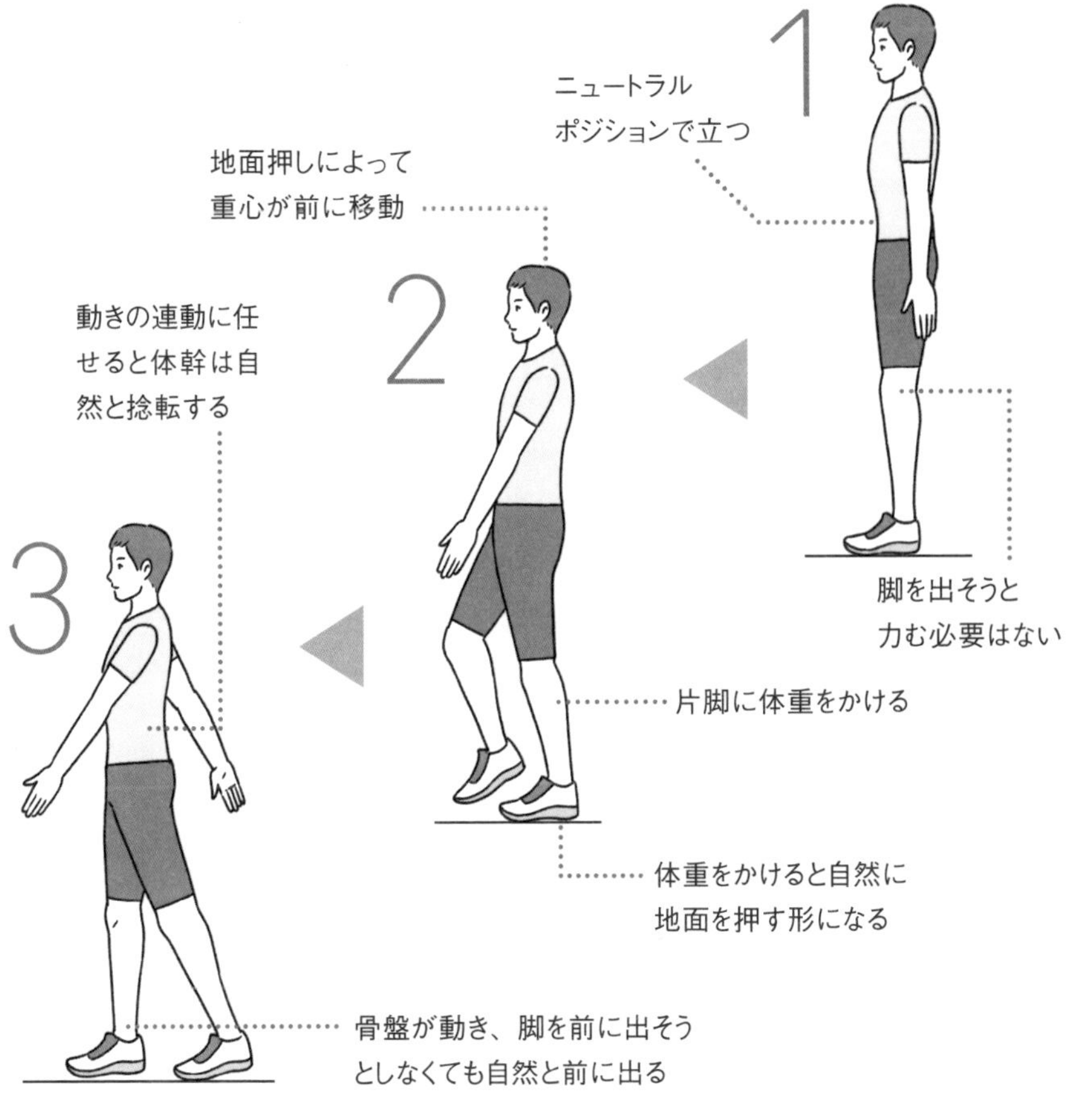

1
ニュートラル
ポジションで立つ
地面押しによって
重心が前に移動
2
動きの連動に任
せると体幹は自
然と捻転する
3
脚を出そうと
力む必要はない
片脚に体重をかける
体重をかけると自然に
地面を押す形になる
骨盤が動き、脚を前に出そう
としなくても自然と前に出る

上下を連動させて歩く

ツイストウォーク

背骨の捻転力を活かしながら、上半身の動きと、下半身の動きを連動させて歩く感覚養成ドリル。ニュートラルの立ち姿勢の維持が重要。

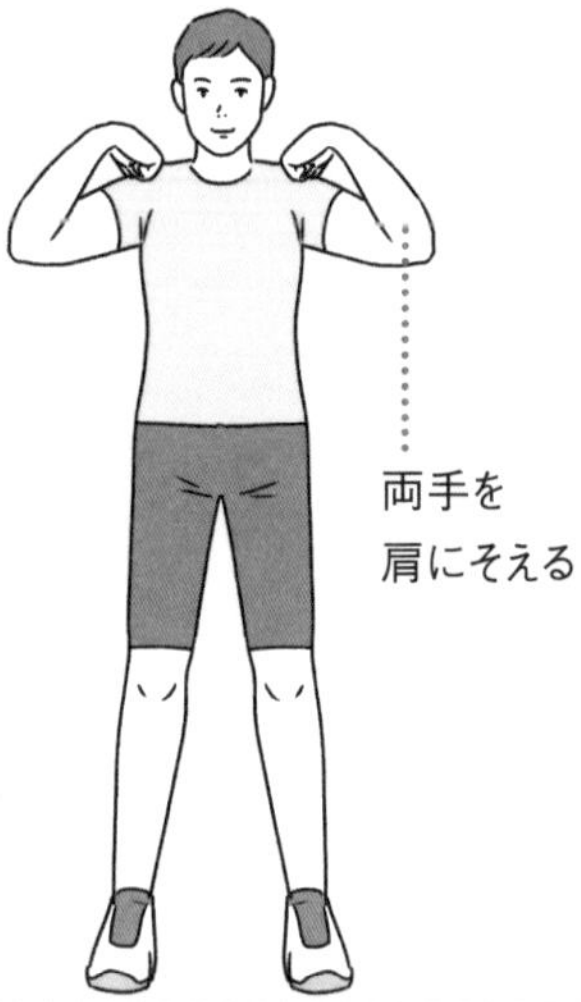
両手を
肩にそえる

1 ニュートラルポジションで立ち、
両手を肩にそえる

感覚ウォーキング

支持脚に体重を乗せ、地面を押すという、パワポジの感覚をウォーキングによって養うドリル。姿勢や重心位置を意識しながら、正しい動きを身につける。

ひじを引く

1 大きく腕を振り、
大股でウォーキングの姿勢

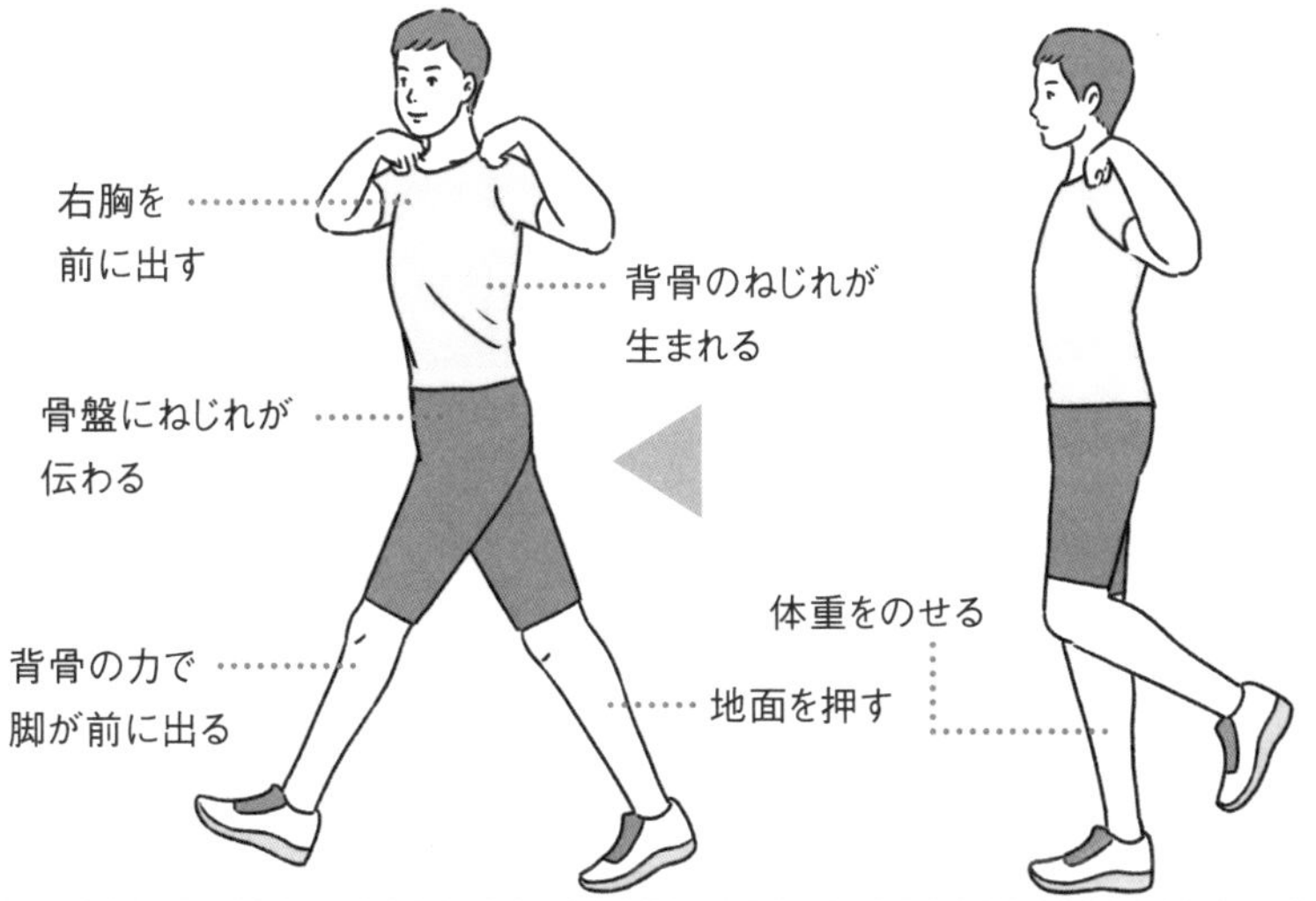

右胸を
前に出す
背骨のねじれが
生まれる
骨盤にねじれが
伝わる
体重をのせる
背骨の力で
脚が前に出る
地面を押す

3 左脚を前に出しながら
右胸を前に出す

2 右脚に体重をのせて
地面を押す

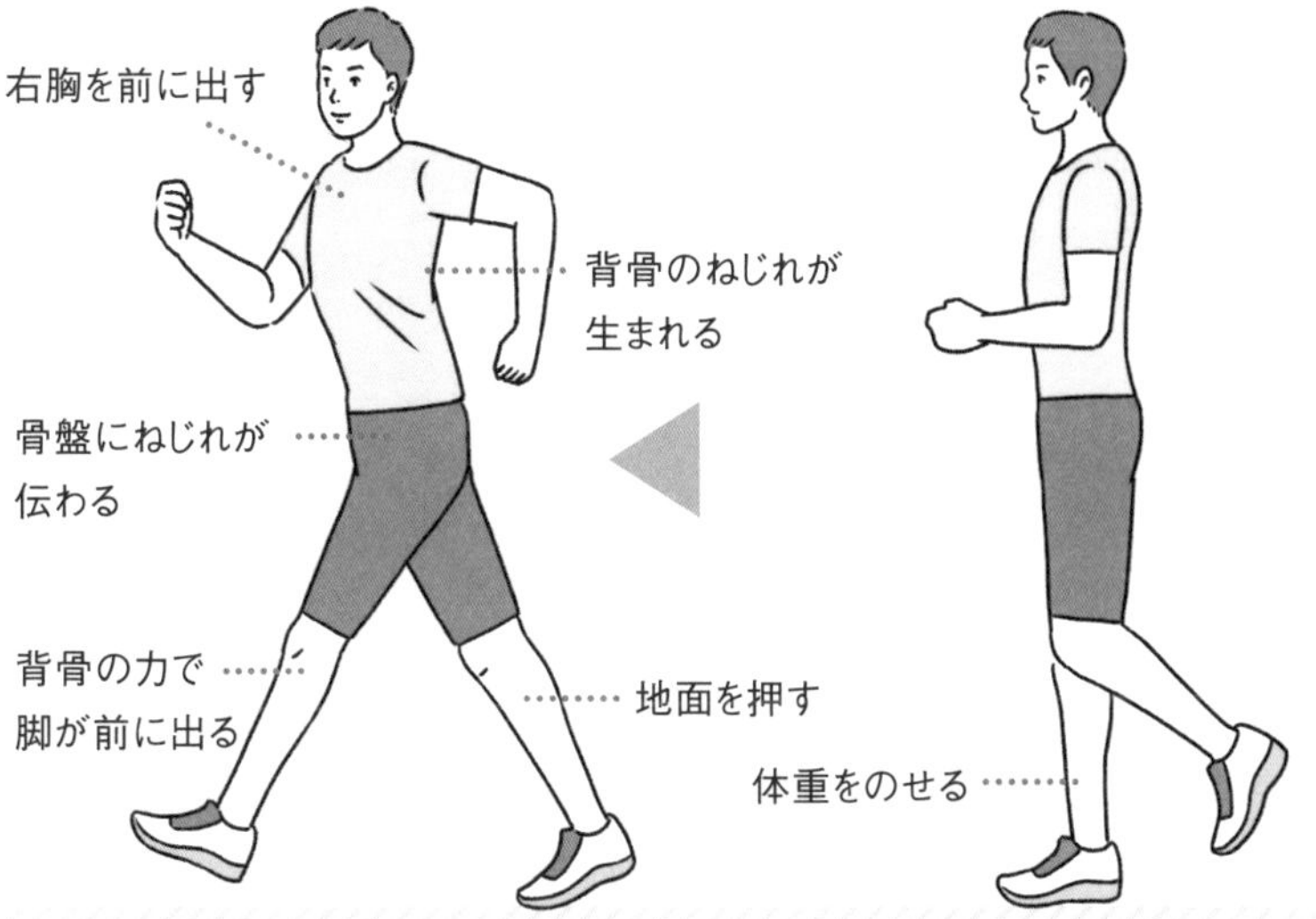

右胸を前に出す
背骨のねじれが
生まれる
骨盤にねじれが
伝わる
背骨の力で
脚が前に出る
地面を押す
体重をのせる

3 左脚を前に出しながら
右胸を前に出す

2 右脚に体重をのせて
地面を押す

動作覚醒の方法 02

パワポジをつくる

股関節にしっかり圧をかける

Motion Awakening

片脚でパワポジ姿勢をつくる

片脚立ちで静止した状態で、パワポジの姿勢をつくるのが第一段階。ここで、重心位置や、股関節の屈曲（骨盤前傾で上から圧をかけるイメージ）の形をつくり、ひざやすねの角度などを確認する。その場で片脚ジャンプしてみるのもよい。

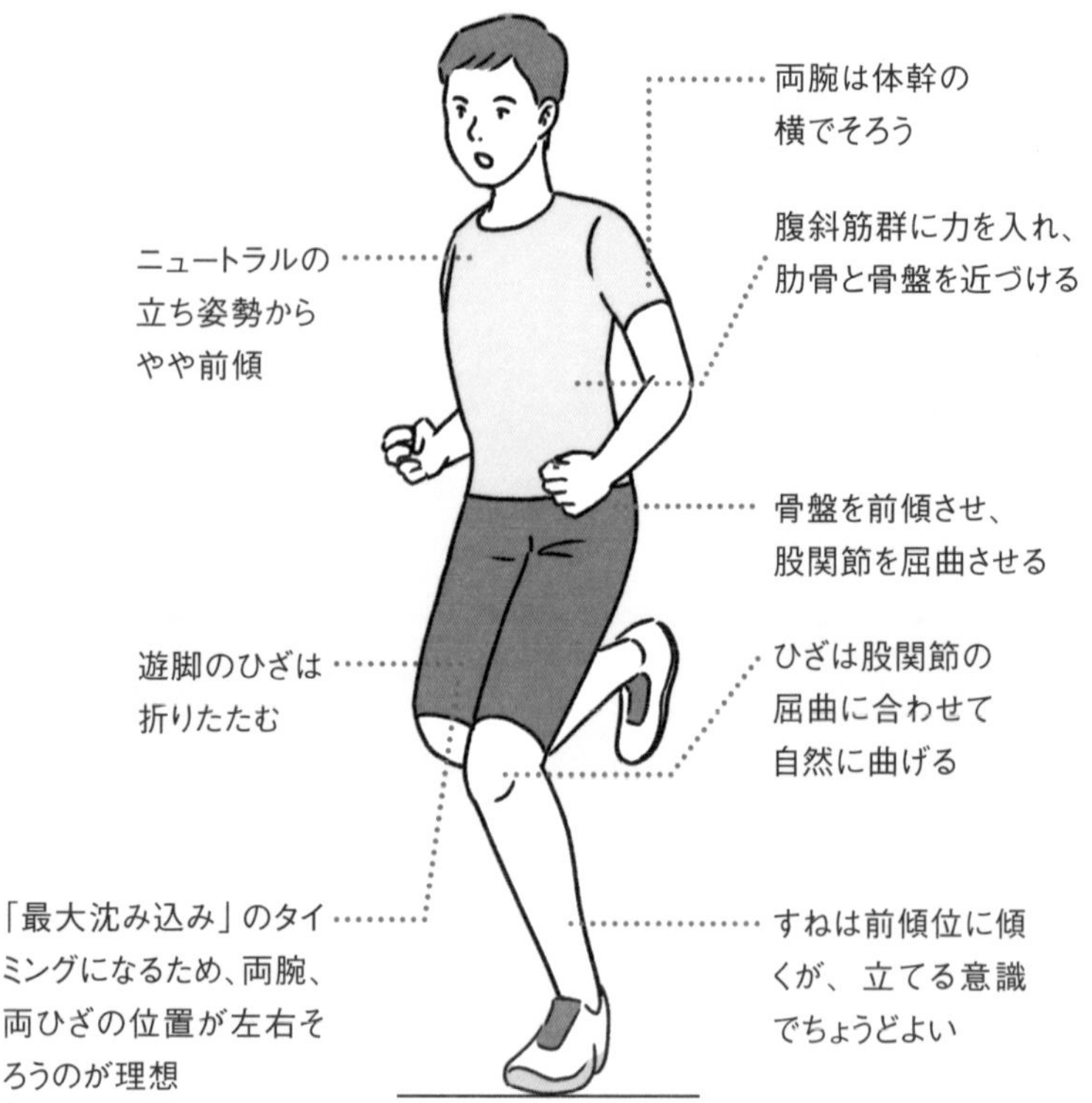

両腕は体幹の横でそろう
腹斜筋群に力を入れ、肋骨と骨盤を近づける
ニュートラルの立ち姿勢からやや前傾
骨盤を前傾させ、股関節を屈曲させる
遊脚のひざは折りたたむ
ひざは股関節の屈曲に合わせて自然に曲げる
「最大沈み込み」のタイミングになるため、両腕、両ひざの位置が左右そろうのが理想
すねは前傾位に傾くが、立てる意識でちょうどよい

ランニング動作のスタート&ゴールである重要局面が、パワポジです。**股関節を屈曲させ、上から圧をかける**といった細かい技術を要するため、動作を分解したドリルで、感覚を身につけることが有効です。

まずは、**片脚立ちの姿勢で、パワポジの正しい形**を身につけ、静止状態で体重を乗せる感覚を養います。

パワポジの形が身についたら、**段差から跳び下りて着地し**、**接地脚に乗る感覚**を養い、素早く股関節に圧をかけられるように練習します。

段差から跳び下りてパワポジをつくる

静止状態でパワポジの姿勢をつくれたら、次に段差から跳び下りてパワポジをつくる。接地脚にカラダを運び、上から股関節に乗せる感覚を身につける。近い距離で実施し、背中で着地する意識を持つこと。着地と同時にひざが前に動かないように注意する。

1
段差で片脚立ちのポジション。このときもパワポジにするとよい
2
3
カラダを接地脚に運んで、上から乗り込む
腹斜筋群に力を入れ、股関節に上から圧をかけて屈曲させる
段差から跳び下りて接地。接地法はミッドフットを推奨
およそ自分のエアポジ相当の高さにある段差を選択。初めは低くてもよい

動作覚醒の方法 03

パワポジからエアポジにつなぐ

縮んだ姿勢から上下に伸びていく動き

Motion Awakening

パワポジから上下に伸びていく感覚

パワポジで腰（骨盤と股関節も）を中心に、上下がギュッと縮む感覚となり、地面を押してエアポジに向かう過程では、逆に腰から上下に伸びていく動作となる。上半身と下半身が、一本でつながるように連動すると、エアポジが整う。

上下で伸びる！
上下で縮む！

パワポジで力をためた姿勢から、**カラダの上下をつないで伸びていき、エアポジにつなげていく感覚**を養います。

ランニングは、下（地面）から力をもらって上に伸ばしていく動きになります。そのため、下半身の3関節をどう伸ばして、上にどうつなげていくかが重要です。

脚が伸びてから上半身を伸ばすのではなく、**同時に上下に伸びながら最後に両方伸ばし切る**イメージが正解。上下が一本でつながっていくように、足裏から腰を介して上半身に力を伝導させせます。

スキージャンプ（沈み込んで両脚ジャンプ）

両脚ジャンプで、力をためて上下をつなぎながら、カラダを伸ばして跳ぶ感覚を養う。股関節の伸展で地面を押し、同時に上半身のベクトルを斜め上60度に向けて引いた腕を下から上に振り上げながらジャンプする。屈曲した股関節を伸ばす感覚が大事。

1
両ひじを後方に引き、上半身を股関節から前傾させる
ひざを曲げて力をためる
すねの角度を固定
2
腰（骨盤と股関節）を中心に、上下に伸びるイメージで、斜め上60度に向かってジャンプ
腕を下から上に振り上げる
ひざや足首は、股関節の伸展で自然に伸びるイメージ
3
股関節を屈曲させて、1の姿勢で着地。これを繰り返す

ケンケン（片脚ジャンプ）

下半身から肩までの動きをつなげて片脚でジャンプするドリル。両腕の振り上げに合わせながら（斜め上60度に）、遊脚も一緒に振り上げてジャンプする。

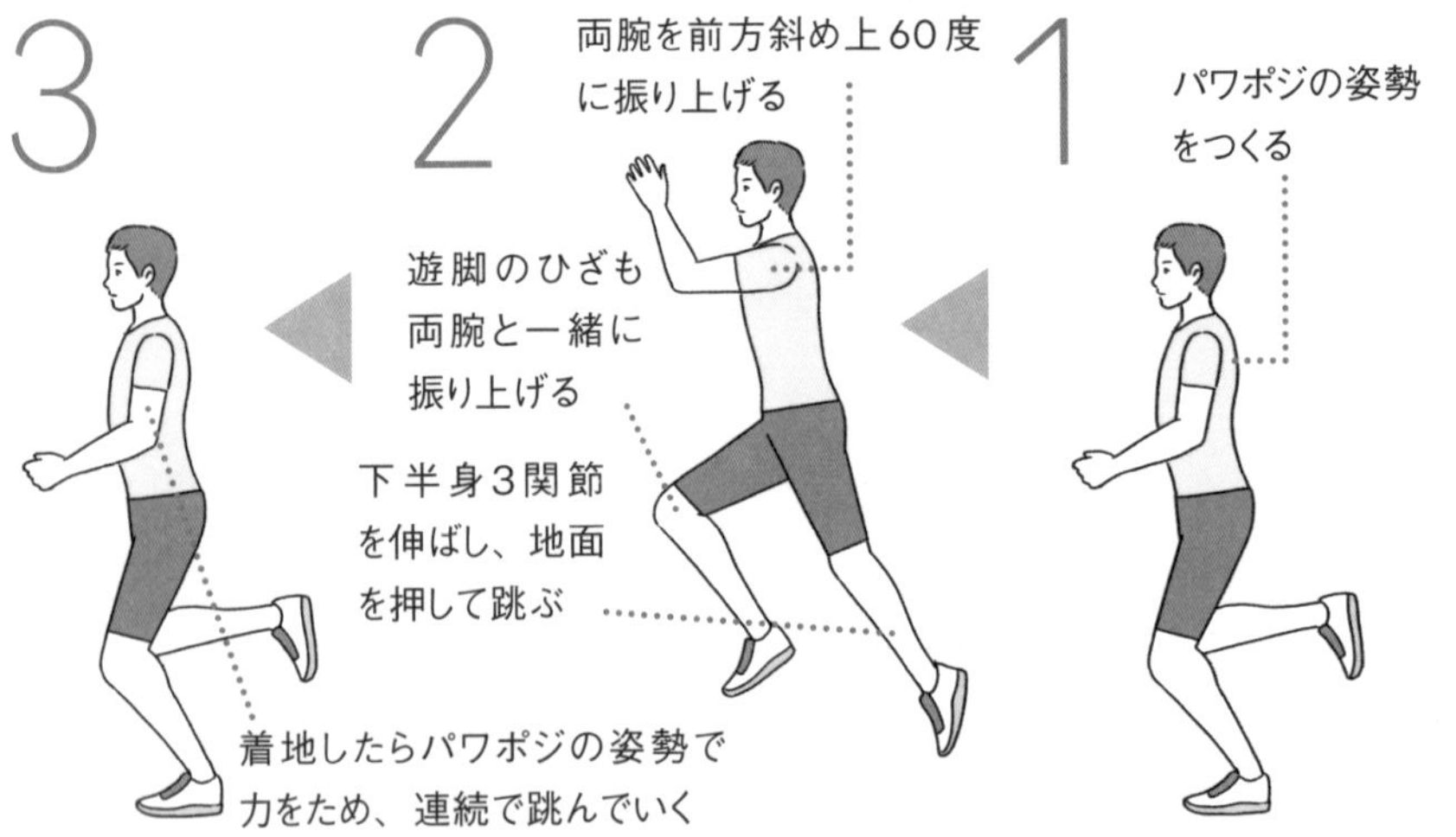
3
2
1
両腕を前方斜め上60度に振り上げる
パワポジの姿勢をつくる
遊脚のひざも両腕と一緒に振り上げる
下半身3関節を伸ばし、地面を押して跳ぶ
着地したらパワポジの姿勢で力をため、連続で跳んでいく

シザースジャンプ

その場でジャンプし、空中で左右の脚を交互に前後に開くドリル。地面からの力を上下に連動させ、スムーズに脚を開く（エアポジの形）感覚を養う。

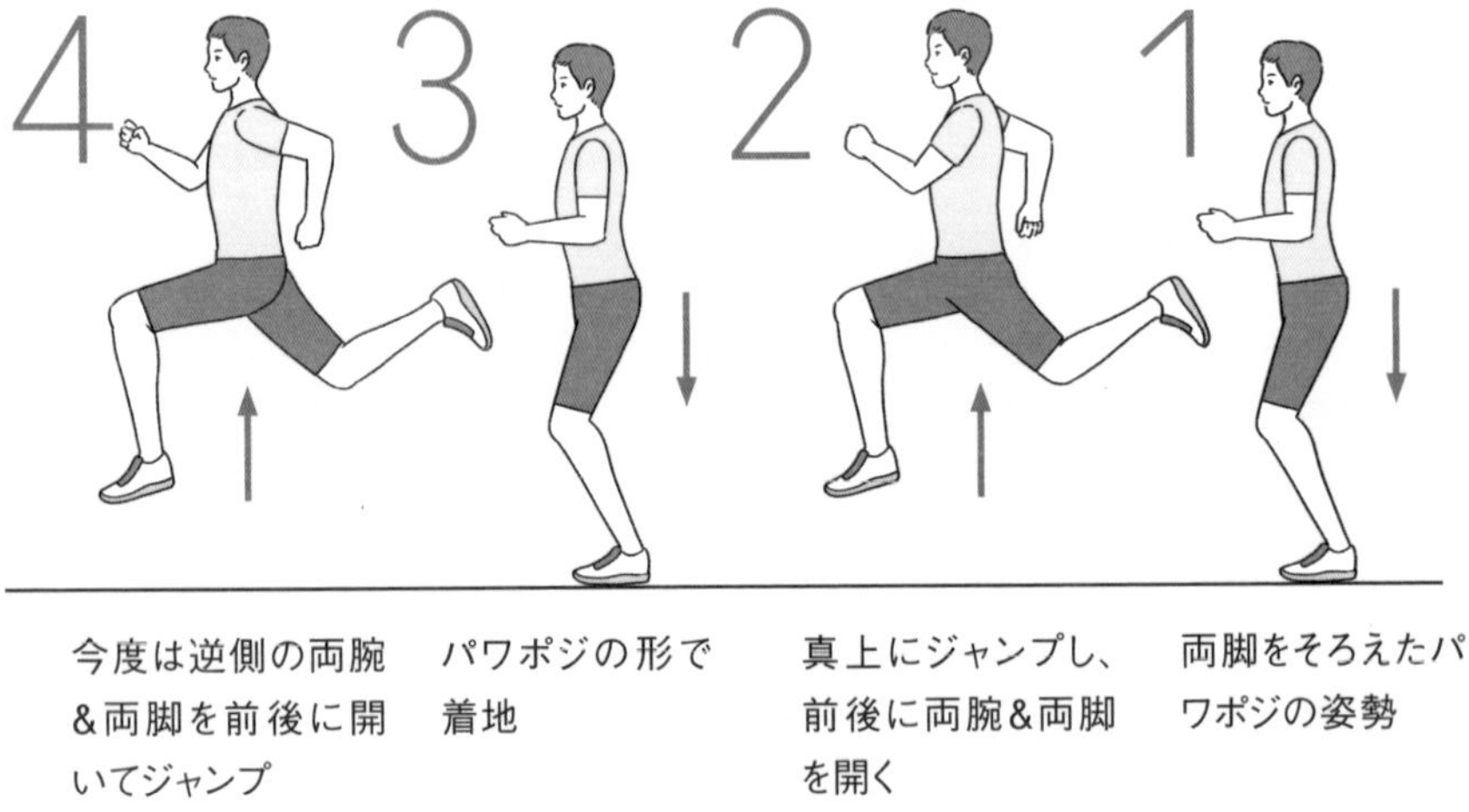
4
3
2
1
今度は逆側の両腕&両脚を前後に開いてジャンプ
パワポジの形で着地
真上にジャンプし、前後に両腕&両脚を開く
両脚をそろえたパワポジの姿勢

シザースラン

ジョグとシザースジャンプを組み合わせたランニングドリル。ジョグを2〜5歩入れて、前方にシザースジャンプという流れを反復。上下をつなげて最大伸展してエアポジをつくる感覚を養いながら走る練習。

ジョグペースで2〜5歩走る

ジョグからの流れで前方に大きくシザースジャンプ。ジョグの歩数を奇数にするとジャンプは左右交互、偶数にすると同側連続になる

着地したら再びジョグペースで2〜5歩走る。一連の動作を繰り返す

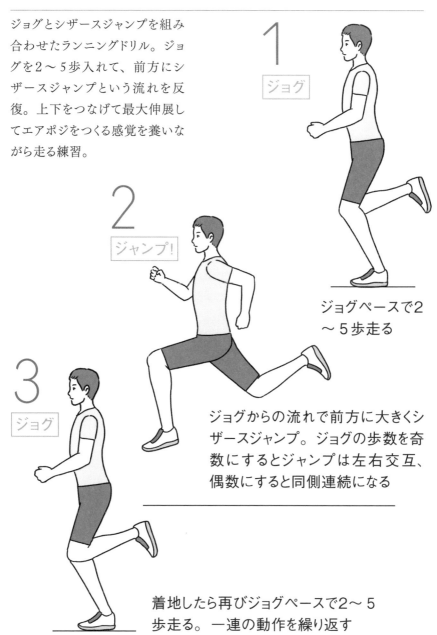

ブレーキ動作を抑える

後退方向への加速度を減らす

Motion Awakening

能動的な力を抜かないとブレーキが働く!

能動的な力に頼って脚を前に出したり、骨盤が後傾し重心が遅れたりすると、前方への加速度が減退。上下の動きがなく、ピッチの回転だけで走るケースに多い。力むほどに、ブレーキの作用が強くなり、エネルギーロスが生じやすい。

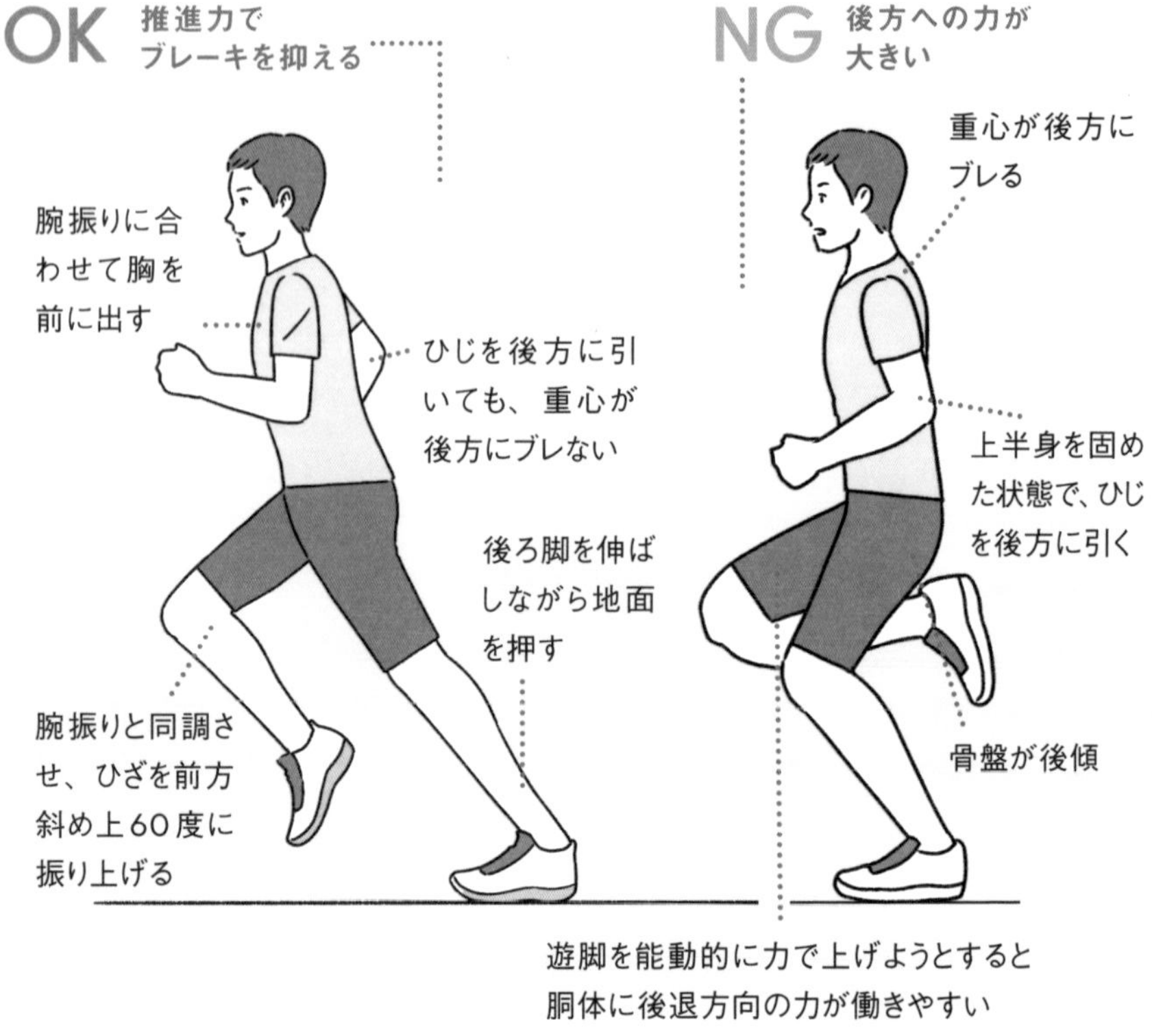
OK
推進力で
ブレーキを抑える
腕振りに合
わせて胸を
前に出す
ひじを後方に引
いても、重心が
後方にブレない
後ろ脚を伸ば
しながら地面
を押す
腕振りと同調さ
せ、ひざを前方
斜め上60度に
振り上げる
NG
後方への力が
大きい
重心が後方に
ブレる
上半身を固め
た状態で、ひじ
を後方に引く
骨盤が後傾
遊脚を能動的に力で上げようとすると
胴体に後退方向の力が働きやすい

能動的な出力の割合が大きいと、地面に接地している局面で、後方に力が働いて、**ブレーキの作用**が大きくなってしまいます。

上半身を固めたまま脚を出そうとしたり、骨盤後傾の状態でひじを引いたりすると、カラダが後方に持っていかれるような動きになります。

スピードを上げようと、**能動的に発揮する力に頼るほど、前方への加速度が減ってしまう**ため、カラダの力を抜いて、ブレーキ動作をできるだけ抑えることが大切です。

蹴り上げ走

力を抜かないと、ひざを折りたたむことができない。かかとをお尻に近づけるように蹴り上げながら、少しずつ前進していくドリル。スムーズな蹴り上げ動作から巻き上げ動作への感覚を身につける。

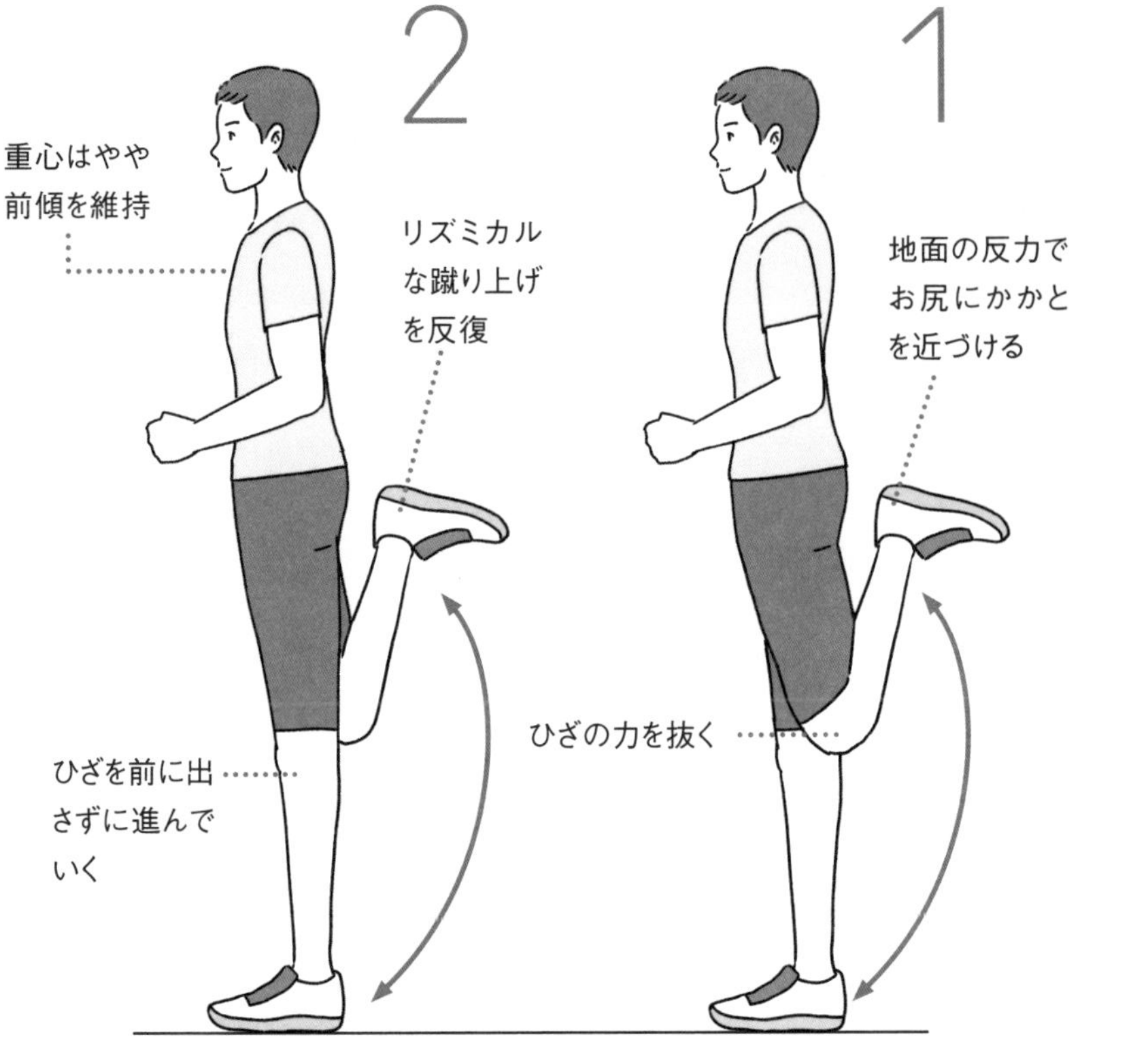
2
1
重心はやや
前傾を維持
リズミカル
な蹴り上げ
を反復
地面の反力で
お尻にかかと
を近づける
ひざの力を抜く
ひざを前に出
さずに進んで
いく

もも上げ走

ひざの力を抜いた蹴り上げ動作に、ひざを前に振り上げる動作をプラスしたドリル。ひざを折りたたんで前に出すという一連の動作を、力みなく行う感覚を身につける。上下の動作タイミングを合わせ、テンポよく進んでいくこと。

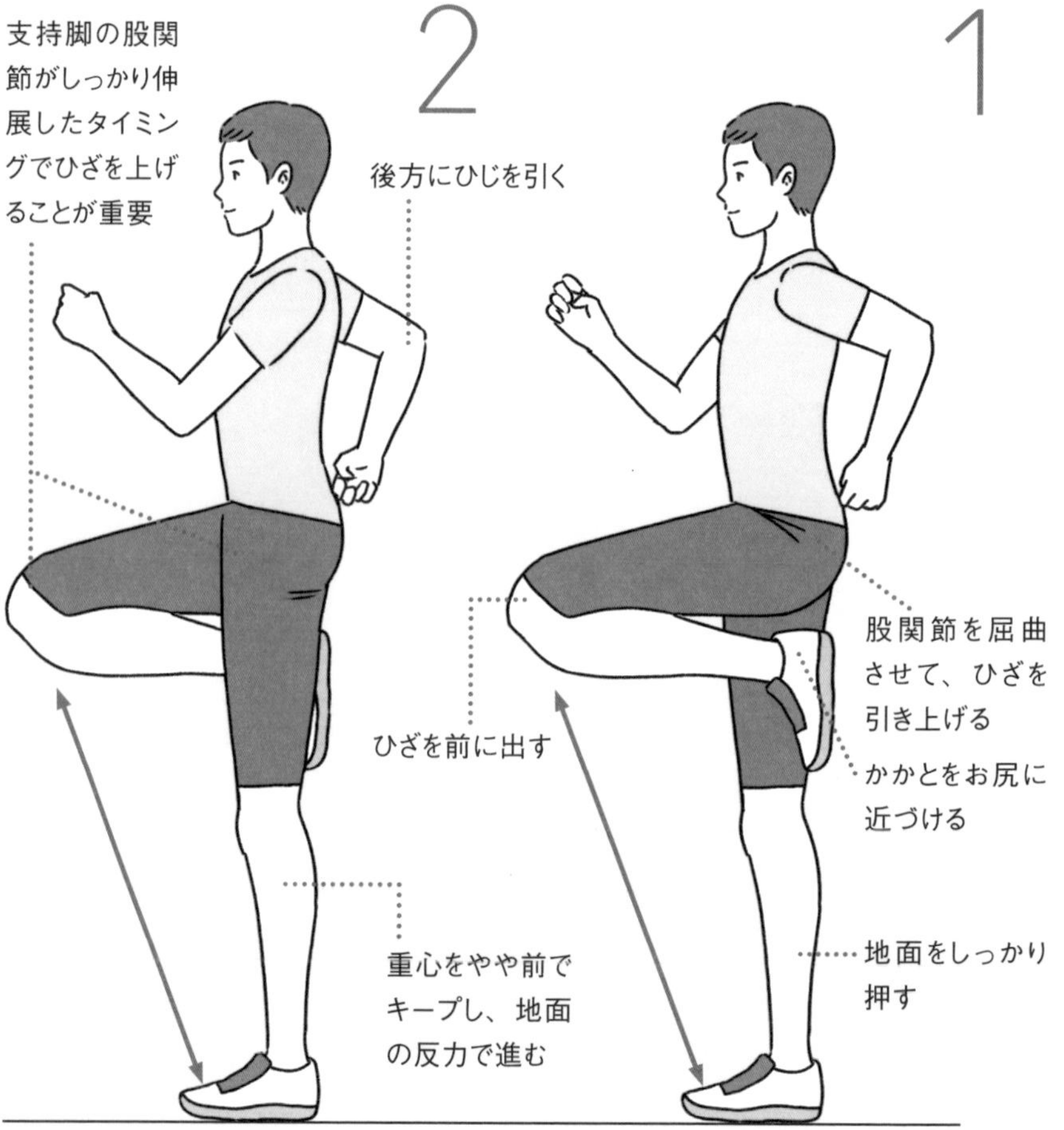
2
1
支持脚の股関節がしっかり伸展したタイミングでひざを上げることが重要
後方にひじを引く
ひざを前に出す
重心をやや前でキープし、地面の反力で進む
股関節を屈曲させて、ひざを引き上げる
かかとをお尻に近づける
地面をしっかり押す

ひざの力を抜き、かかとをお尻に引きつけてから、ひざを引き上げて前に出す

地面押しによる反力を利用しながら、テンポよくもも上げを繰り返す

振り出しステップ

股関節から脚を前に振り出す感覚と、全身の調和を身につけるドリル。最初は脚を伸ばした状態で行い、次にひざを曲げる動きをプラス。リラックスした状態で、ひざを曲げてからひざ下を振り出す2段階振り子の感覚をマスターする。

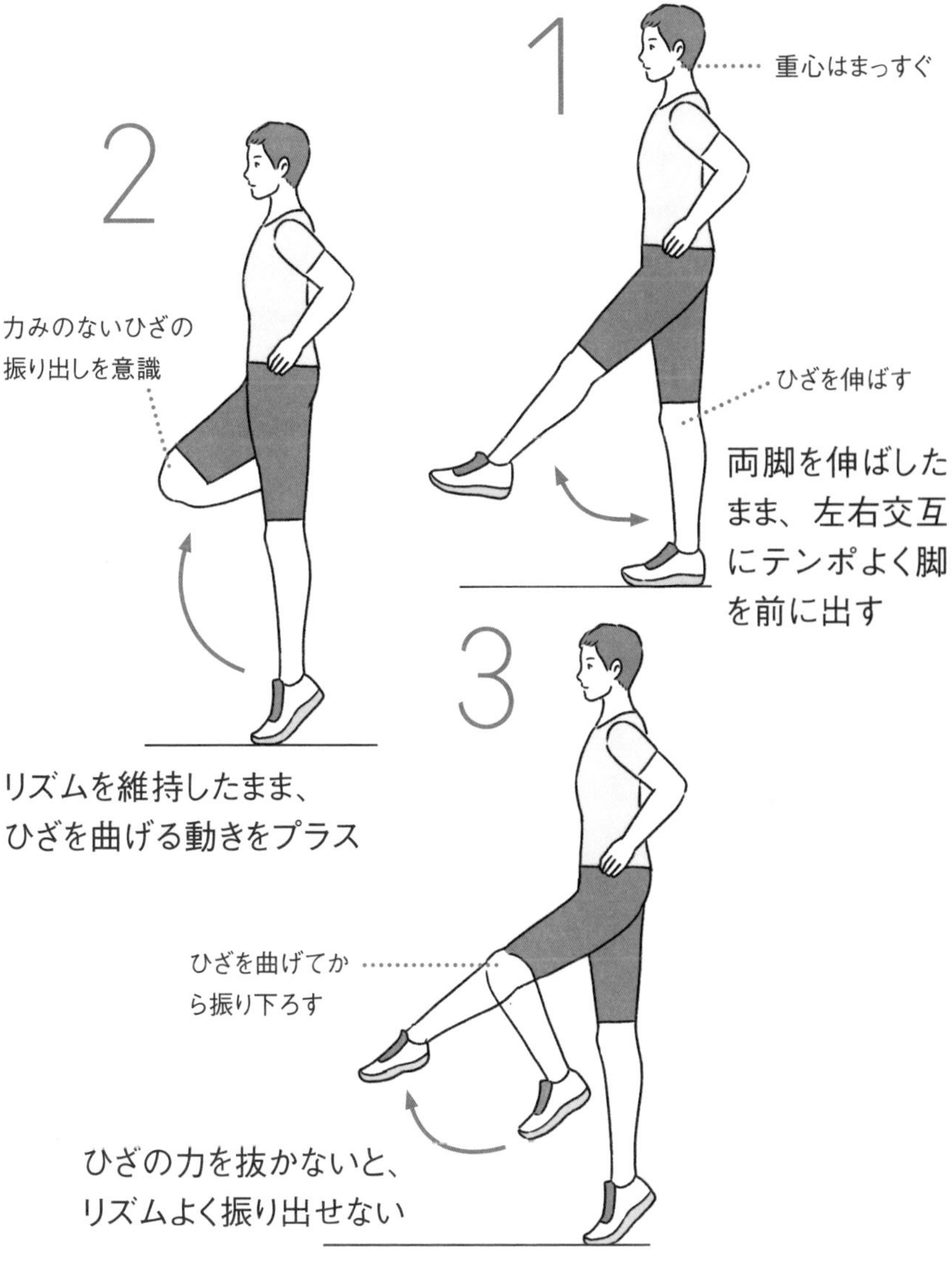
1
重心はまっすぐ
ひざを伸ばす
両脚を伸ばしたまま、左右交互にテンポよく脚を前に出す
2
力みのないひざの振り出しを意識
リズムを維持したまま、ひざを曲げる動きをプラス
3
ひざを曲げてから振り下ろす
ひざの力を抜かないと、リズムよく振り出せない

エアポジをつくる

腕と脚の連動のタイミングを合わせる

Motion Awakening

タイミングがずれるとエアポジをつくれない!

エアポジは、片脚ジャンプの最高到達点であり、カラダを最大伸展、最大捻転させる局面。ここでタイミングがずれると、発揮する力が小さくなり、地面を押し切れなくなる。足部を先に出して進もうとして、カラダの伸びを活かせなくなり、ストライドが狭くなる。

NG ひざより先に足部を出す

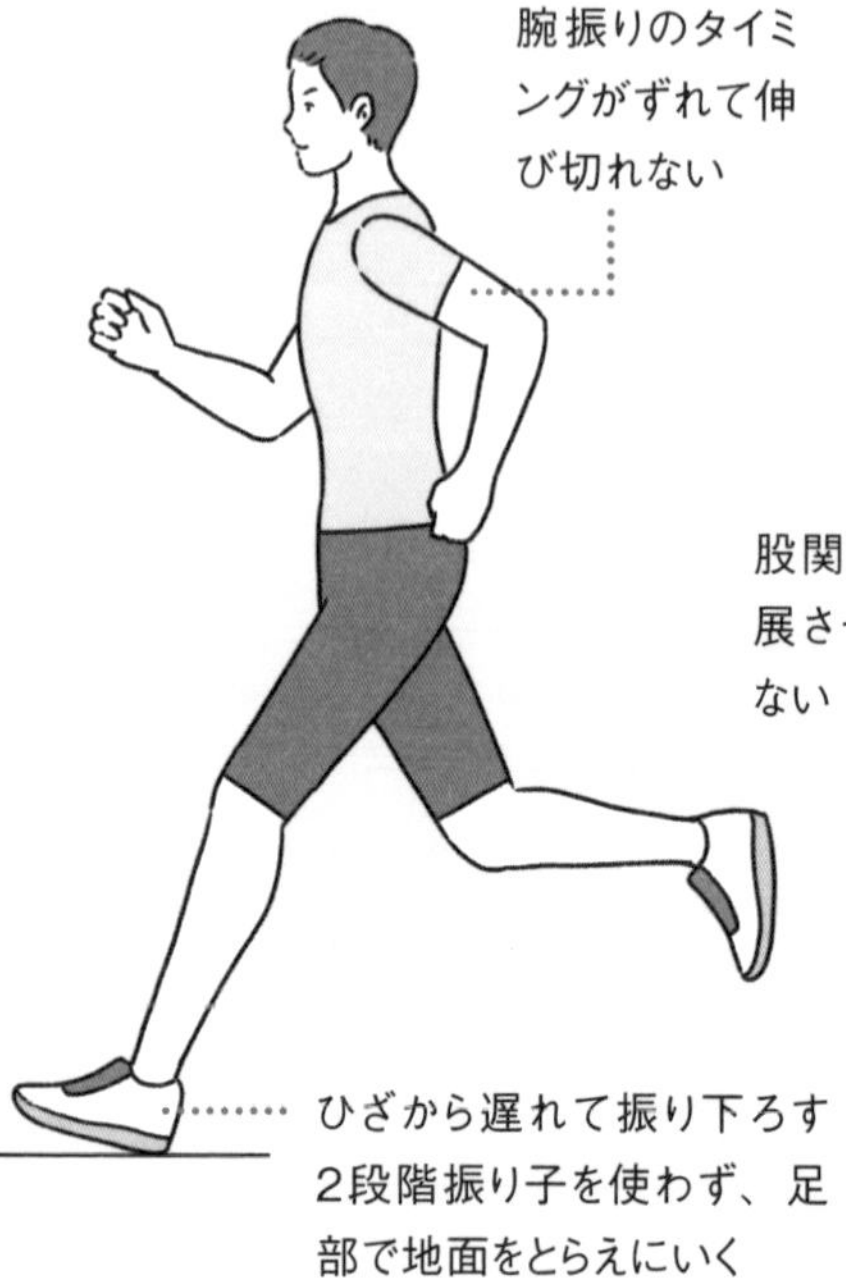
腕振りのタイミングがずれて伸び切れない
ひざから遅れて振り下ろす2段階振り子を使わず、足部で地面をとらえにいく

NG 地面を押し切れない

股関節を伸展させ切れない
地面を最後まで押し切ることなく、脚を巻き上げる

筋肉の伸張反射や、物理法則の利用を意識したフォームにしようと思っても、**連動のタイミングが一致しないと、能動的な出力が増えてしまいます**。例えば、バーベルの挙上でタイミングがずれると、力任せに挙げるしかなくなります。

　ランニング動作も同様に、ひざより先に足部を出そうとしたり、地面を押し切らずに脚を巻き上げてしまったり、**力の閉じ開きのタイミングがずれると、パフォーマンスが低下**します。特に**連動のタイミングは、エアポジの形に影響**します。

バウンディング

腕と脚の動きを最大にして、思い切り跳び上がりながら進んでいくドリル。ジャンプと、腕や脚を振るタイミングを合わせることを意識。フォームより、うまく脱力しながら、地面反力に合わせ、タイミングよく跳べるかが大事。

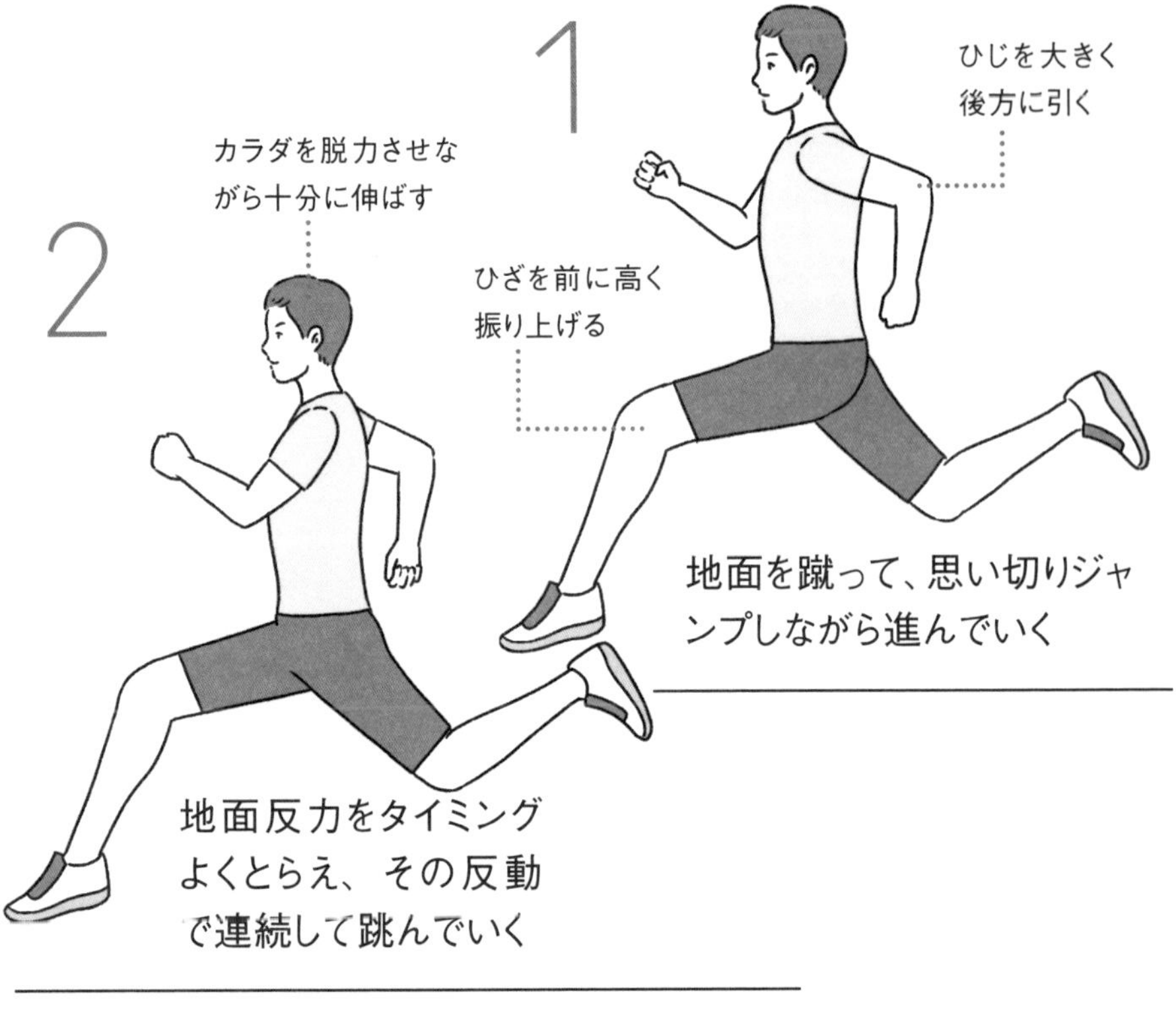

1
ひじを大きく
後方に引く
ひざを前に高く
振り上げる
地面を蹴って、思い切りジャンプしながら進んでいく
2
カラダを脱力させな
がら十分に伸ばす
地面反力をタイミング
よくとらえ、その反動
で連続して跳んでいく

動作覚醒の方法 06

胸とひざを前に出して推進力アップ

腕振りと遊脚の方向性を整える

Motion Awakening

胸とひざの方向を合わせる

推進力を上げるためには、振り上げた遊脚の加速度をもらいながら、同じ方向に振り上げた上腕を胸の辺りで止める。そのまま腕の力を借りながら胸を前に出し、斜め上60度に跳ぶように地面に力を加える。腕を横に振ると、前進方向のベクトルを遮ることに。

OK
NG
腕振りの勢いで
胸を前に出す
腕を横に振る
足部を先に
前に出す
腕振りとベクトルを合わせ、
前方斜め上60度に向かっ
てひざを振り上げる

離地からエアポジに向かう局面では、**ひざを上げる方向と、腕振りで胸を出す方向を合わせる**ことが大切です。ひざではなく、足部（シューズ）を出したらベクトルは一致しません。ひざを上げる意識を持つことが重要なポイントです。

　立ち幅跳びで腕振りの反動を利用しますが、それをコンパクトに振っているのがランニング。**上腕を前に振りながら胸を出し、対角のひざを高く上げて、同調させます。**

　この方向性の一致が、前方への推進力を大いに増幅させるのです。

スキップ（対角の腕とひざを振り上げる）

片腕とその対角のひざを強調して前に振り上げるスキップ。対角の腕とひざを振り出すベクトルを合わせ、その反動でスキップのスピードに勢いがつく感覚を身につける。併せて同側を強調するスキップ（ひざを上げ、ひじを引く）も。

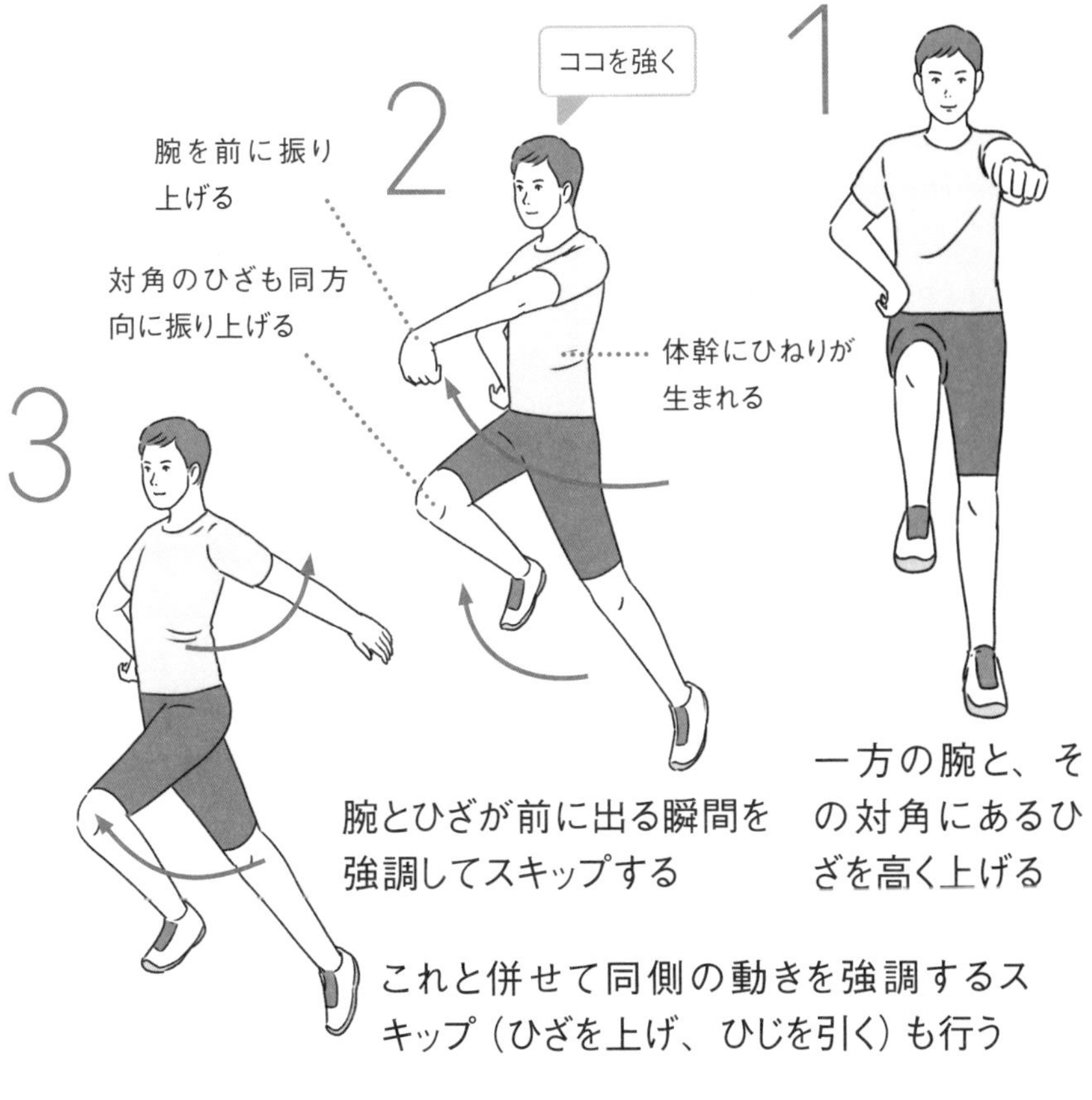
1
2
3
ココを強く
腕を前に振り上げる
対角のひざも同方向に振り上げる
体幹にひねりが生まれる
一方の腕と、その対角にあるひざを高く上げる
腕とひざが前に出る瞬間を強調してスキップする
これと併せて同側の動きを強調するスキップ（ひざを上げ、ひじを引く）も行う

動作覚醒の方法 07

背骨をねじって力に頼らず動く

背骨の捻転力で上下を連動させる

Motion Awakening

エアポジの最大捻転が上下連動の力になる!

カラダを前後に伸ばすエアポジでは、背骨の捻転差が最大に。そのひねりの力が下半身を通じて地面に伝わり、同時に地面反力や、筋肉の反射の力などが、再び背骨に戻される。相互に力を与え合いながら、上下連動のパワーが増幅。

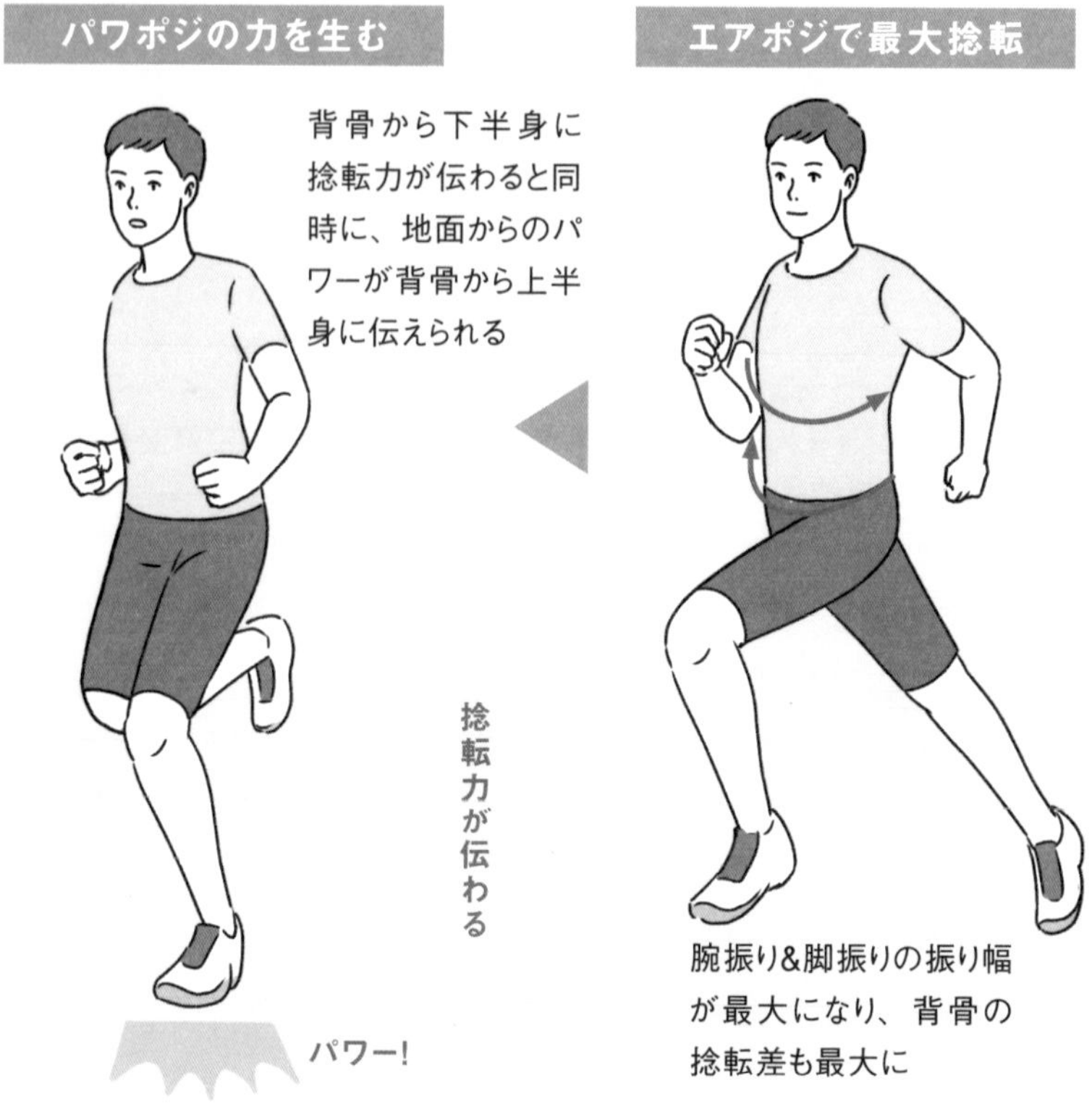

パワポジの力を生む
背骨から下半身に捻転力が伝わると同時に、地面からのパワーが背骨から上半身に伝えられる
捻転力が伝わる
パワー!
エアポジで最大捻転
腕振り&脚振りの振り幅が最大になり、背骨の捻転差も最大に

腕や脚に力を込めて、末端(四肢)の能動的なパワーに頼って走っている限り、ランニングエコノミーは向上しません。**カラダの動きによって生じる力を利用し、筋力に頼らずに進んでいく感覚**を身につけることが大切です。力に頼らない動きとは、上下の動きを効果的に連動させること。その**連動の力をつないでいるのが、背骨の捻転力**です。

腕振りで生まれる捻転と下半身(地面)から伝わる力を利用した捻転を調和させながら進んでいく動作感覚が重要です。

前倒しウォーク

能動的な筋肉の力をできるだけ使わず、外部からの力を借りた動きで歩いていく感覚を身につける。重力で倒れ、脚を振り出し、体重を乗り込んで、カラダを前傾させ、さらに踏み出すという、外部関節モーメント中心の上下連動で歩くドリル。

1

前方に大股で踏み出す

2

踏み出した脚に体重を乗せながら、遊脚のひざを高く引き上げる

3

そのまま前に倒れる(エアポジと同じ感覚)

4

前方に大きく踏み出す形に。一連の動きを繰り返す

ひざを固定して カラダを伸ばしていく！

すねの骨（脛骨）を倒さずに乗り込む

Motion Awakening

ひざを動かさずに伸びながら重心移動！

パワポジの瞬間にひざから下の角度が固定され、ひざを支点にひざから上のカラダを移動させていく。ひざは支点であり、力点にもなる。ひざを押し込むようにして地面を押し、同時に股関節を伸展させて、離地のベクトルに向かっていく。

テコの支点であるひざを動かさないすねが前に倒れると、テコの支点が崩れ、パワポジで凝縮された力が逃げてしまう。ひざを固定して、カラダを伸ばしていくことがポイント。

パワポジから地面押し、離地に至る局面では、**ひざから下を固定する**のが重要なポイントです。ひざを支点にして地面を押し、同時に股関節を伸展させるという**テコの原理を利用**します。

動作感覚におけるポイントは、**すねの骨を前に倒しすぎないで止める**ということ。ひざが固定されずに動いてしまうと、テコが働かず、能動的な筋力を余計に消費することになります。

また、スムーズな重心移動、前方に働く推進力をはじめ、走りの効率にも大きく影響します。

ひざ下固定の階段上り

ひざ下の角度を固定し、そこへ体重を乗せながら、階段を上っていくドリル。一段抜かしにすると、ひざが90度くらいになるので、そのままひざに乗り込んでいくイメージで体重を移動しながら上っていく。

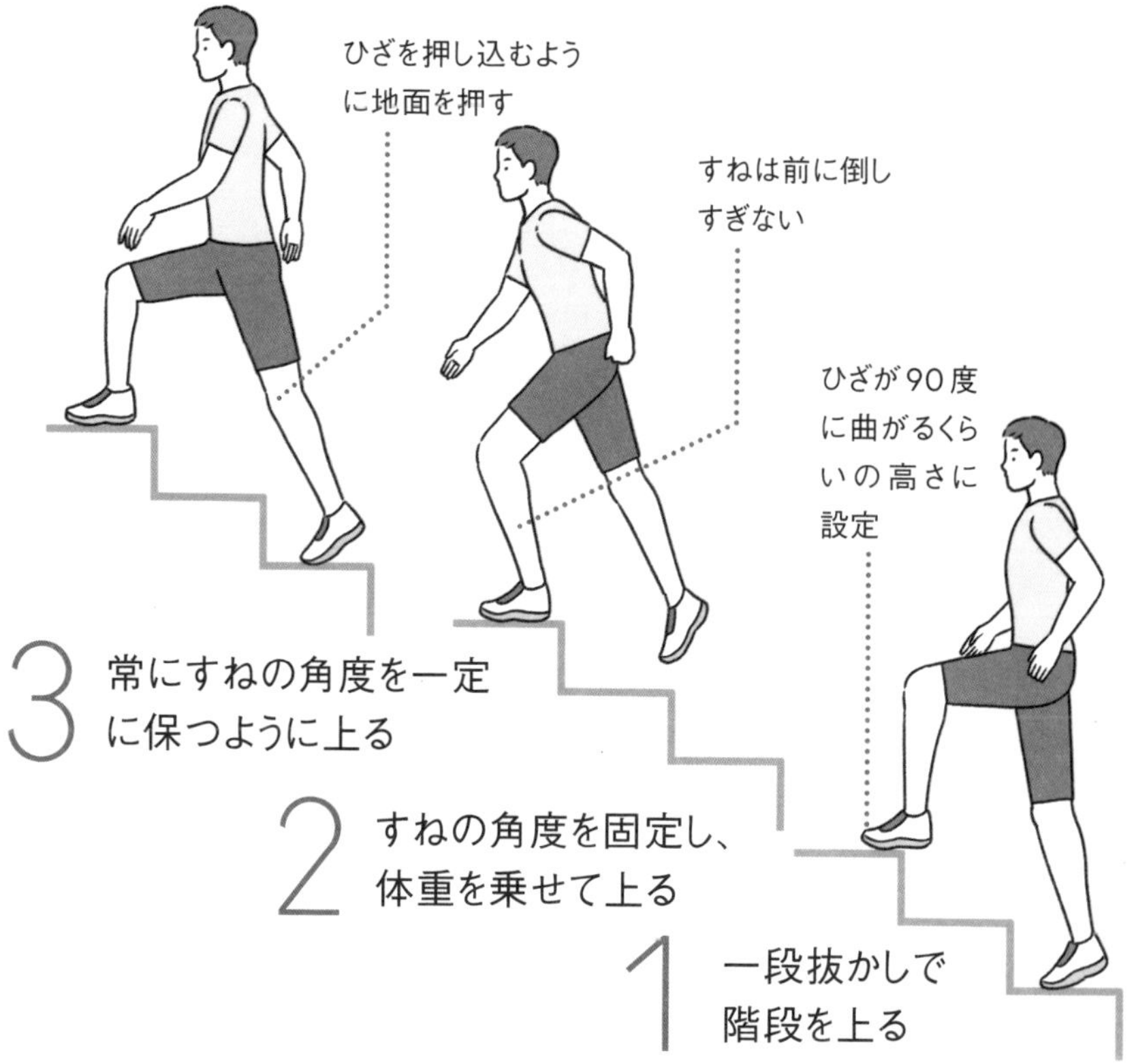
ひざを押し込むように地面を押す
すねは前に倒しすぎない
ひざが90度に曲がるくらいの高さに設定
3 常にすねの角度を一定に保つように上る
2 すねの角度を固定し、体重を乗せて上る
1 一段抜かしで階段を上る

階段ジャンプ上り

上方にジャンプしながら階段を上るので、ひざと足首につながる脛骨を棒として、その棒を押し込むように上から圧をかける。股関節から大腿骨でテコの原理を一瞬で引き出し、ひざを押し込んで跳んでいく。

すねの角度を
ブレさせずに固定
腕振りと一緒に
胸を前に出す
すねの角度を固定して
地面を押す
すねをやや前に
倒して固定
3 すねを固定し、ひざへの乗り込み&ジャンプを安定させる
2 前脚のひざに乗り込み、地面を押してジャンプする
1 階段は一段抜かしでやや前傾を深くする

スキップジャンプ

脚を引き上げる力でスキップするのではなく、地面を強く押した反動でスキップするドリル。ひざ下(すね)を固定し、ひざに体重を乗り込んで地面を強く押す。地面反力と伸張反射のバネ、下半身の屈伸の連動を活かして跳ぶ。

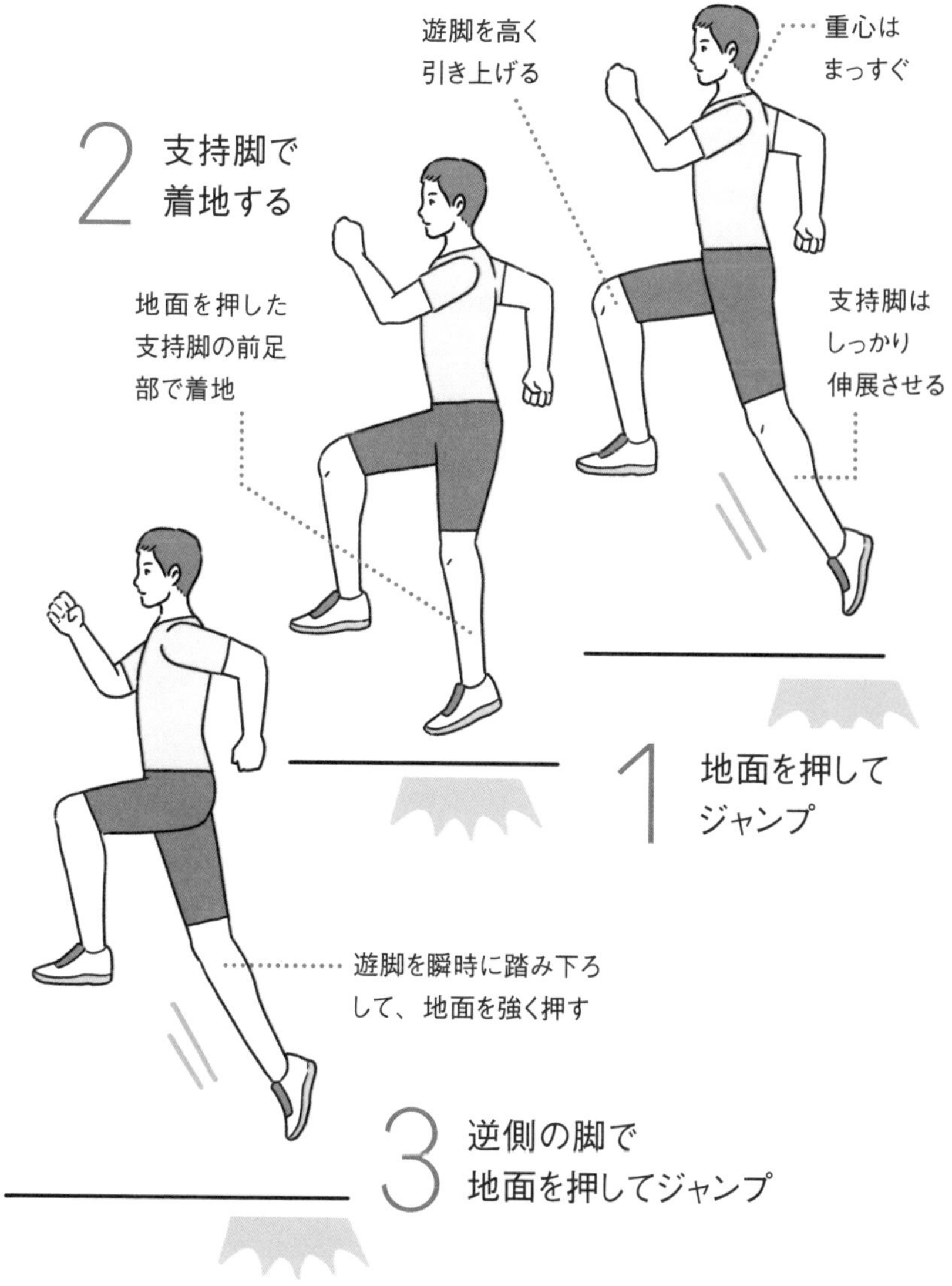
遊脚を高く
引き上げる
重心は
まっすぐ
2 支持脚で
着地する
地面を押した
支持脚の前足
部で着地
支持脚は
しっかり
伸展させる
1 地面を押して
ジャンプ
遊脚を瞬時に踏み下ろ
して、地面を強く押す
3 逆側の脚で
地面を押してジャンプ

動作覚醒の方法 09

上下方向のバウンド力を前に向ける!

上下の動きを推進力に変換する

Motion Awakening

上下のバウンドは重心で方向が変わる

一本の棒を真下に落とすと、理論上は真上に跳ね上がる。これを少し前に傾けた状態で落とすと、前方に向かってバウンドし、後ろに傾けて落とすと後方にバウンドする。重心位置でバウンドの方向が変わるのは、走動作でも同じこと。

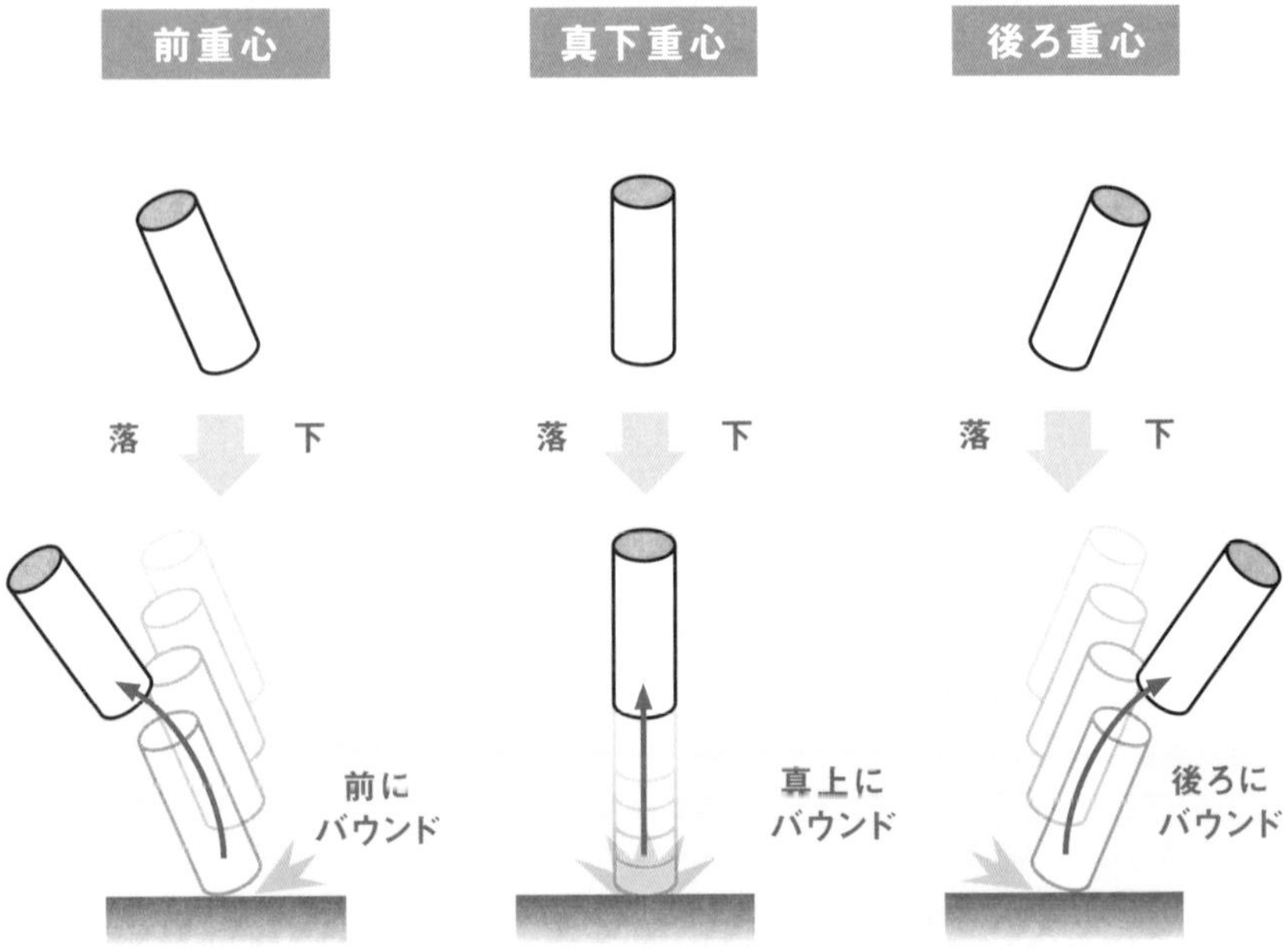

前に傾けて落とすと、重心のある前方にバウンドする

真下にまっすぐ落とすと、重心のある真上にバウンドする

後ろに傾けて落とすと、重心のある後方にバウンドする

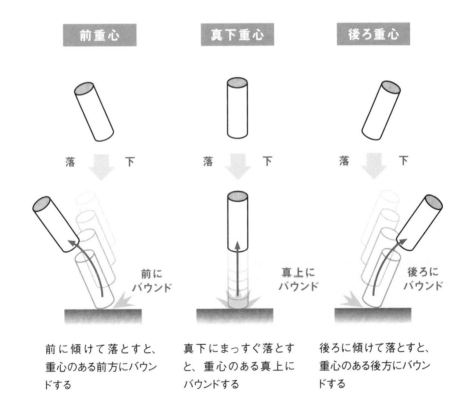

位置エネルギー（重力）や、慣性力、伸張反射など、**上から落ちて跳ね返る「上下のパワー」**を、**どのように前方に向けて「推進力」に変換する**のかも、ランニング動作の重要なテーマです。

上からの力を前に方向転換するポイントは、**重心位置のコントロール**にあります。

重心が前にあれば、前にバウンドし、後ろにあれば後ろにバウンドします。もし、重心が遅れた状態でパワポジに入れば、上からの力が後方に変換され、ブレーキが働いてしまうのです。

前進リバウンドジャンプ

カラダを弾力のある棒のようにし、ポンポンと弾むようにジャンプする（股関節やひざを深く曲げず、伸張反射で跳ぶ）ドリル。重心を前に置き、弾むと自然に前へ進んでいく感覚を身につける。

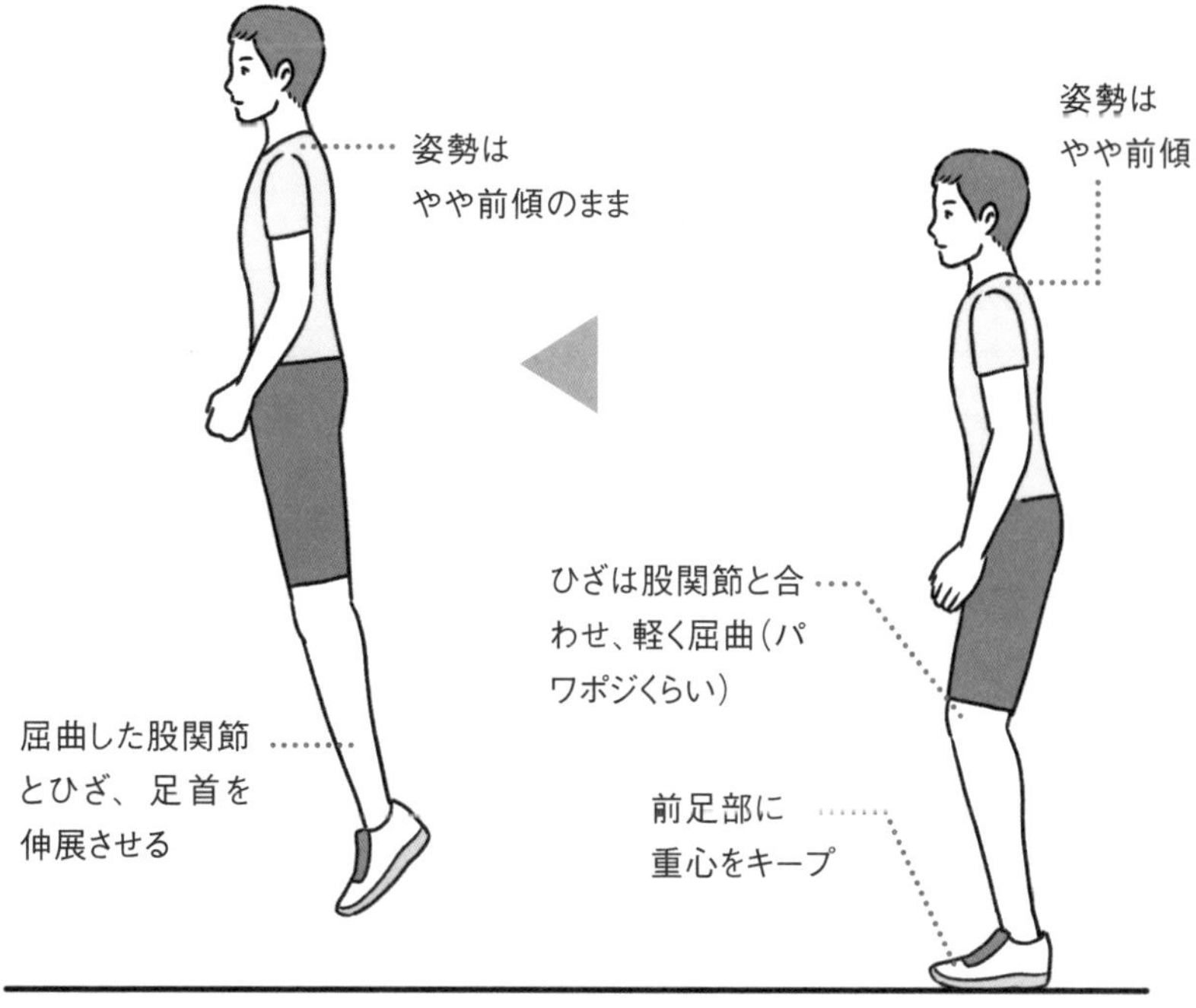

姿勢は
やや前傾
ひざは股関節と合
わせ、軽く屈曲（パ
ワポジくらい）
前足部に
重心をキープ
姿勢は
やや前傾のまま
屈曲した股関節
とひざ、足首を
伸展させる

1 ニュートラルの立ち姿勢からやや前傾

2 やや前傾をキープしたまま、前方にジャンプを繰り返す

動作覚醒の方法 10

上下のパーツを正しく連動させる!

上下の動きをつなぐ腰を整える

Motion Awakening

片脚ジャンプ(股関節ケンケン)

着地の瞬間に、支持脚(足裏)から肩(頭部)までを一瞬でつなぎ、下から上に地面反力を伝導させるためのドリル。パワポジと同様に、ひざではなく股関節で着地するイメージを持ち、下半身3関節の伸展と上半身の動きを連動させないとうまく跳べない。

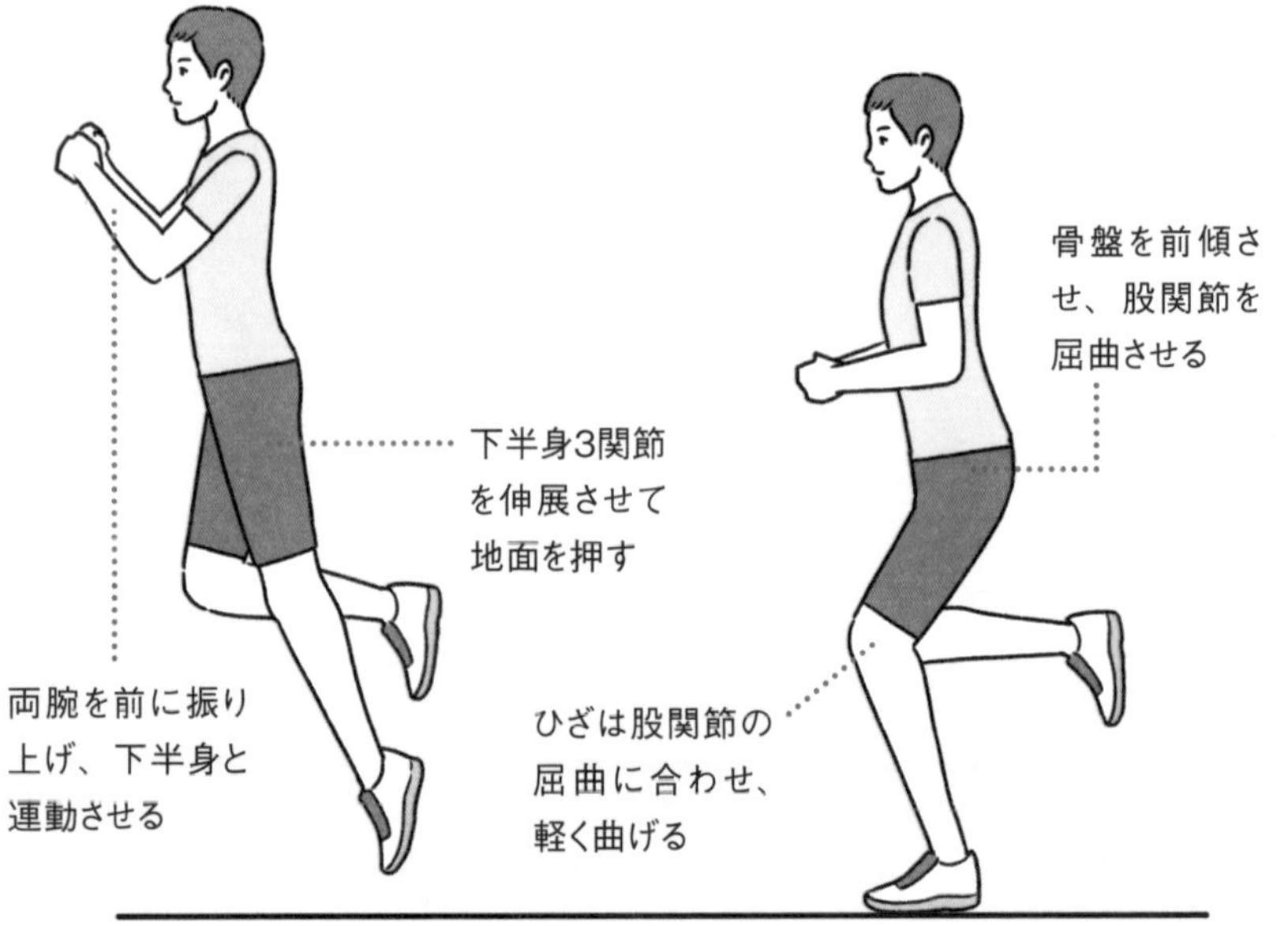

下半身3関節を伸展させて地面を押す
両腕を前に振り上げ、下半身と連動させる
骨盤を前傾させ、股関節を屈曲させる
ひざは股関節の屈曲に合わせ、軽く曲げる

1 パワポジの姿勢(片脚立ち)をつくり、股関節の屈曲を意識

2 股関節から下半身3関節を伸展させて片脚ジャンプ。一連の動きを繰り返す

脚の動きを上半身がサポートし、上半身の動きを下半身がサポートしています。

正しい下半身の動きには、正しい上半身の動きが必要なのですが、このつながりを支えているのが、腰の機能です。

例えば、骨盤が後傾した猫背姿勢のまま固まっていたり、反り腰（骨盤前傾）で固定していたりすると、腰が動かなくなり、**上下連動の機能が遮断**されてしまいます。

上下の動きをつなぐには、**腰をフラットに動かせるように整えておく**必要があるのです。

ツイストジャンプ

上半身と下半身を逆方向にまわし、体幹をひねりながらジャンプするドリル。腰の捻転動作を機能させ、上下の動きを連動させる感覚を身につける。この動きを走りの腕振りに合わせて反復した後に、20mダッシュを組み合わせ、走動作につなげるのもよい。

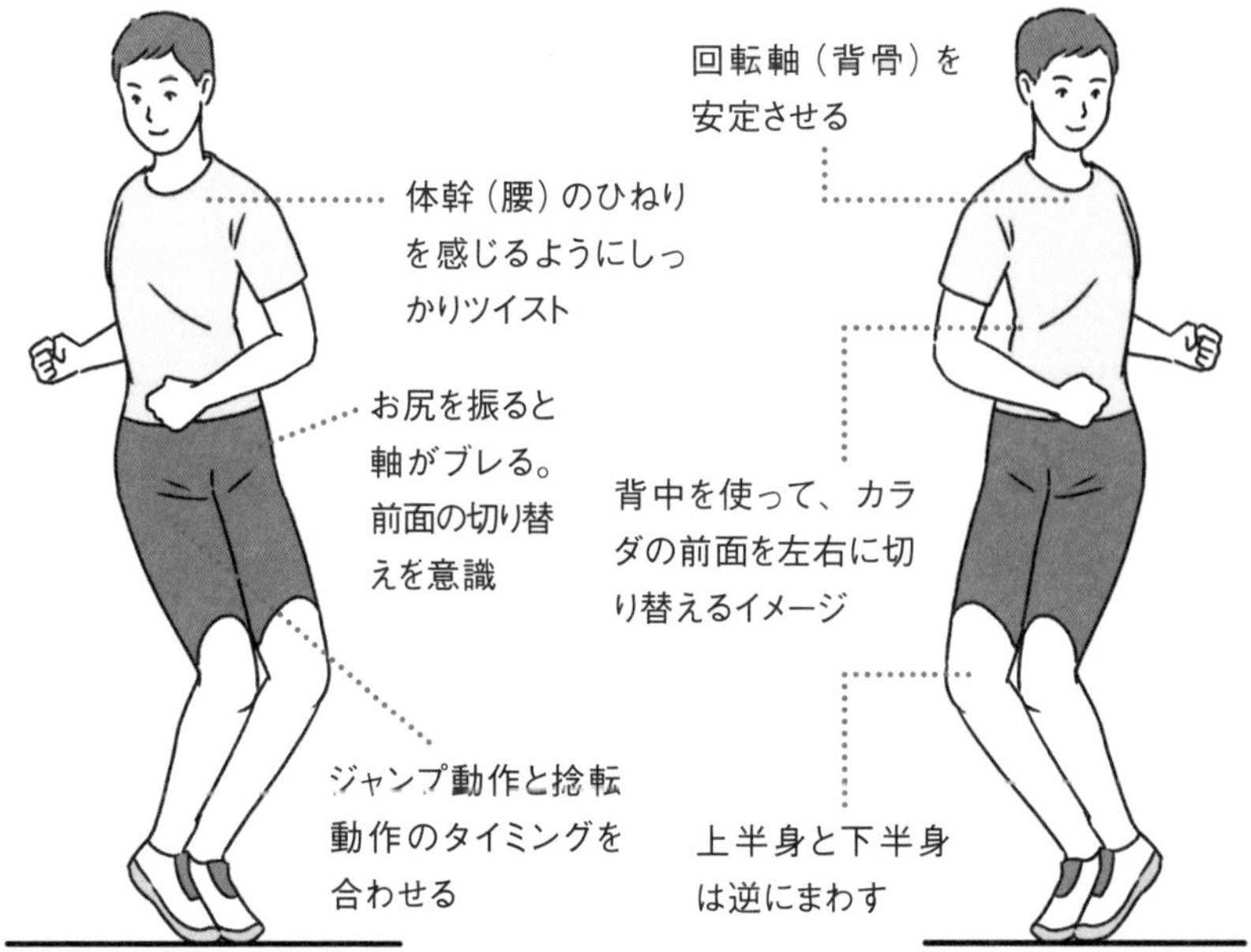

回転軸（背骨）を安定させる
体幹（腰）のひねりを感じるようにしっかりツイスト
お尻を振ると軸がブレる。前面の切り替えを意識
背中を使って、カラダの前面を左右に切り替えるイメージ
ジャンプ動作と捻転動作のタイミングを合わせる
上半身と下半身は逆にまわす

1 上下の半身を逆にまわし、腰をひねりながら、その場でジャンプ

2 回転軸（背骨）を安定させながら、ツイストジャンプを繰り返す

動作覚醒の方法 11

接地法より
カラダを運ぶ意識が大事！

接地した脚にきちんと乗り込む

Motion Awakening

段差から跳び下りてパワポジ&ジャンプ

段差から跳び下りてパワポジの形をつくるドリル（P97）に、ジャンプの動作までを加えた感覚ドリル。接地脚にカラダを乗り込ませ、体重をかけたうえで地面を押し、前方にジャンプする。パワポジから離地までの動作感覚が身につく。

接地法は、ミッドが好ましい

2 段差から前方に跳び下りて接地する

1 段差（高さはエアポジと同等）でパワポジの姿勢になる

一般ランナーに多いのは、「どのように接地するのか?」という**地面につく足のことばかりに意識が向いてしまう**ケースです。しかし、接地に関しては、重心位置で自動的に決まるものなので、足先ばかり意識しすぎないこと。重要なのは、**カラダを運んで接地することであり、接地した際の重心位置と素早い乗り込み**です。

接地脚に乗り込んで、上からの圧を股関節にかけながら屈曲させてバネの力をためます。難しい動作でもあるので、しっかり練習しましょう。

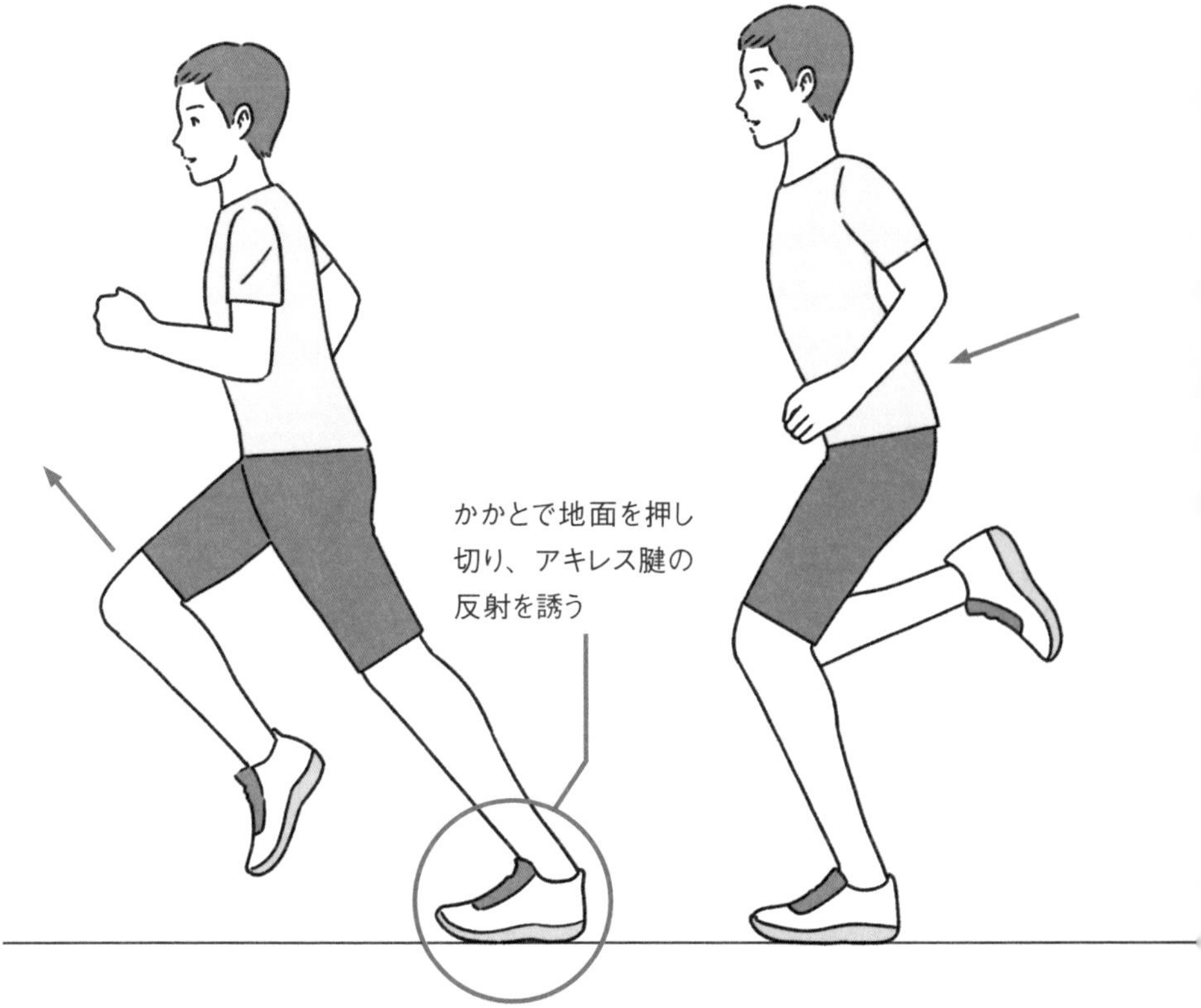
かかとで地面を押し切り、アキレス腱の反射を誘う

3 接地脚にカラダを運び、しっかり体重を乗せる（パワポジ）

4 支持脚のかかとで地面を押し、下半身の3関節を伸ばしてジャンプする

全身は調和している！

オン&オフと大きな動作の感覚

Motion Awakening

シザースラン&ラン

エアポジでリラックスさせながらカラダを伸ばすシザースラン（P101）の感覚を実際の走りに落とし込んでいくドリル。複数回行ったシザースランの感覚を残しながら、20mほど疾走し、エアポジの力感を身につけていく。

ウインドスプリント（P124）のスピードで助走するときも、姿勢は正しく
力を抜いてジャンプしながら、両腕&両脚を前後に最大伸展させる

1 ウインドスプリントのスピードで3歩、もしくは5歩走る

2 助走の流れからリラックスしてシザースジャンプ

筋肉の反射をはじめとする受動的な力や、物理法則などの外部関節モーメントの力を利用し、自身の課題となっている動作を修正していきます。

最終的には、**ランニング動作の総合的なバランス**を整えていきます。正しい姿勢を維持し、カラダの各部を大きく動かすこと。そして、**入れるべきところに力を入れ、あとはリラックスさせるという力感**が重要です。

上下連動や、各動作の形にばかり意識が働き、全体としてのバランスが崩れないように注意しましょう。

ジャンプしたときの、エアポジの力感をカラダで覚える

3 左右交互に1～2のシザースランを複数回繰り返す

エアポジの力感のまま、大きなフォームで走る

4 シザースジャンプの感覚を残しながら20mほど走る

ウインドスプリント

ウインドスプリントは、全力の80〜90%の（風を感じる）スピードで、100m前後の距離を複数本疾走する練習。さまざまなドリルで身につけたランニングフォームをウインドスプリントで確認し、全体のバランス調整を行う。

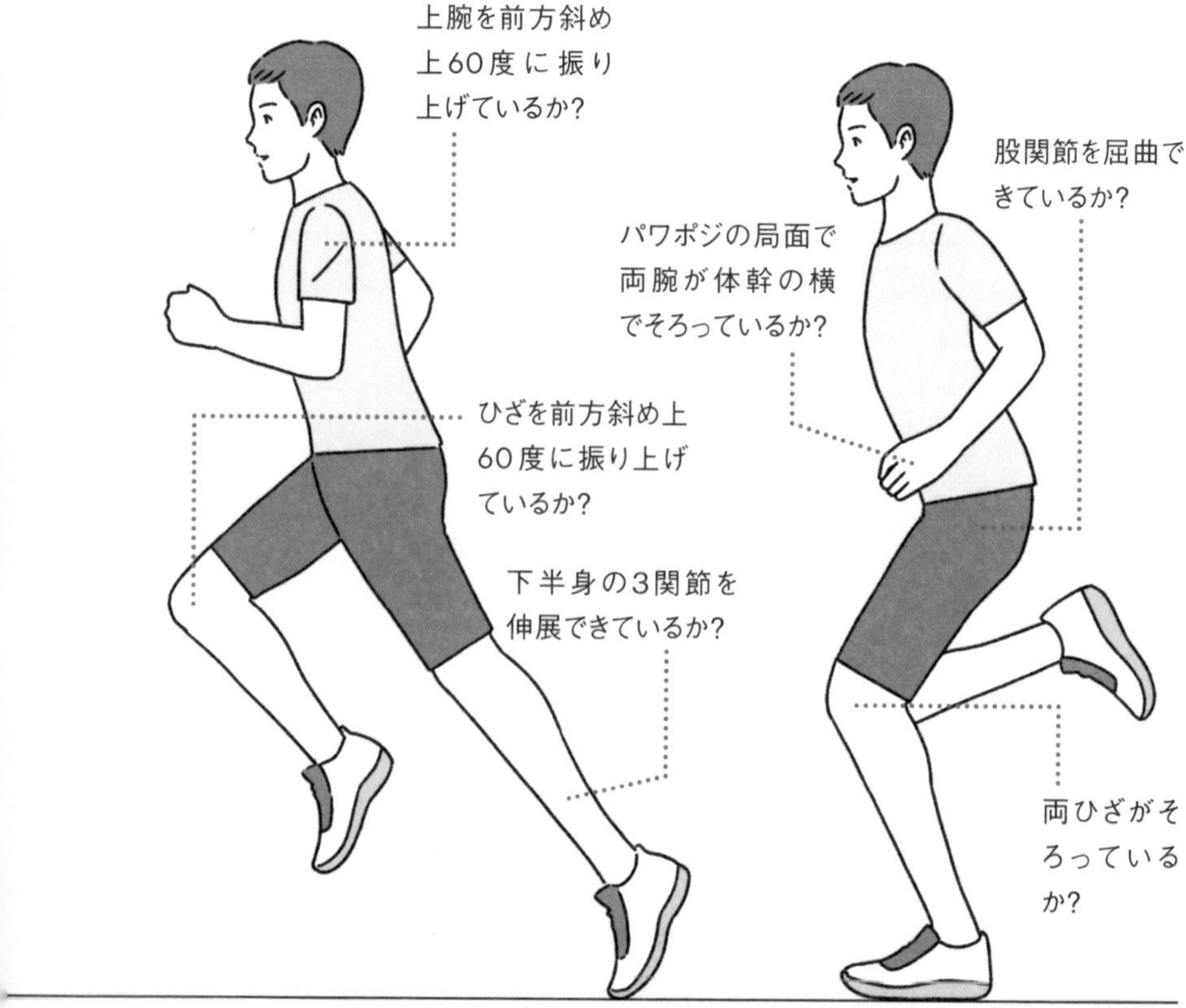
上腕を前方斜め上60度に振り上げているか?
ひざを前方斜め上60度に振り上げているか?
下半身の3関節を伸展できているか?
パワポジの局面で両腕が体幹の横でそろっているか?
股関節を屈曲できているか?
両ひざがそろっているか?

1 パワポジでしっかり体重を乗せて力をためているか?

2 すねの角度を固定し、かかとで地面を押し切れているか?

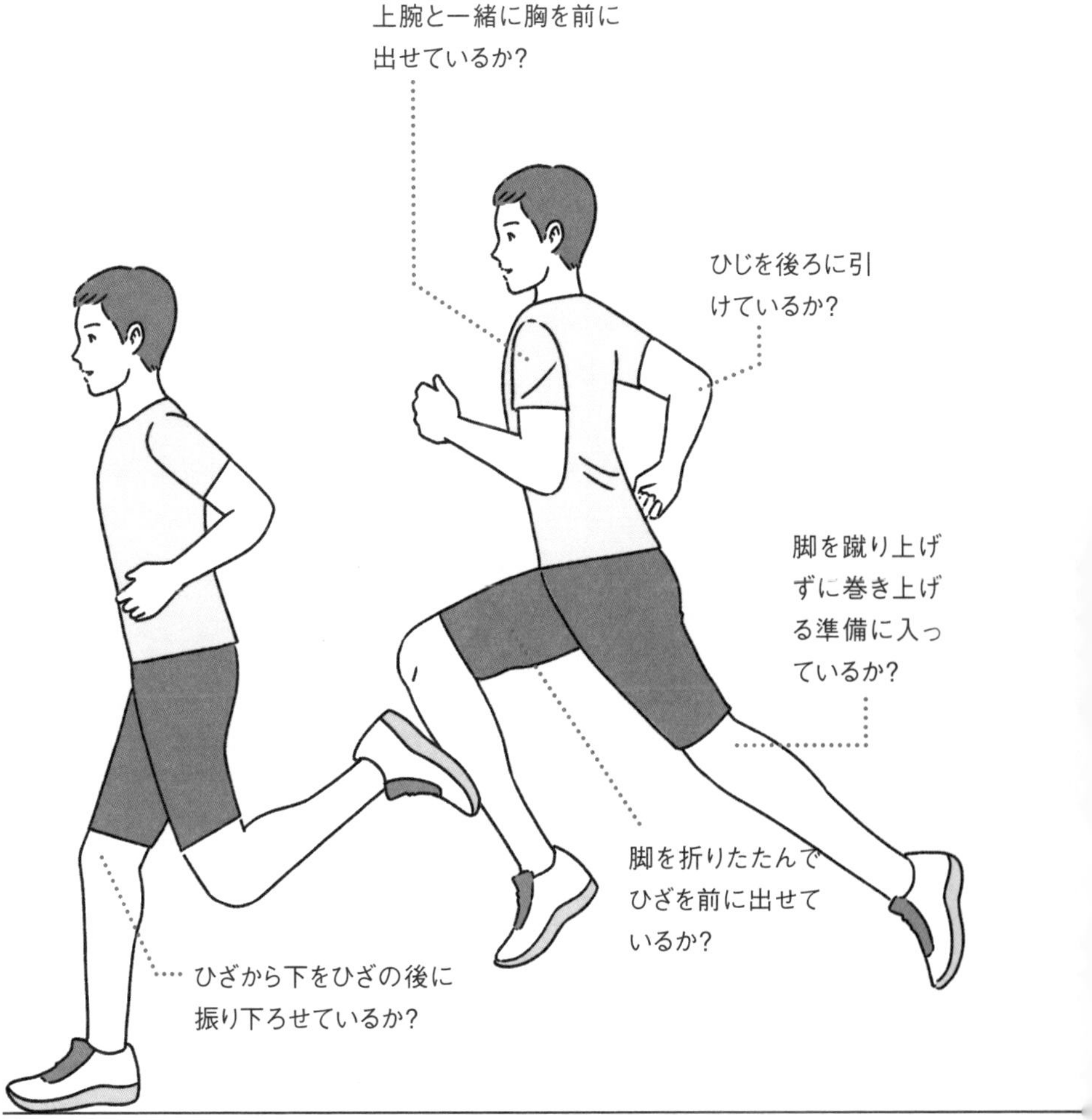

上腕と一緒に胸を前に出せているか?
ひじを後ろに引けているか?
脚を蹴り上げずに巻き上げる準備に入っているか?
脚を折りたたんでひざを前に出せているか?
ひざから下をひざの後に振り下ろせているか?

4 ひざから下を2段階振り子で振り下ろし、重心位置に適した接地ができているか?

3 エアポジでリラックスしてカラダをしっかり伸ばせているか?

弘山勉の
ランニングフォーム
COLUMN

動作感覚を身につけるのは、とても難しい!

大学の駅伝監督に着任する前、それまでの経験で培ったノウハウを伝えるサービスを提供する会社を立ち上げ、ランニングクラブの運営も始めた。一般ランナーの方を指導する立場になって初めて、人に教えることの難しさを痛感したものである。当たり前だが、それまで指導に当たってきた対象は、すでにトップアスリートか、それを目指す選手ばかり。競技実績も技術習得レベルも、それ相応に高い。それに比べて一般ランナーの方の競技レベルが低いのは当然として、実業団選手であっても発展途上で課題がある選手は沢山いる。「その課題がなんなのか?」その見極めと対策を立てることは、そう簡単ではない。それは課題が複合的に混在しているからにほかならず、一般ランナーを指導するのは、まさに、そういうケースと同じと言え、さらには、身体的な特徴と走りのタイプが異なるので、指導がひと筋縄ではいかずに難易度が増す。例えば、動きのポイントを伝えたとして、そのことが当てはまるタイプとそうでないタイプがある。当てはまるはずなのに「ピンとこない」「わからない」など、本来は成立するはずの需要と供給がマッチしないことも多い。「動きは理屈ではない」と言われている気分になるが、それはまっとうな主張で、感覚をつかめなければ、自分の"もの"にできるはずがないからである。

「動きの感覚」とよく言うが、実は、動きの感覚は、自分が経験した中でしか養われないし、その動かし方を続けることで身につく癖である。動きの癖は自身の安住の地となり、簡単には抜け出せない。つまり、違う動きをすると居心地が悪く、悪い感覚として処理されてしまうのだ。流行りの言葉を使うと、動きの認知バイアスということになるだろうか。それどころか、動きのバイアスは単関節に留まらず、全身の動きのバイアスと言ってよい。走りは全身の連動で成り立っているので、ある身体部位を動かさないことも、動作の一部であると忘れないようにしたい。

第5章

教えて！
弘山式ランニング・クリニック

重心の低い走り

上下動してはいけないという誤解

カラダを上下に動かしてはいけないという誤解から、
重心が落ちた状態で脚を前に出そうと、ひざを深く曲げることになるケースも。

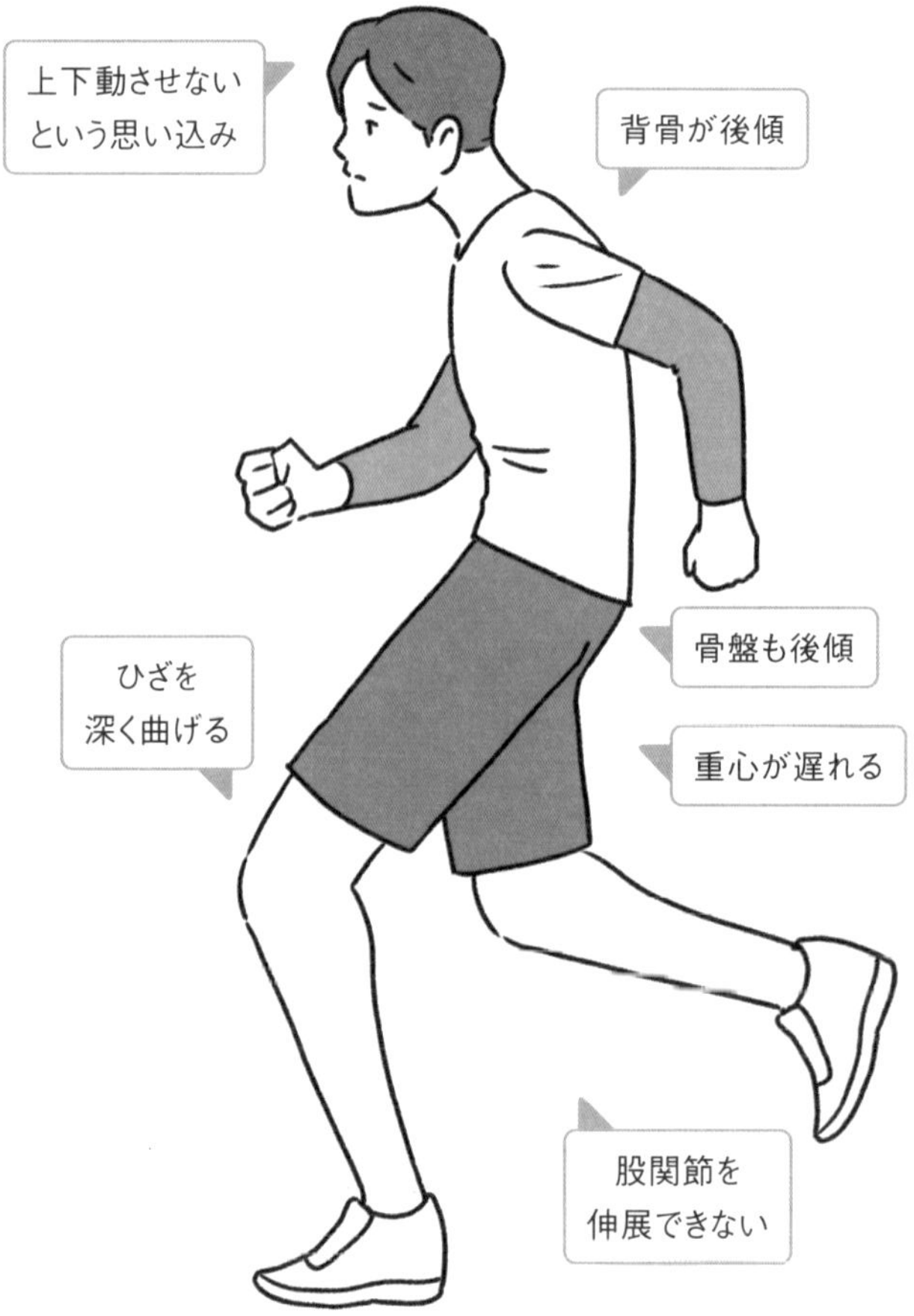
上下動させない
という思い込み
背骨が後傾
骨盤も後傾
ひざを
深く曲げる
重心が遅れる
股関節を
伸展できない

弘山
考察

重心が低くなるということは、「ひざの屈曲が深く、お尻の位置が下がる」「すねの骨が倒れ、ひざの位置が下がる」「腰が曲がり（骨盤後傾）、腰の位置が下がる」のいずれか、もしくは、複数に当てはまることになると思います。股関節や腰部、臀部、大腿骨に負担がかかるので要注意です。

重心が低い場合、パワポジのつくり方に問題があると考えるべきです。股関節が機能しない影響によると思いますが、腰の動きでふたつのパターンに分かれます。

①**骨盤が後傾**…腰とひざの曲げ伸ばしが連動することに。背中を丸めてお尻を下げ、股関節に力をためることができないので、ひざに乗るような動きになります。

②**腰を固める**…上半身を固めてしまうと、腰が動きません。腰が固まると股関節も動きにくくなり、股関節のバネを使えません。その結果、ひざを落とすように曲げて地面を蹴るような動きになります。足首を使ってカラダが下がらないように蹴る動作をかけていくことになりますが、重心が低い状態で推移していくはずです。

背中と下腹部でカラダを支えつつ、重心を高く保つ意識が必要です。上半身をフレキシブルに動かせる態勢でパワポジをつくりたいところ。3：2：1の関節モーメントアーム が確保できると、重心が必要以上に下がることはありません。誤った動きにならないように、腰と股関節の使い方を習得することが先決でしょう。

改善策

腰と股関節の使い方を習得すべし！

おすすめ
トレーニング

パワポジをつくる……………………P96〜97
ツイストジャンプ……………………P119

CASE
02

背中が丸まった走り

ひざと腰の曲げ伸ばしで走ってしまう

背中が丸まると、必然的に骨盤が後傾した状態に。
股関節の屈曲と伸展が機能しなくなり、腰とひざの曲げ伸ばしに頼らざるを得ない。

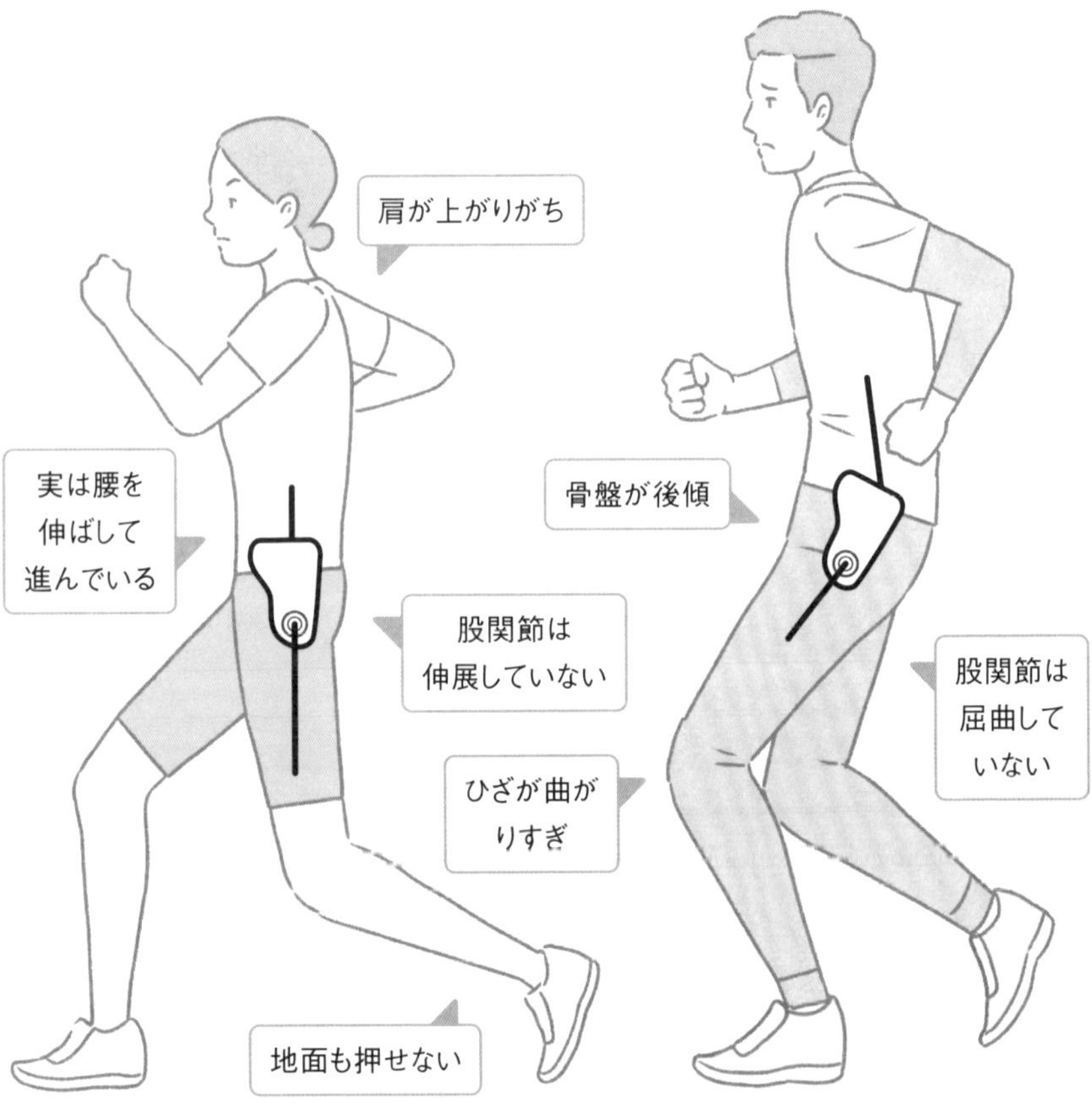
肩が上がりがち
実は腰を伸ばして進んでいる
骨盤が後傾
股関節は伸展していない
股関節は屈曲していない
ひざが曲がりすぎ
地面も押せない

弘山考察

背中が丸まるということは、脊柱起立筋群が働かず、背骨（腰椎）が後弯していることになります。それに連動して、骨盤は後傾します。

骨盤が後傾しても、遊脚側はひざを上げれば股関節が屈曲しますが、体重がかかる支持脚側は股関節の屈曲が難しくなります。股関節に圧をかけても股関節は屈曲せずに、腰が曲がります。股関節のバネをためることができず、股関節の伸展も期待できません。

このような状態で走るには、どこかで代償する動作が必要になりますが、主に**ひざと腰の曲げ伸ばしで、肩代わりする**ことになります。

骨盤が後傾すると、股関節が伸展位になるので、ひざを屈曲させてバランスをとります。さらに、ひざが屈曲すると、重心が低い状態で脚を回転させないといけないので、屈曲度がさらに深くなり、腰が落ちます。

前に進むためには、下半身の伸展が必要ですが、支持脚の股関節が屈伸しないので、腰とひざを連動させて地面を押すことに。背中が丸まった姿勢で重心が後方にあるため、腰は前ではなく、上方向に伸びることになります。それでは前に進まないので、脚に回転を加えるために、腕を横に振って左右に重心を移動させて支持脚への乗り込みを強めます。それを推進力に走らざるを得ません。

これを解消するには、まず**ニュートラルの姿勢を修正**しないことには始まりません。姿勢を整えて、股関節を機能させることが先決です。

改善策

姿勢（ニュートラルポジション）を優先的に修正すべし！

おすすめトレーニング

基本の立ち姿勢をつくる……P92〜95

横ブレが大きい走り

片脚にしっかり乗り込めず左右に揺れるだけ

上半身を固めたり、股関節が機能していなかったりすると、
支持脚に体重を乗り込めず、左右に揺れる横の重心移動で走ることに!

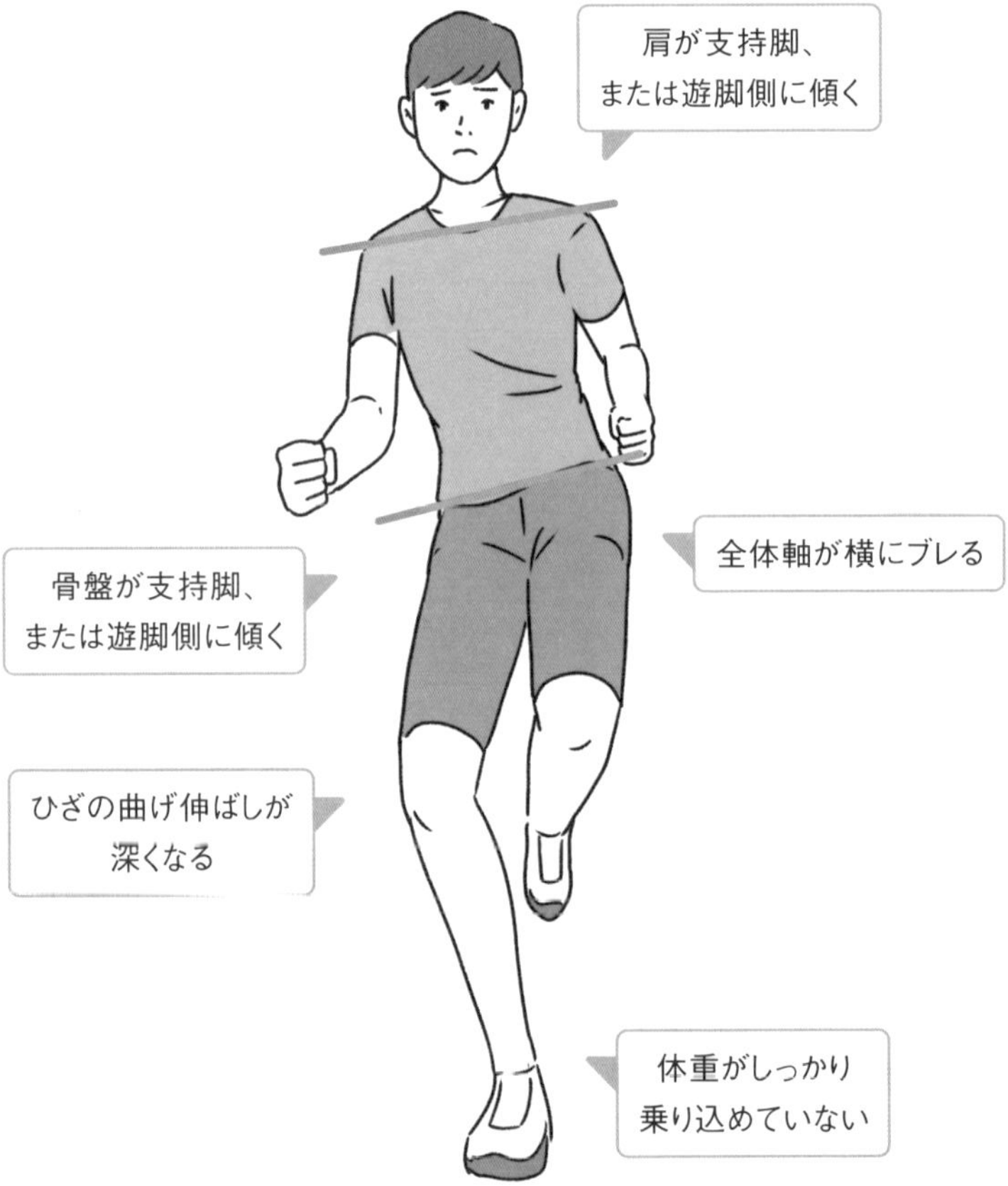
肩が支持脚、
または遊脚側に傾く
全体軸が横にブレる
骨盤が支持脚、
または遊脚側に傾く
ひざの曲げ伸ばしが
深くなる
体重がしっかり
乗り込めていない

弘山考察

横ブレは、**主に股関節の機能不全**によって起こります。股関節の曲げ伸ばしができない、地面押しによって得られる力が前進方向に向かないといったことが原因。これには、股関節に着目すると、ふたつのケースが考えられます。

ひとつ目は、**股関節を含めた腰部が動かない**状態で、脚の曲げ伸ばしが少ない走り。または、骨盤が後傾して腰が落ちた走りです。どちらも位置エネルギーを利用できず、推進力が不足するため、左右への重心移動を大きくし、乗り込み動作を強めています。

ふたつ目は、**上半身から腰までがっちりと固まってしまう**状態。上半身を固めると、腰も固まって動かない状態になります。腰の回転運動がないと、骨盤は動かず、大腿骨を前後に振るなどの2次元的な動きになってしまいます。そうなると、2軸の平行移動のようになります。しかし、上半身と腰が動かないため、乗り込み動作もままなりません。上から下へ力を加えることが難しくなり、左右への加重という動作が必要になってきます。左右に加重しながら推進力を得る2軸走行になりますが、腕が横振りになって、左右への重心移動を手伝います。横ブレが大きくなるのは、このようなエラーによる当然の結果なのです。

横ブレが大きい走りの対策は、**支持脚にしっかり乗り込んで前にカラダを進めていく**こと。ケンケンで股関節に乗り込む感覚を身につけましょう。

改善策

片脚ジャンプ（ケンケン）で股関節に乗って前に進めるように修正！

おすすめトレーニング

片脚ジャンプ（股関節ケンケン）…………………… P118

CASE
04

肩を振る走り

ひじをたたんで肩を固めて走ってしまう

肩を引き上げて左右に振ると、腕と骨盤の間に距離ができ、胴長に見える。
また、ひじを抱えて肩を振るケースも女性ランナーに多く見られる。

胴長型
肩を上げて固めている
腕が横振りになりがち
胴長に見える
上下の一体感がない
抱え込み型
前傾が深い
反り腰になりがち
両腕を抱え込む
脚が後ろに流れる

弘山考察

ひじを折りたたんで抱えるように肩を振る走り（抱え込み型）や、肩を挙上させて横回転させて走る（胴長型）のが主なパターン。**肩に力が入り、腕だけ独立して動かせない**状態ですが、自分では腕を振っているつもりになっている場合が多いです。

主な原因は、肩の力み。腕振りが、上半身のスムーズな動きや、背骨の捻転力に貢献しますが、肩に力が入っていると、胸部から肩にかけ、一枚の板のようになり、回転動作にしかなりません。腰から見れば、全体として捻転しているように感じるかもしれませんが、胴体の伸び縮みがないので、左右に回転するのみで、カラダの横ブレにつながっていきます。

捻転は、背中を使って胴体をフレキシブルに動かしていかなければなりません。パワポジで力の源を大きくし、エアポジで大きく前に進むのです。この動きは、肩と腕を固めてしまっては、不可能になります。

胴体を捻転させるには、**肩の力を抜き、腕振りで胴体の形を変えるサポートをする**こと。背中の筋肉を動かして、肩甲骨を動かせば、腕は前後に振れます。下半身と違って、外的には力を加える必要のない振り子運動になるので、そもそも大きな力を必要としません。それなのに、腕を振ろうとするあまり、肩に力が入ってしまい、簡単な振り子動作にもなっていません。

基本の姿勢をつくり、そのうえで正しい腕振り動作を反復して、感覚を覚えましょう。

改善策

ニュートラルポジションを整え、正しい腕振りを意識する！

おすすめトレーニング

基本の立ち姿勢をつくる……………………P92～95
腕振り……………………………………………P66～67

CASE 05

あごが上がる走り

背骨のポジションによる代償動作

骨盤が後傾し、背骨が丸まった形になると、構造的に頭が前に傾く。
頭の重さを支え、重心のバランスをとるためにあごが上がる。

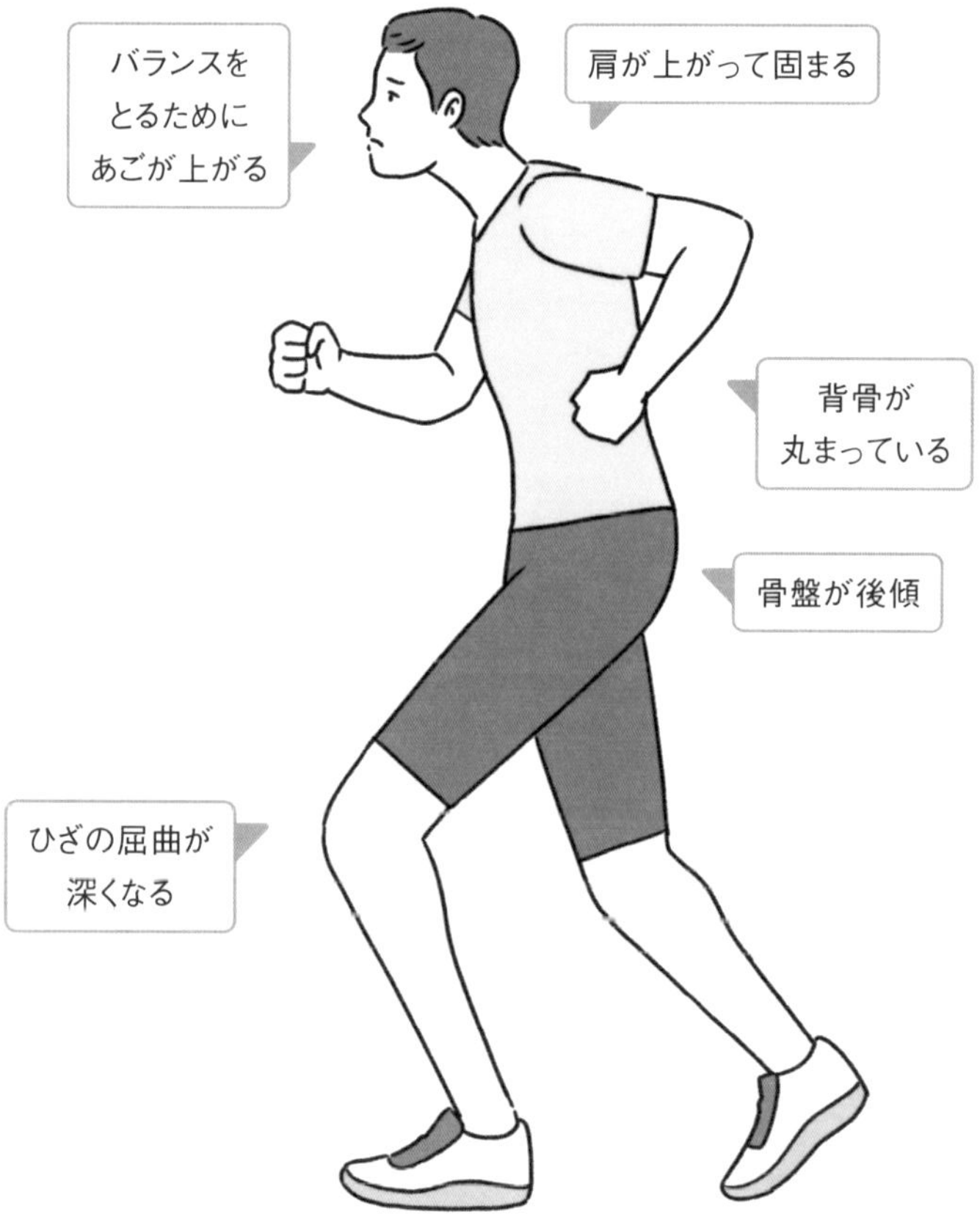
バランスを
とるために
あごが上がる
肩が上がって固まる
背骨が
丸まっている
骨盤が後傾
ひざの屈曲が
深くなる

弘山考察

あごが上がる原因は、ふたつ考えられます。

ひとつ目は、**重心が落ちてひざと腰の曲げ伸ばしで進もうとするものの、前方に力が向かわず、単なる上下運動になってしまう**ケース。要因としては、骨盤の後傾によって重心が後方下部に位置することが考えられます。重心が下がるということは背中が丸まりお尻が下がっている場合がほとんど。

イスの背もたれに猫背で深く寄りかかった状態から、苦労して立ち上がるような動きになり、上方向に力を向けて地面を押すことになります。力の方向性は、視線の影響も受けやすいので、上方向に力を発揮しやすいよう上目線となります。その結果、あごが上がるというわけです。

ふたつ目は、**接地の際に重心が後ろにあるため、カラダ全体の合成重心を少しでも前に持っていくために頭部を前に出す**パターン。

重心が後ろにあると、ブレーキ作用が大きくなり、前に進みにくくなります。全身の重心の平均値（合成重心）を少しでも前に持っていくため、頭を出してバランスをとろうとするのです。この場合も、低い重心を少しでも引き上げるため、あごを上げて視線を上に持っていくことも考えられますし、猫背の影響で顔が下を向くのを修正しようと、無意識にあごを上げてしまうこともあるでしょう。

この場合も、ニュートラルの姿勢の修正が優先。立ち姿勢やウォーキングから見直すことが必要です。

改善策

姿勢（ニュートラルポジション）を優先的に修正し、ウォーキングから見直す！

おすすめトレーニング
基本の立ち姿勢をつくる……P92～95

CASE
06

ひざが痛くなる走り

股関節が固まり、脚だけで走ってしまう

股関節が機能せず、下半身の内外の回旋運動の負荷をひざで受けてしまう。
体重をかけた状態で、ひざにひねりが加わることで痛みが発生。

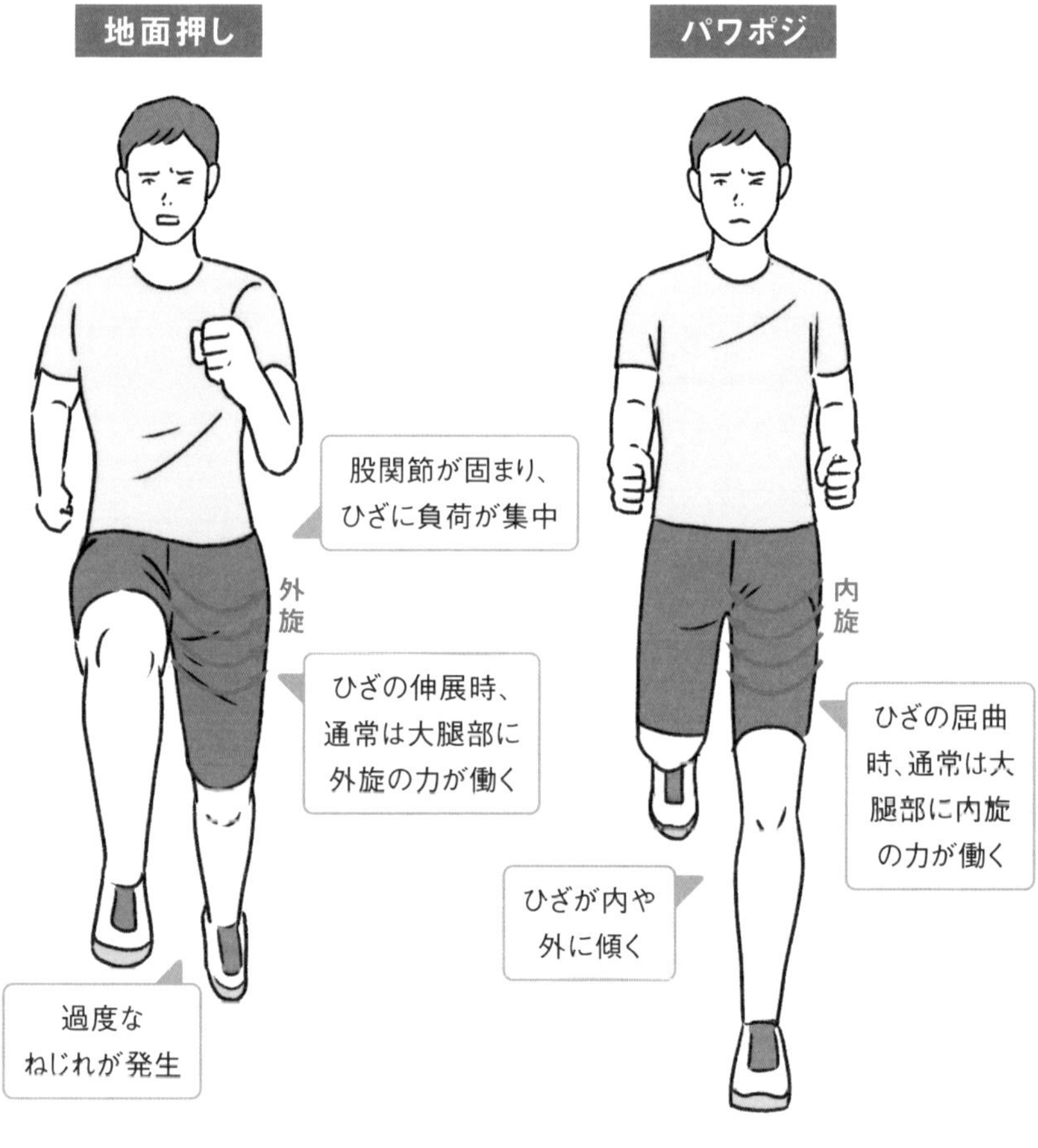

地面押し
パワポジ
股関節が固まり、ひざに負荷が集中
外旋
ひざの伸展時、通常は大腿部に外旋の力が働く
過度なねじれが発生
内旋
ひざの屈曲時、通常は大腿部に内旋の力が働く
ひざが内や外に傾く

弘山
考察

ひざの痛みには、さまざまな原因があり、ひとつに絞って解説するのは難しいのですが、ランニング動作の影響で、ひざが痛くなるケースというのは、ほとんどが、**脚の過剰な回転による負担の増加**です。

ひざに乗るような動きをしながら、ひざが回転すると相当な負荷がかかるのは当然です。

腰とひざの曲げ伸ばしを連動させて下半身をコントロールする場合、重心は遅れており、ひざに頼った動きになることがほとんど。つまり、**股関節の関与が低下した状態**です。股関節が下半身の曲げ伸ばしに関与していないとしたら、大腿骨が股関節につながっていることを考えると、ひざから下を回転運動させることで関節の回転力を高めなければいけません。

そうした動きを強いられる中で、最もひざに負担をかけるのが、脚の内旋運動。足裏の動きで確認できますが、地面を押して、足がまっすぐ蹴られる場合と、内外のどちらかにひねる内旋・外旋があります。トレンデレンブルグ徴候のように、支持脚でカラダを支えられず、遊脚側の骨盤が下がるタイプは、支持脚を伸ばすときに内旋せざるを得なくなります。重心が遅れてひざに乗って、腰を伸ばしていく走りなので、大腿骨を内旋させないと脚が伸びません。外側にひねる動作が強すぎる場合も負担は増すので、いずれにせよ、**股関節が下半身の屈伸動作に関与する割合を高める**ことが、ひざの故障リスクを減らす一番の方法です。

改善策

ひざから下を固め、股関節の曲げ伸ばしを活用できるようにする!

おすすめトレーニング

ひざ下固定の階段上り……………………P113
階段ジャンプ上り……………………P114

ふくらはぎがつる／シンスプリント／アキレス腱が痛くなる走り

足首への負担が大きくなっている

離地の瞬間に、能動的な力を使って足首を返したり、重心が遅れているのに、強引につま先で着地したり、足首の負担が大きい走りが痛みを招く。

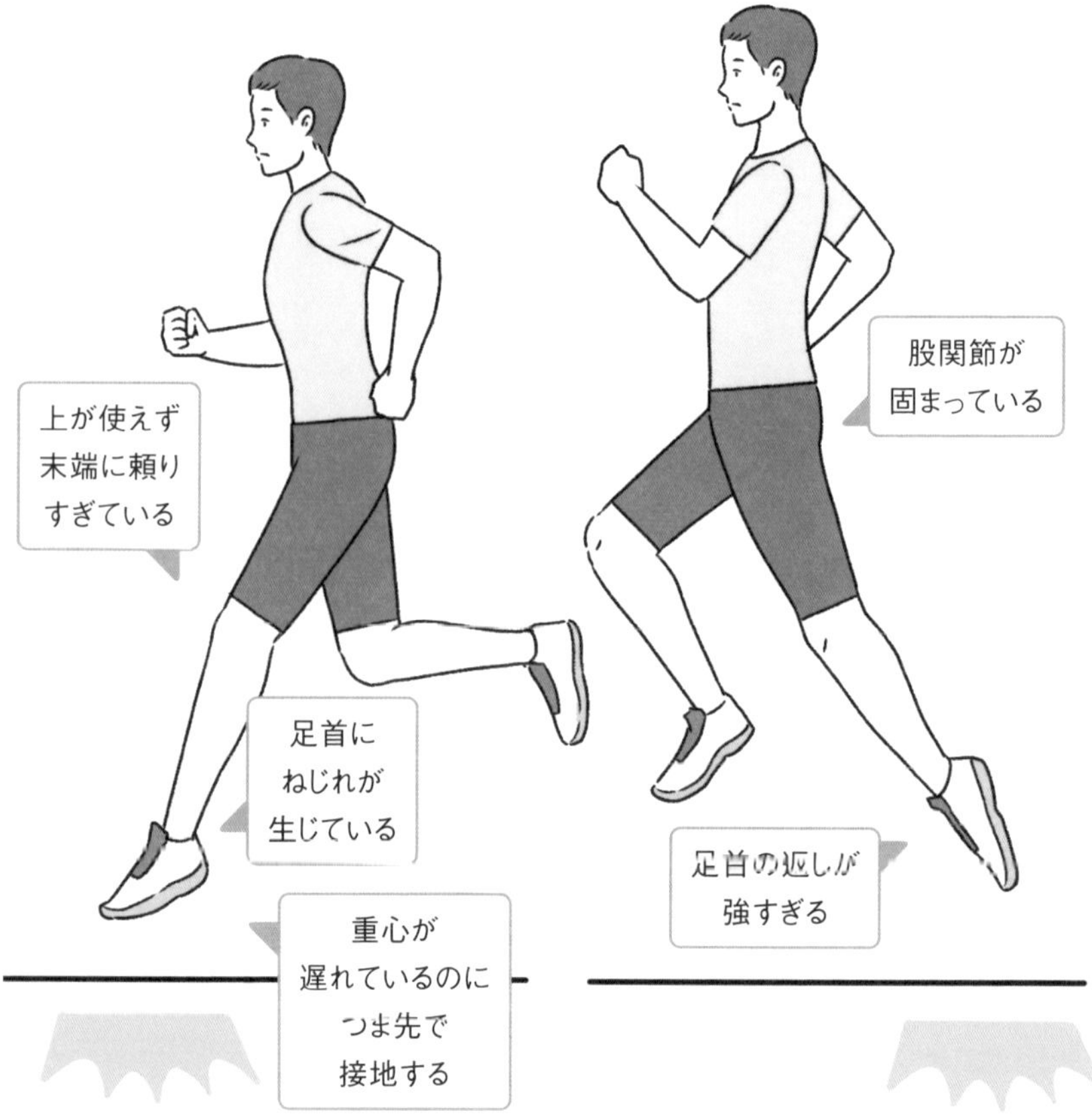
上が使えず
末端に頼り
すぎている
股関節が
固まっている
足首に
ねじれが
生じている
重心が
遅れているのに
つま先で
接地する
足首の返しが
強すぎる

弘山考察

パワポジから股関節を使って下半身を伸ばす場合、ひざから下の下腿部は、それほど動きません。アフリカ系の選手は、下腿部が細いことで有名ですが、それは下腿を使って走りの推進力を高めようとしていないからです。

下腿部は、ひざを支点とするための安定感をつくる角度で保たれている必要があり、**ねじれや回転を減らす**ことが求められます。しかし、股関節が使えない走りをすると、ひざと下腿に頼った動きになりがちで、ひざや足首が、内旋や外旋することが強いられるのです。例えば、以下の状況が考えられます。①**ひざが前に倒れていくのに地面を押さなくてはいけない**（ひざを固定できれば股関節で押せる）、②**ひざが内側にねじれていくのに地面を押さなくてはいけない**（本来、ひざは外旋しながら伸びる）、③**ひざが曲がり、足部の背屈によるテンションがかかりにくいため、足首の能動的な返し運動が必要**。股関節が使えると、ひざから下の回転も抑えられますが、そうでない場合、下腿部の能動的な動きや、回転動作が増えるため、足（脚）への負担が余分に増えます。特にふくらはぎの筋肉やアキレス腱は、このねじれによるストレスを多分に受けるので、ふくらはぎを痛めたり、シンスプリントを発症したり、アキレス腱炎を引き起こしやすくなるのです。**下腿のエラーは、腰部と股関節の動きがなく、脚（足）だけで走ることの代償によるもの**なのです。

改善策

ひざ下を固定して股関節を伸ばしていく感覚を身につける！

おすすめトレーニング

パワポジをつくる …………………………… P96～97
ひざ下固定の階段上り ……………………… P113
バウンディング ……………………………… P107

強引なフォアフットへの変更

接地だけ変えようとしてしまう

総合的なフォームのバランスと接地時の重心位置で、
接地法は自動的に選択されるものだが、それを無視して強引に接地だけ変えようとする。

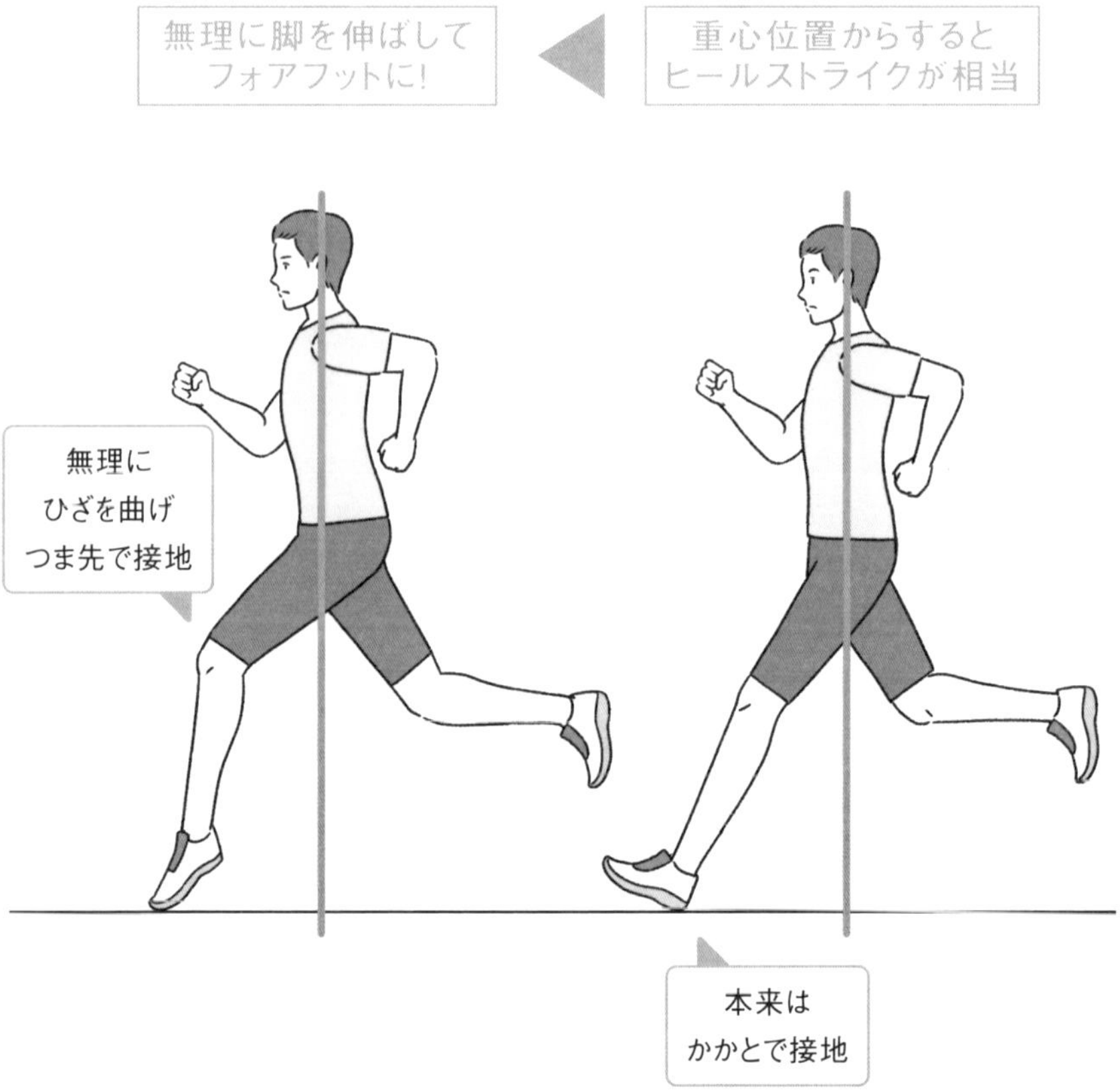
無理に脚を伸ばして
フォアフットに!
重心位置からすると
ヒールストライクが相当
無理に
ひざを曲げ
つま先で接地
本来は
かかとで接地

弘山考察

フォアフットの流行による勘違いが悲劇を生む場合があります。

　重心が遅れている状態でのつま先着地に、よいことは皆無です。つま先立ちしてみるとわかりますが、カラダを伸ばした状態では安定しますが、脚を曲げると一気に不安定さが増します。

　そのため、つま先で支えるのは、全身の合成重心が接地点を通過した後がよいと考えるのが普通です。足首への負担が大きくなるＮＧ行動は、これを無視して**強引にフォアフットに変更してしまう**こと。

　例えば、**重心が接地点より大きく後退している状況でのフォアフット**。下半身の３関節が曲がっている状態の局面において、つま先で支えるのは、通常は困難です。できたとしても、Ｐ－３８で説明したように、ひざや下腿の故障リスクが高まることになります。

　また、**不安定さを解消するために、脚を伸ばした状態でのフォアフット**も問題です。多くのランナーのフォームを見る機会がありますが、フォアフットのランナーは、脚を伸ばして地面に着くケースが多いと感じます。スピードに乗って、ある程度の位置エネルギーを確保しながら走ることができる場合、脚を伸ばし気味に着いても、地面反力で進むことができるので、大きな問題にはなりません。しかし、スピードが遅い場合、脚を伸ばして着いてしまうと、つっかい棒のようにしかならず、上から乗り込んで地面を押しても、進行方向へ力を変換しにくくなるのです。

改善策

市民ランナークラスなら
ミッドフット着地でOK！

おすすめトレーニング

パワポジをつくる……P96〜97
バウンディング……P107

厚底シューズを目的もなく履く

カーボンプレートの反発に注意!

カーボンプレート等の反発素材が内蔵され、優れた推進力を発揮する厚底シューズ。一方で、強い反発の影響でカラダへの負担になることも。

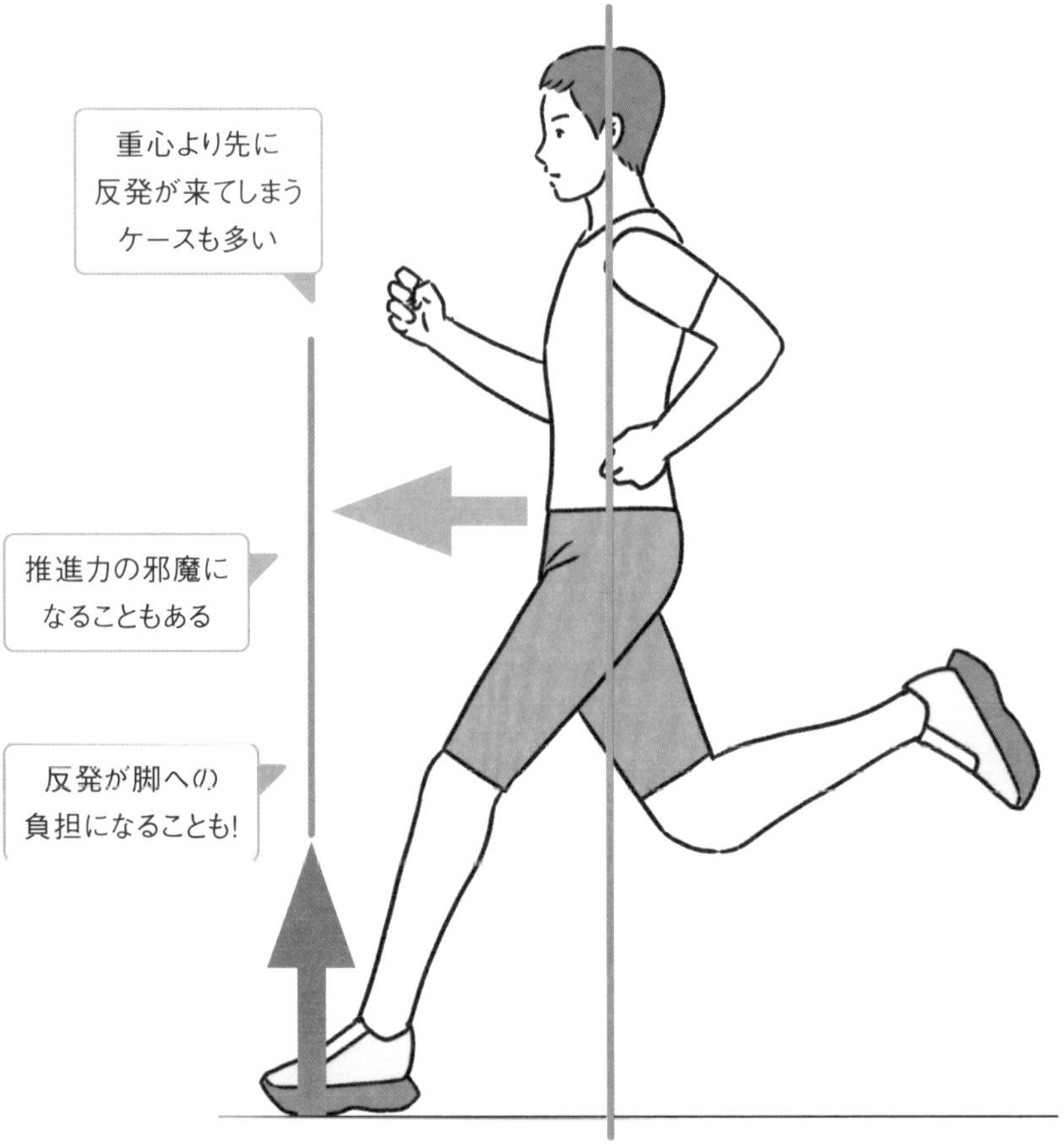
重心より先に
反発が来てしまう
ケースも多い
推進力の邪魔に
なることもある
反発が脚への
負担になることも!

弘山
考察

ランニングは、全身の機能が連鎖して調和がとれていることが必要です。厚底だからといって、**パーツの動きだけでなんとかしようとすると、動きのバランスが崩れ、どこかに歪みが生じます。**厚底シューズが、地面反力を増幅させる機能があるとした場合、さまざまなリスクを抱えることに。想定されるリスクとしては、ふたつ考えられます。

①**地面押しの局面に入っていないのに、地面反力が得られてしまうこと。**ヒールストライクをイメージして考えると、重心は後ろなのに、早々に足が跳ね返ってきたら、大腿骨や股関節へのストレスが大きくなるのは目に見えています。実際に、大腿骨まわりの疲労骨折が多いと聞きます。

②**厚底シューズの地面反力による局所負担の増加。**上半身をフレキシブルに動かせない場合、腰から上を固めてしまう動きになっているはずです。つまり、上半身の伸び縮みが少ないことになります。地面反力を上半身全体に伝えることができれば、推進力という点ではよいことですが、ランニングは跳ぶだけの運動ではなく、内部の力をカラダの伸展動作に変換しなければなりません。しかし、厚底シューズに頼ると、シューズの反発力を受けようとして骨格を固めてしまいます。関節間の連動が途絶え、地面反力が負荷となって骨に直に及びます。本来の動きで得られない力が過剰に与えられると、故障のリスクが高まるということを覚えておきましょう。

改善策

パワポジの姿勢を修正し、練習とレースでシューズを使い分けるのも手！

おすすめトレーニング

パワポジをつくる ………… P96～97
段差から跳び下りてパワポジ&ジャンプ ………… P120

重心の真下に着地する

重心が前に通過してパワポジがつくれない

重心の真下に接地すると、カラダを接地脚に乗り込ませる前に、
重心位置が後方に流れてしまう。パワポジで力をためずに脚を蹴り上げることに。

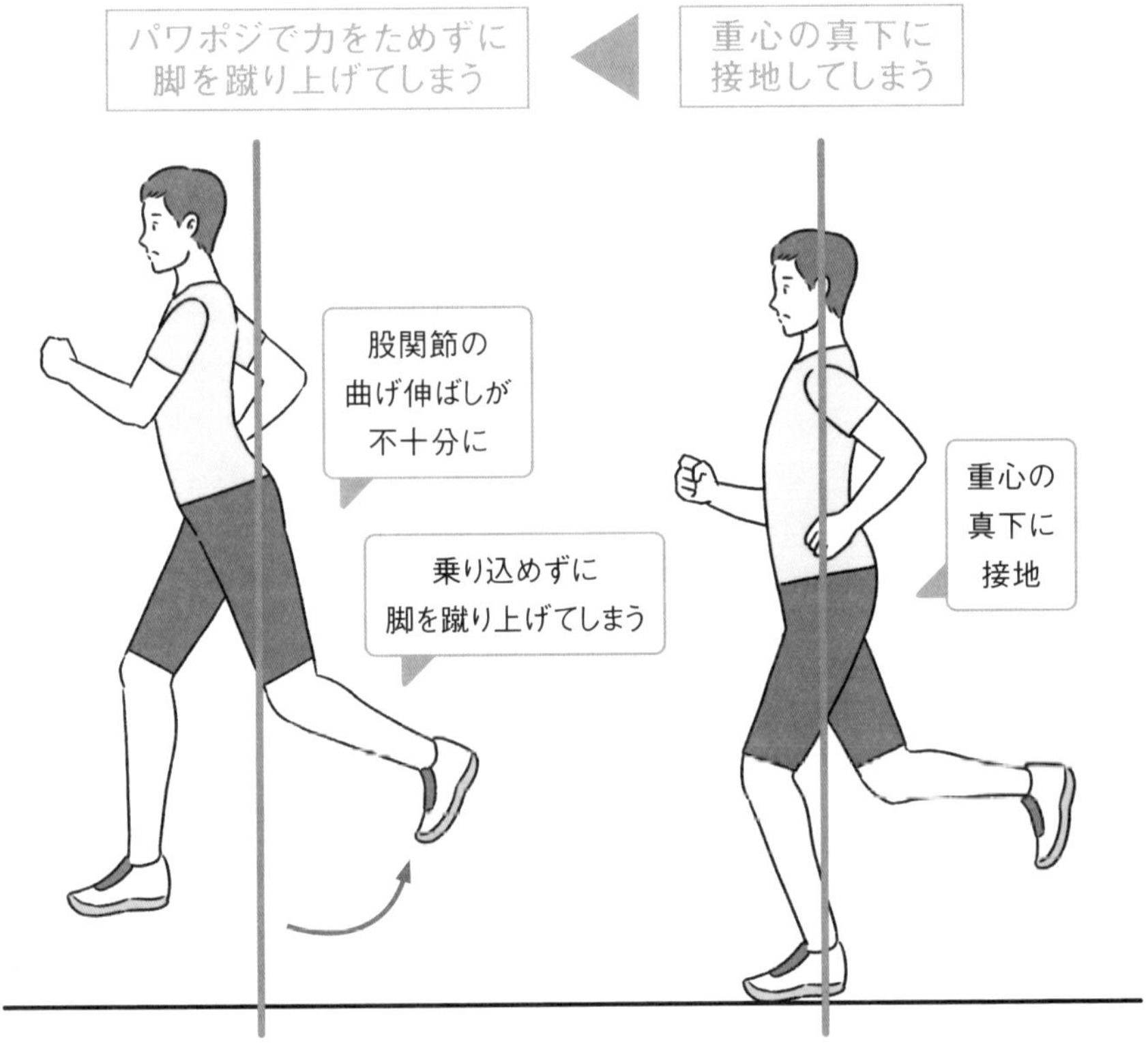
パワポジで力をためずに
脚を蹴り上げてしまう
重心の真下に
接地してしまう
股関節の
曲げ伸ばしが
不十分に
乗り込めずに
脚を蹴り上げてしまう
重心の
真下に
接地

接地点を重心が通過

重心＝接地点

弘山考察

地面を押すためには、**力をためる動作局面が必要**です。着地とほぼ同時にパワポジ姿勢をつくれるなら問題ありませんが、現実的に難しいと思います。ランニングは、慣性力を利用する等速運動です。**ブレーキが発生して減速した分を再加速してスピードを維持する**のが長距離走ですから、上から下向きの動きだけにはなりません。

例えば、台の上に乗っている状態から跳び下り、重心の真下に片脚で着地した場合、次の一歩で力強く跳ぶことができるでしょうか。おそらく難しいと思います。短距離と違い、長距離のランニング動作は、地面押しの動作が必要で、かつ、それに合わせた遊脚動作があるからです。遊脚は後ろからやってきますから、そのタイミングと着地、パワポジを一瞬で合わせることは、長距離のランニング動作の成り立ちを考えると、現実的ではありません。ある程度は**前方で接地し、カラダを乗り込ませながらパワポジをつくっていく**ことで、一瞬で力を発揮するような固める動作をしないで済みます。

適切な接地点は、動作局面や走り方で変わりますが、重心より前で着くことが大切です。でないと、股関節直下が接地点となりやすく、ひざは前に出るけれど、接地点は重心より後ろになってしまうことも考えられます。パワポジが最高の出力発揮場面になるのですが、重心の真下に着こうとすると、力をためる余地が残されていない状態に陥ることになるのです。

改善策

前に接地し、そこにカラダを運んでいく感覚を身につける！

おすすめトレーニング

パワポジをつくる ……………………………… P96～97
段差から跳び下りてパワポジ&ジャンプ ………… P120

CASE 04

骨盤前傾を意識しすぎてしまう

反り腰のまま固めてしまいがち!

骨盤の前傾を意識しすぎ、固めてしまう走りが問題。
腰が固まり、上下連動のつながりが途絶え、脚の動きにも偏りが生じてしまうのだ。

反り腰で固定した走り

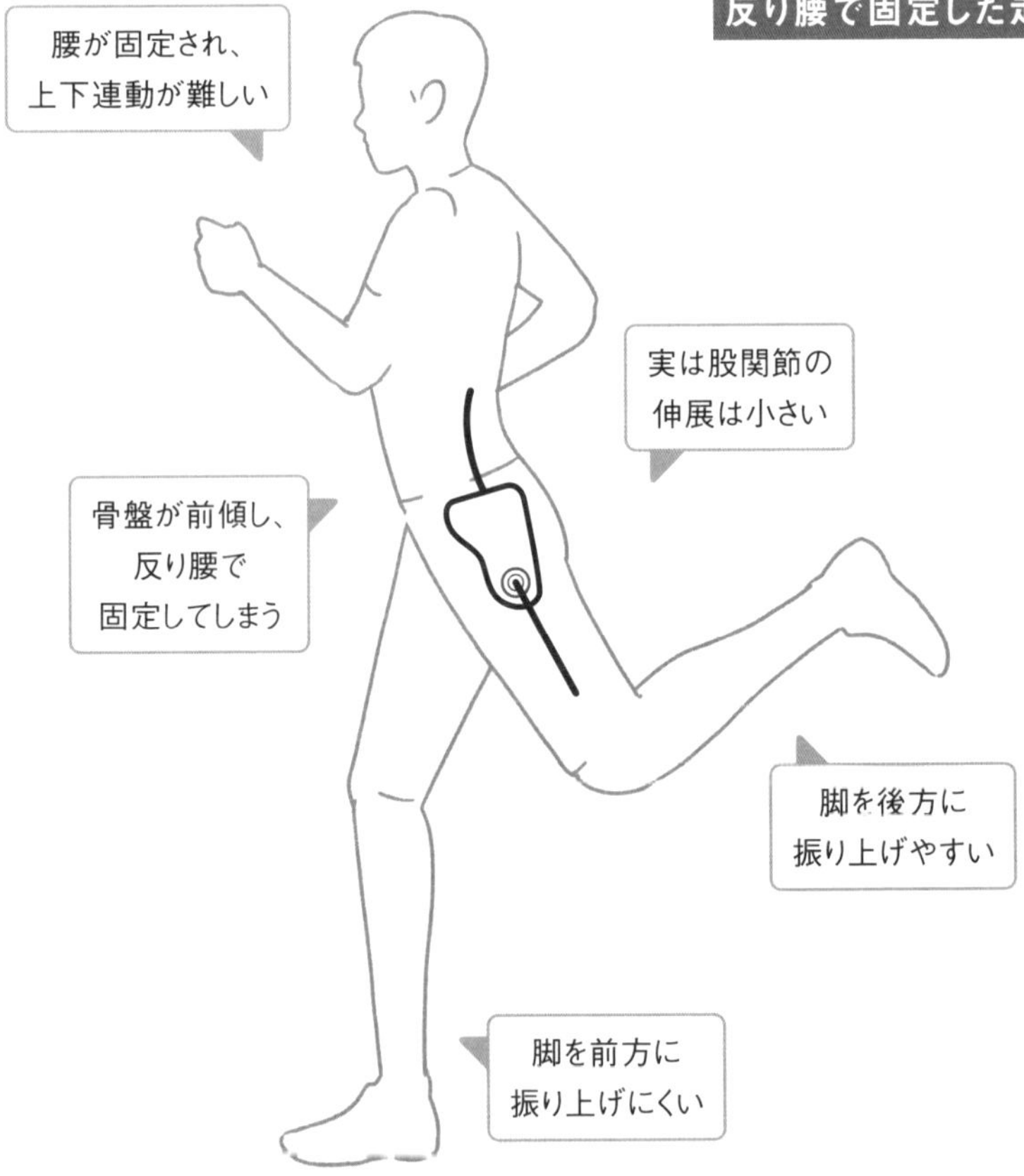
腰が固定され、
上下連動が難しい
実は股関節の
伸展は小さい
骨盤が前傾し、
反り腰で
固定してしまう
脚を後方に
振り上げやすい
脚を前方に
振り上げにくい

弘山考察

骨盤の前傾は、一連のランニング動作におけるひとつの局面でしかありません。前傾を意識するというよりも、**股関節の屈曲動作のつくり方を習得すべき**です。

股関節は、屈曲と伸展のどちらも必要なので、骨盤が前傾したままというのはナンセンス。どちらかというと立たせたままで、**全身の動きや体幹の角度、腹斜筋群や脊柱起立筋の働きなどによって、角度を必要に応じて変位させるような力加減が求められます**。それなのに、腰にずっと力を入れたまま前傾位を保とうとしたら、他の動きが制約され、全身の連動や調和が生まれなくなります。

考えられるデメリットで最たるものは、**上半身も固まって動かなくなること**。反り腰では上半身をフレキシブルに動かせませんし、上半身が動かないとカラダの伸び縮みがなくなり、脚に頼った動きになるはずです。しかも、ひざが上がりにくいため、**足首に頼った走りになりがち**です。ひざを機能させられないのは、腰が固まり、股関節や腰が機能しにくい状態となり、ひざと腰部の連動が生まれないためです。

骨盤を前傾（反り腰）させたままフォアフットで走る速いランナーはいますが、総じて言えることは、スピードと高さを維持した走りなので、位置エネルギーと地面反力を高度な技術で利用できているから可能であるということです。ただ、トレーニングの継続という点で不安視せざるを得ません。

改善策

姿勢（ニュートラルポジション）を優先的に修正し、骨盤を立たせる！

おすすめトレーニング

基本の立ち姿勢をつくる……………………P92〜95
片脚ジャンプ（股関節ケンケン）…………………P118

腕を横に振る

タイミング合わせや下半身の代償動作で横に振る

ピッチを速くまわすためのタイミング合わせや、骨盤の二次元的な横回転で走る場合に、その代償動作として腕を横に振ってしまうことが多い。

腕の横振り

下半身の
回転の代償で
横振りになることも
ピッチの
タイミング合わせで
横に振ることも
前への推進力が
阻害されてしまう
骨盤の回転で
脚を出しがち

弘山考察

横ブレが大きい走り（P－32）や、肩を振る走り（P－34）でも、左右への体重移動や、カラダを一枚の板のようにし、横回転させる影響で、腕を横に振ってしまうケースについて解説しました。胴体を固める、または、重心の遅れ・下がりなどがある走りの場合、横への荷重や移動が伴わないと下半身の関節のトルクを高めることができません。そうした横荷重・横移動を手伝うのが、腕の横振りということになります。実業団や大学のアスリート、特に女性ランナーに多く見られる「腕の横振り」は、なぜ問題なのでしょうか。

本来の腕振りは、振り子を利用して前後に振ることで、**背骨の捻転力を高め、上下連動のパワーを生み出します。**同時に、**胸を前に出すことで、反動をつけて前方への推進力を加速させる**機能もあります。腕を横に振ると、これらの機能が低下してしまいます。

腕（肩）を横に振ると、回転動作になるため、下半身は上半身の回転を手伝う動きになりがちです。上下方向へ力を加えるねじれがつくれません。**捻転力が小さければ、上下連動の力も減少。**また、腕を横に振るということは、腕が体幹の前を横切ることになります。慣性力が前方に働いているのに、それを遮る動きになるため、**推進力を低下させてしまう**のです。

速いピッチを維持するために、横振りにする場合もあると思いますが、むしろピッチを落としてでも横振りを縦振りに修正すべきです。

改善策

腕振りで胸とひざを同調させて前に出す感覚を意識する！

おすすめトレーニング

バウンディング……P107
スキップ（対角の腕とひざを振り上げる）……P109

軸の安定と称して胴体を固定する

上半身を動かすと軸がブレるという誤解

カラダの軸を維持するという名目で、上半身を固めてしまうケース。
あらゆる動きに制限をかけることになり、上下連動のバランスを崩してしまう。

胴体を固定した走り

体幹の伸縮や腕振りを推進力に変換できない
背骨の捻転力が働かない
ひざや足首の曲げ伸ばしに頼るしかない
股関節のバネは働かない

弘山考察

「軸を安定させる」ということを勘違いしている人が多いのではないでしょうか？　ある学生ランナーに、上半身は動かすものだと指摘したところ、「動かしてもいいんですか!?」と逆に驚かれたことがあります。軸とは背骨のことであり、胴体全体のことではありません。**軸の安定ではなく、胴体の安定＝固定と思い込んでいる**ランナーも少なくありません（厚底シューズの影響もありそう）。

ランニング動作は、左右の上半身・下半身がそれぞれ対の動きで伸び縮みをしていくものです。二次元的な動きで、脚を折り曲げて伸ばす単純な動作にはなりません。

下半身の屈曲による最高のパワポジをつくるためにも、ストライドを伸ばす最高のエアポジをつくるためにも、**胴体のフレキシブルな動きは欠かせません。そんな柔らかい動きをする中で、背骨の軸がブレないことが求められる**のです。上半身で言えば、脊柱起立筋群と腹斜筋群、腹直筋。これらを**必要に応じて左右別々に筋収縮&弛緩させる**ことが、全身の連動や下半身の動きの補助、力の伝導に大事な役割を果たします。脚だけで走る意識が強いと、どうしても上半身を固めることになってしまいます。ジャンプの連続動作では、上半身を使うことで、より柔らかく、より遠くに、より高く跳ぶことができるという動きのコツを、カラダで覚えることが先決です。

力を抜いたほうが、走動作が円滑に営まれることを知りましょう。

改善策

パワポジやエアポジの姿勢を整え、上下連動を意識した動きづくりを！

おすすめトレーニング

シリーズラン …… P101
バウンディング …… P107

腰を曲げて前傾姿勢になる

前傾姿勢にしなければいけないという誤解

カラダを前傾させなければいけないという意識で、腰を曲げて前傾させてしまうケース。

骨盤が後傾し、正しい走動作を阻害してしまう。

背骨を曲げた過度な前傾

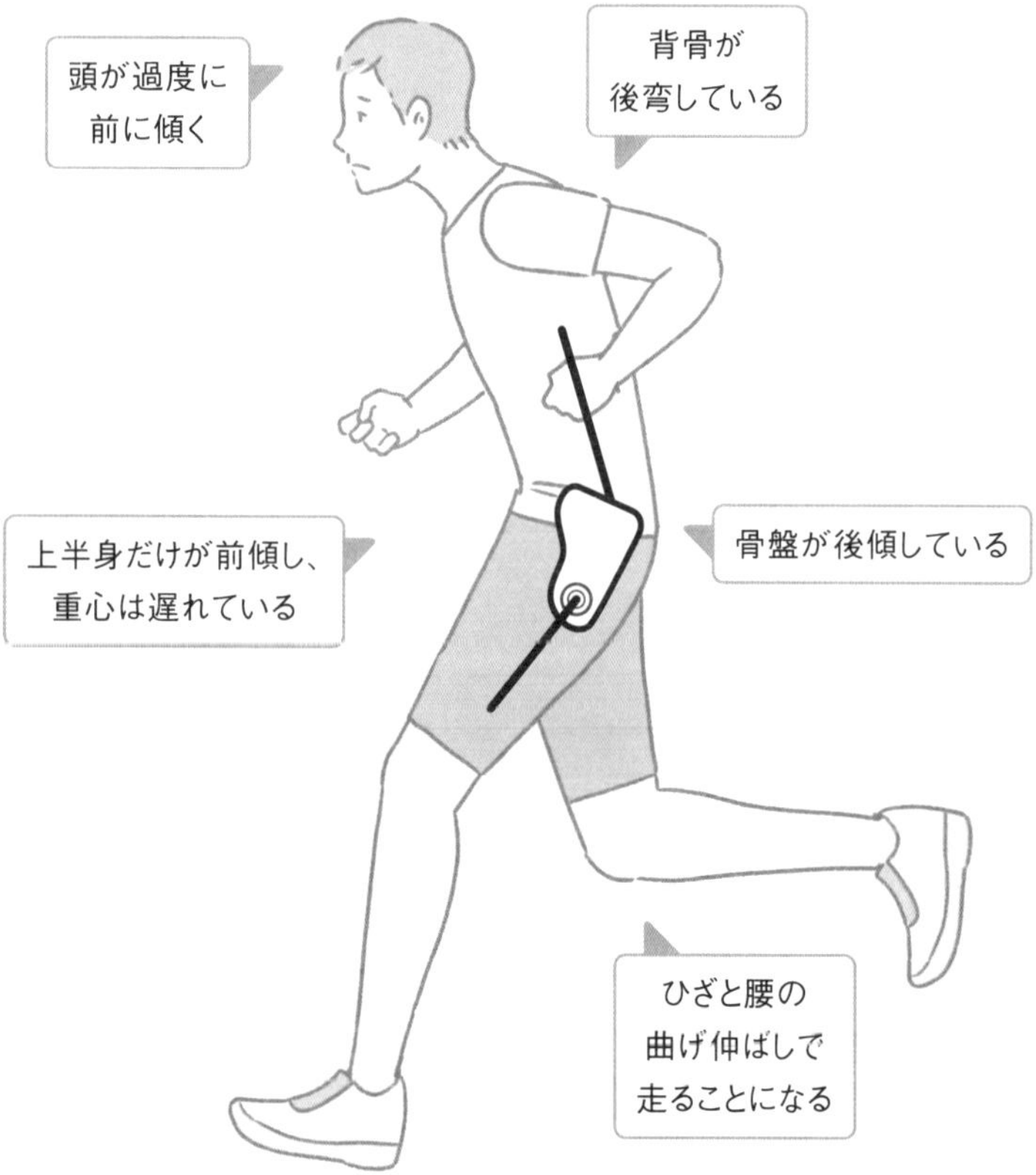
頭が過度に
前に傾く
背骨が
後弯している
上半身だけが前傾し、
重心は遅れている
骨盤が後傾している
ひざと腰の
曲げ伸ばしで
走ることになる

弘山考察

前傾姿勢の勘違いも多く見られます。カラダを前傾させるのは、腰を曲げることではありませんし、胴体を倒すことでもありません。

イメージとしては、**エアポジからパワポジにスムーズに移行できる胴体の姿勢が理想の前傾位**になります。エアポジの終盤、胴体は胸を張って伸びる場面になるので、前屈みにはなりませんが、胴体自体は少し前傾位になっているのが理想的。そこから胴体を支持脚側に乗せ、パワポジに移行していくのですが、重心が後ろに残っていたり、胴体が過度に前傾していたりすると、**腰が折れ曲がります。腰が必要以上に曲がると、股関節に圧をかけにくくなる**のです。

パワポジに至るプロセスにおいては、股関節に対する上から下への荷重が必要です。そのためには、股関節のモーメントアームを確保することが必要ですが、過度な前傾は、アームの長さに影響を与えることになります。前傾姿勢によって股関節が屈曲しているようにはなりますが、本来の屈曲に必要な筋肉は働かず、疑似屈曲の域を出ません。**ひざへの荷重が強くなり、大腿四頭筋への依存が高まることが予想される**など、股関節の正常な伸展動作につながるとは言えません。一方で、エアポジの終盤では、胴体が斜めに伸びていくので、この場面での前傾姿勢の意識は問題ありませんが、胸を張って前に出していくイメージです。上体は前に出しつつも、胸椎は反るような動作になります。

改善策

姿勢（ニュートラルポジション）を優先して修正すべし！

おすすめトレーニング

基本の立ち姿勢をつくる ………………………… P92〜95
前進リバウンドジャンプ ………………………………… P117

やってはいけないNG動作

CASE 08

キャップを深くかぶる

視界が遮られる

キャップ……
見えないから
あごが上がる

弘山考察

キャップをかぶること自体は問題ありませんが、視界を遮ってしまうほど深くかぶるのは問題です。前が見えにくいために、頭部を出してあごが上がります。その影響で背中が丸まり、骨盤後傾や重心の遅れなど、負の連動が働くケースも考えられます。

やってはいけないNG動作

CASE 09

ブレスレットや腕時計をゆるくつける

気になって腕振りに影響

気になる……
ブラブラ

弘山考察

ブレスレットや腕時計をゆるくつけると、走行中にそれがブラブラと動きます。それが気になって、**腕を振るときに、揺れを止めるような動き**になってしまい、いつの間にかフォームのバランスが崩れていることがあります。動作を崩さないよう対策すべき。

やってはいけないNG動作

CASE 10

過剰に腕時計を見る

見すぎるとフォームが崩れる

内向きにつけると影響が少ない

弘山考察

駅伝中継でも、時計を見すぎて監督から注意されるランナーを見かけます。時計を見る動作も実は、フォームのバランスを崩す原因に。**文字盤を外向きにしていると、見る瞬間に腕が横振りになるので、**一部では、文字盤を内向きにしている場合も。

やってはいけないNG動作

CASE 11

同じ周回方向&路肩角度で走り続ける

動きのクセや筋力に影響

弘山考察

トラック走行の場合、左まわりの周回となるため、左脚が軸となり右脚の運動量が多くなるなど、動きの**差が出やすいので、可能なら周回方向を意識的に変えましょう。**また、ロードの場合は、路肩が同じ角度に偏らないようなコース設定がおすすめです。

おわりに

２０２４年の大会で第１００回の節目を迎える箱根駅伝は、今や日本を代表するスポーツイベントとなっていますが、その創設に関わった中心人物は、私にとって大先輩にあたる金栗四三氏です。箱根駅伝は、世界に通用する選手を育てるために構想していた「アメリカ横断駅伝」の国内予選会という位置づけだったといわれています。

金栗氏はマラソンで五輪に何度も挑戦し、世界に跳ね返され続けました。その度に「どうしたら世界と戦うことができるのか」と試行錯誤を繰り返し、ノウハウを蓄積していきました。夏季開催の五輪に対応するための暑熱順化、酸素摂取能力を向上させる高地トレーニングの試行など、当時では斬新な方法の考案は挑戦意欲の高さの表れだと思います。

金栗氏が遺した偉業のなかで最も驚いたのが、走り方の教書を自ら制作し、有望な若手選手に手渡していたという事実です。日本のマラソンのために、後進の育成に注力していたことがわかります。その内容を拝見する機会があったのですが、的確な理論と方法論が記されていました。世界に挑戦することを念頭に、自ら開発したノウハウや感覚を理論として整理し、全国に伝授していたことになります。試行錯誤を経て確立されたメソッドを後世に遺し、自身が成し得なかった日本人によるオリンピック優勝に夢を馳せていたのでしょう。

　私は大学を卒業後、実業団チームに所属し世界への挑戦を通してさまざまな苦い経験をしました。その過程で、フォームの重要性を痛感し、カラダの動きを追究していくようになりました。基本なのに奥深く難しいことばかりですが、学ぶほどに新たな発見があり、自分なりの理論が確立されていく感覚があります。動作改善方法の考案作業と実践の試行錯誤を繰り返して、メソッドをアップデートしてきたなかで今日の私があります。

　多くの指導者や選手各々に、それぞれのメソッドがあり、科学者や研究者たちにも蓄積してきたデータがあると思います。対象選手や状況で必要とされる理論が異なることを考えると、より多くの人たちで知識や方法、感覚、体験を共有し合い、ケースバイケースに対応できる理論をスタンダードにできれば、世界に通じる道になるはずです。本書を出版するのも、そんな想いからであり、私が知り得る知識を惜しみなく盛り込んだつもりです。この情報に触れ、アスリートから一般ランナーまで、挑戦する人々が最高のフォームを手に入れ、パフォーマンスの向上と喜びがもたらされることを願ってやみません。

筑波大学陸上競技部 男子駅伝監督
EVOLU《エボーリュ》ランニングクラブ
ヘッドコーチ
弘山　勉

自《じ》分《ぶん》史《し》上《じょう》最《さい》速《そく》の走《はし》りを手《て》に入《い》れる！

限《げん》界《かい》突《とっ》破《ぱ》のランニングフォーム

2023年３月２日　初版発行

著者／弘山《ひろやま》 勉《つとむ》

発行者／山下 直久

発行／株式会社KADOKAWA
〒102-8177　東京都千代田区富士見2-13-3
電話　0570-002-301(ナビダイヤル)

印刷所／大日本印刷株式会社

●お問い合わせ
https://www.kadokawa.co.jp/（「お問い合わせ」へお進みください）
※内容によっては、お答えできない場合があります。
※サポートは日本国内のみとさせていただきます。
※Japanese text only

定価はカバーに表示してあります。

ISBN 978-4-04-606173-7　C0075